市场与政府

以马克思主义所有制演进为视角

Market and Government

From the Perspective of the Evolution of Marxist Property

韩 东/著

经济管理出版社
ECONOMY & MANAGEMENT PUBLISHING HOUSE

图书在版编目（CIP）数据

市场与政府：以马克思主义所有制演进为视角/韩东著.—北京：经济管理出版社，2019.3

ISBN 978-7-5096-6488-9

Ⅰ.①市… Ⅱ.①韩… Ⅲ.①中国经济—社会主义市场经济—研究 Ⅳ.①F123.9

中国版本图书馆 CIP 数据核字（2019）第 057665 号

组稿编辑：张　昕
责任编辑：张　昕　朱江涛
责任印制：黄章平
责任校对：陈　颖

出版发行：经济管理出版社
（北京市海淀区北蜂窝 8 号中雅大厦 A 座 11 层　100038）

网　　址：www.E-mp.com.cn
电　　话：（010）51915602
印　　刷：三河市延风印装有限公司
经　　销：新华书店
开　　本：720mm×1000mm/16
印　　张：13.75
字　　数：231 千字
版　　次：2019 年 11 月第 1 版　2019 年 11 月第 1 次印刷
书　　号：ISBN 978-7-5096-6488-9
定　　价：98.00 元

·版权所有　翻印必究·

凡购本社图书，如有印装错误，由本社读者服务部负责调换。
联系地址：北京阜外月坛北小街 2 号
电话：（010）68022974　邮编：100836

序

本书的作者是我曾经指导的博士研究生，该同志在博士期间就专注于将《资本论》的基本原理与当代中国社会主义实践相结合的研究，在工作后依然坚持这方面的研究工作，并取得了一定的成绩。这本书就体现了作者多年来研究思考的阶段性成果，本书不仅在理论上有一定的研究价值，对于社会主义建设实践也具有积极的借鉴意义。

市场与政府的关系问题是一个非常重要的命题。从我们国家来看，关于市场与政府的关系的认识也是随着社会主义市场经济的发展完善而逐步深化的。党的十九大报告指出："使市场在资源配置中起决定性作用，更好发挥政府作用。"因此市场与政府的关系研究，既具有较强的理论价值，也具有重大的现实意义。但是从实际来看，虽然关于市场与政府关系的研究很多，但大多数都是从西方经济学观点出发的，尤其是借鉴西方制度经济学的理论开展有关研究，虽取得了一定的成果，但是由于对中国特色社会主义市场经济中市场与政府的关系缺乏所有制基础的思考，很多这方面的研究都还不够深入，也缺乏现实的指导意义。本书的出版一定程度上弥补了这方面的不足。

本书从马克思主义所有制的视角出发，运用马克思主义政治经济学的基本理论、基本观点，从所有制演进角度研究市场与政府的关系问题是一个理论上的创新，也对丰富和发展马克思主义政治经济学有积极的作用。在书中，作者在批判西方主流经济学对于市场与政府关系肤浅认识的基础上，从马克思关于所有制演进的理论出发，构建了一个关于市场与政府关系的马克思主义政治经济学的研究分析框架。在此，作者研究分析了资本主义市场与政府关系的发展演变和社会主义市场经济的形成与发展，对于构建和完善社会主义市场经济条件下市场与政府的关系提出了自己的独立见解。作者认为，构建和完善社会主义市场经济中市场与政府的关系，就要明确商品交易的标准和市场化的界限；要坚持社会主义公有制的主体地位和国有经济的主导作用,树立以人民为中心的发展理念;要在马克思主义政治经济学的指导下不断认识和学习市场规律等。这些观点对于我们正确认识马克思主义政治经济学基本理论对社会主义市场经济的指导作用有一定的启示。

同时,本书还深入阐述了技术与分工的关系,将技术作为一个重要的推动力,通过分析技术变革对分工的影响,以及分工与所有制发展演变的相互关系,从而将马克思的分工理论和所有制理论相结合,阐释了技术分工发展引起的不同社会形态所有制的演进。在这里作者还对斯密和马克思分工理论进行了比较分析,在马克思两类分工理论的基础上,揭示了企业内分工和社会分工的不同。作者认为,新技术革命的产生引起资本主义生产规模的不断扩大,企业分工和社会分工日益出现转化和结合的趋势,企业内部分工的计划性向外溢出,并挤占社会无序生产的范围。这些都为马克思的分工理论赋予了时代的新意,从而对中国特色社会主义市场经济的宏观调控有积极的借鉴意义。

总之,本书是一本难得的马克思主义政治经济学著作,相信本书的出版能为中国特色社会主义市场经济条件下市场与政府关系的发展与完善,为马克思主义政治经济学的实践应用发挥积极的作用。

胡钧

2019年3月5日

前　言

经过新中国成立后近70年的社会主义建设和改革开放40年来的发展，中国经济社会各方面都取得了巨大的进步，成就为世人所公认。但是，在发展中仍然存在很多亟待解决的理论问题，其中如何正确处理市场与政府的关系成为一个需要突出解决的问题。中共十八届三中全会决定明确提出，"经济体制改革是全面深化改革的重点，核心问题是处理好政府和市场的关系"。第一次将处理好政府和市场的关系问题作为经济体制改革的核心问题。中共十九大报告进一步指出，要坚持社会主义市场经济改革方向，使市场在资源配置中起决定性作用，更好发挥政府作用。因此，如何处理好市场与政府的关系对于建设和完善社会主义市场经济具有重要意义。

长期以来，市场与政府的关系都是资本主义国家面临的主要问题，这一问题在社会主义国家中则是从计划经济向市场经济的转型过程中逐渐出现的，不同所有制基础决定了这种关系在两种制度下具有不同的性质、特点及发展规律。但一直以来，对于市场与政府关系的认识，流行的观点是试图用西方制度经济学和公共选择理论来解释市场和政府，并在此基础上构建两者的关系，这种研究方法和思路虽然有助于说明一些局部的、细节的问题，但无法为社会主义市场经济条件下市场与政府关系的构建提供正确的理论指导。这是因为，在西方主流经济学关于市场与政府关系的研究中往往忽略了这种关系的所有制基础，导致对于市场与政府关系的研究陷入一种简单的两难选择的表象理解。现在国内很多的研究也往往盲目套用西方主流经济学的研究范式，不仅不能正确揭示社会主义市场经济条件下这两者的关系，而且造成了认识上的混乱。

基于此，本书从马克思主义政治经济学所有制演进的视角出发，依据马克思关于分工决定所有制演进和技术对分工起决定作用的思想，尝试建立一个关于市场与政府关系的理论分析框架。主要是从技术和分工的发展出发，通过分析技术分工发展引起的不同社会形态所有制的演进，厘清资本主义市场与政府关系的发展演变和社会主义市场经济的形成与发展历程，进而说明不同所有制条件下市场与政府关系的演变。通过把所有制作为一个核心和中枢，将技术分工和市场与政府有机地连接在一起，区别于目前研究中广泛存在的将这几者相互割裂的状况，为市场与政府关系的研究开辟了一个新的领域，也希望能为正确处理好社会主义市场经济条件下市场与政府的关系提供参考和借鉴。

为了更好地说明所有制和市场与政府的关系，本书根据马克思和恩格斯关于私有制起源和发展的理论，区分了资本主义私有制与以前各种社会形态私有制的不同，阐明了资本主义私有制是私有制的真正完成形态，其标志就是劳动力成为商品进入交换和流通过程。在此基础上，对资本主义私有制产生和发展的历史过程及演进规律从技术与分工出发进行了深入分析，进而阐明了资本主义私有制条件下市场与政府关系的历史演变过程和未来的发展趋势。同时，在分析总结资本主义私有制演进的历史规律的基础上，分析了社会主义公有制产生的历史必然性。在社会主义制度建立后，为了更好地发展，社会主义国家先后进行了各种改革尝试，但是改革结局却完全不同。针对此，本书认为社会主义国家改革的不同结局很大程度上源于所有制改革的不同路径。社会主义制度建立后，社会主义国家虽然认识到仍然存在生产力和生产关系的矛盾，但由于认识上的偏差，出现不断提高公有化程度的所有制调整，使生产关系和生产力的矛盾更加突出。中国后来的改革遵循了一条完全不同的所有制调整路径，放松了所有制约束，允许非公有制经济和公有制经济共同发展。多种所有制经济的共同发展使社会主义摆脱了以往改革的困境，也避免了东欧剧变后私有化的结局。

社会主义市场经济的提出打破了社会主义与市场经济的对立，第一次使两者的结合成为可能，尽管实践已经取得了很大成绩，但是社会主义公有制与市场经济的结合至今仍是一个理论界并未真正解决的问题。本书认为市场经济虽然发展于资本主义，但不独属于资本主义，作为一种生产组织方式它的性质是由其所处的所有制中起主导作用的所有制形式的性质决定的，公有制的主体地位决定了所有制结构和整个社会生产的社会主义性质，这就为社会主义与市场经济的结合奠定了基础。同时，本书对公有制为主体多种所有制结构中不同所有制的比重问题，提出在坚持公有制主体地位的同时，按照生产力标准进行自然调整的主张。

但同时也应看到，社会主义市场经济在推动社会经济迅速发展的同时，也产生了各种各样的问题。本书认为这些问题的产生并不是有些人所说的是市场化程度不够造成的，而是在有些方面偏离了社会主义发展的目的，在发展经济的同时忽视了人的发展造成的。人的发展作为社会主义发展的首要目标，是由社会主义公有制的性质决定的。因此，要构建和完善社会主义市场经济中市场与政府的关系，首先要明确商品交易的标准和市场化的界限；其次，必须坚持社会主义基本制度，坚持社会主义公有制的主体地位和国有经济的主导作用，树立以人民为中心的发展理念；最后，应该在马克思主义政治经济学的指导下不断认识和学习市场规律，不断提高政府宏观决策的科学性和预见性，用经济手段调节市场，将市场与政府关系的完善统一于经济发展与人的发展的有机结合中，实现经济社会全面协调可持续的科学发展。

目 录
CONTENTS

第一章 导论 ... 1
    第一节 研究背景及意义 ... 3
    第二节 研究现状 ... 11
    第三节 对几个概念的认识 ... 15
        一、所有制 ... 15
        二、财产权、所有权与产权 ... 20
        三、分工的不同认识 ... 27
    第四节 研究方法 ... 33
        一、历史唯物和逻辑分析的方法 ... 33
        二、比较分析的方法 ... 34
    第五节 研究内容 ... 35
    第六节 创新与不足 ... 36

第二章 所有制演进和市场与政府关系演变的历史逻辑和理论基础 ... 39
    第一节 技术、分工与所有制 ... 41
        一、技术与分工 ... 42
        二、分工演进的路径 ... 46
        三、分工与所有制 ... 50
    第二节 分工、市场与所有制 ... 53
        一、市场的产生和发展 ... 53

  二、分工与市场 ………………………………………………… 55
第三节　所有制演进中的市场和政府 …………………………… 57
  一、市场经济是什么 …………………………………………… 57
  二、国家的产生与职能 ………………………………………… 61
  三、市场与政府 ………………………………………………… 64

第三章　私人资本所有制的产生和演进：从自由放任到政府干预 ………………………………………………………………… 67
第一节　私人资本所有制的产生 ………………………………… 69
  一、私有制的起源和发展 ……………………………………… 69
  二、私有制的完成形态——私人资本所有制 ………………… 72
第二节　古典自由市场经济思想的形成与历史作用 …………… 76
  一、古典经济自由主义思想的代表 …………………………… 76
  二、古典经济自由主义思想的历史作用 ……………………… 82
第三节　私人资本和自由放任的市场 …………………………… 83
  一、什么是资本 ………………………………………………… 83
  二、资本积累和自由竞争 ……………………………………… 85
第四节　资本垄断与政府干预 …………………………………… 87
  一、垄断资本的形成 …………………………………………… 87
  二、经济危机与凯恩斯主义的兴起 …………………………… 88

第四章　私人资本的国际化路径：跨国联合与全球危机 ……… 93
第一节　新技术革命与生产分工的新发展 ……………………… 95
  一、新技术革命的产生与发展 ………………………………… 95
  二、生产与分工的新变化 ……………………………………… 100
  三、生产演进与大企业的发展 ………………………………… 105
第二节　私人资本的国际联合与新自由主义的兴起 …………… 110
  一、私人资本的国际联合与市场扩张 ………………………… 110
  二、新自由主义思想及其影响 ………………………………… 112
  三、资本自由化与全球市场的形成 …………………………… 119

第三节　资本全球危机与治理 ········· 122
一、金融资本全球化 ········· 122
二、全球危机与治理 ········· 123

第四节　资本所有制与市场的未来 ········· 127
一、旧分工的消灭与市场 ········· 127
二、私有制的消灭和人的全面发展 ········· 130

第五章　社会主义公有制的建立与发展 ········· 133

第一节　社会主义公有制与科学发展 ········· 135
一、技术分工决定的所有制演进的趋势 ········· 135
二、社会主义是实现科学发展的制度基础 ········· 137

第二节　社会主义的生产调节 ········· 138
一、社会主义的计划调节 ········· 138
二、社会主义初级阶段的生产调节 ········· 140

第三节　新技术革命与社会主义 ········· 141
一、新技术分工与社会主义所有制 ········· 141
二、社会主义的未来 ········· 143

第六章　所有制结构调整与社会主义市场经济的建立 ········· 147

第一节　所有制结构调整的不同路径 ········· 149
一、强化所有制约束，不断提高公有制程度 ········· 149
二、放松所有制约束，允许鼓励非公有制经济发展 ········· 152

第二节　社会主义市场改革的实践和探索 ········· 153
一、列宁的新经济政策 ········· 153
二、社会主义改革的理论探索 ········· 155

第三节　社会主义市场经济的形成和发展 ········· 156
一、所有制改革与市场认识的深化 ········· 157
二、社会主义市场经济的建立 ········· 158
三、两种改革路径分析 ········· 161
四、国有企业私有化的逻辑分析 ········· 162

第七章　社会主义市场经济中市场与政府关系的构建和完善 …… 165

第一节　市场化的界限和政府作用 …… 167
一、商品的判断标准和市场化的界限 …… 167
二、社会主义市场经济中的政府作用 …… 169

第二节　构建市场与政府关系的前提和基础 …… 171
一、坚持社会主义基本制度 …… 171
二、坚持社会主义公有制的主体地位 …… 173

第三节　坚持以人民为中心调整和完善市场与政府的关系 …… 177
一、树立正确的发展观和坚持以人民为中心的发展理念 …… 177
二、以马克思主义政治经济学为指导正确认识市场规律 …… 178
三、提高政府宏观调控的科学性和预见性 …… 182
四、经济发展与人民的发展相统一 …… 183

结　语 …… 187

参考文献 …… 191

第一章

导 论

/ 第一章 导 论 /

第一节 研究背景及意义

恩格斯说:"一切社会变迁和政治变革的终极原因,不应当在人们的头脑中,在人们对永恒的真理和正义的日益增进的认识中去寻找,而应当在生产方式和交换方式的变更中去寻找;不应当在有关的时代的哲学中去寻找,而应当在有关的时代的经济学中去寻找。"① 在当时,恩格斯还说:"到现在为止,我们所掌握的有关经济学的东西,几乎只限于资本主义生产方式的发生和发展。"② 但是今天,可以说,我们掌握的关于经济学的知识已不仅限于资本主义生产方式的发生和发展,也有社会主义生产方式的发生和发展(尽管在实践的过程中有曲折和失败)。因此,今天的马克思主义政治经济学能够更加全面地比较和分析资本主义生产方式内在矛盾所导致的制度的转换,并从资本主义的新变化和社会主义的经验教训中寻找适合中国国情的社会主义发展模式。这也是今天我们面临的主要任务。

新中国的成立和社会主义建设及后来的改革开放可以说是人类近代历史发展上壮丽的篇章。经过新中国成立后70年的社会主义建设和改革开放40年的发展,中国经济社会各方面都取得了巨大的进步,成就为世人所公认。但是仍然存在很多亟待解决的理论问题,其中如何正确处理市场与政府的关系就是一个需要突出解决的问题。对于市场与政府关系的认识,流行的观点是试图用西方制度经济学和公共选择理论来解释中国的市场和政府,并在此基础上构建两者的关系,这种研究方法和思路虽然有助于说明一些局部的、细节的问题,但却无法为社会主义市场经济条件下市场与政府关系的构建提供正确的理论指导。而从世界范围看,1991年苏联解体时,全球的自由主义者和反共产主义者为之欢呼,计划体制的崩溃被看作一个自由市场力量的伟大胜利,然后在长达十多年的时间里自由市场在全球迅速扩张,第一次真正意义的全球市场逐步形成,在这个过程中国际私人资本一路高歌猛进,获益颇丰。但是,2008年的一场席卷全球的金融危机

---

①② 马克思,恩格斯. 马克思恩格斯选集(第3卷)[M]. 北京:人民出版社,1972:189,307.

使这种市场扩张的热度迅速降温，也又一次让人们开始重新思考市场和政府的关系。从全球经济看，市场规模的不断扩大和全球市场的形成，相应要求经济社会生活的组织和管理方式发生变化，但是全球市场仍处于混乱和无序之中，它一方面为资本投机带来了机会，另一方面也给全球经济不稳定埋下了祸根。因此，危机之后的全球治理也成为世界关注的焦点。

马克思说过："在研究经济范畴的发展时，正如在研究任何历史科学、社会科学时一样，应当时刻把握住：无论在现实中或在头脑中，主体……都是既与的。"① 马克思这里所说的主体指的是当时的资本主义社会。我们现在是在社会主义初级阶段，研究的主体自然是社会主义初级阶段的社会，而不是别的社会。因此，我们的市场经济首先是社会主义初级阶段的市场经济而不是别的什么市场经济，这也是我们在研究市场与政府关系时应该时刻把握的。如果不考虑这点，一般地谈市场和政府，就无法说清楚社会主义制度下两者的关系。而且"这个一定社会在科学上也决不是在把它当作这样一个社会来谈论的时候才开始存在的"②。就这点来说，社会主义和资本主义是一样的。因为在资本主义所有制关系的发展演进中已经包含了未来社会主义的萌芽，我们研究社会主义的经济范畴时也不得不从更远的过去开始。因此，我们要研究社会主义公有制条件下市场和政府关系首先就要研究资本主义私有制条件下市场和政府的关系。这两种市场和政府关系的不同直接来源于所有制基础的不同。马克思说："在一切社会形式中都有一种一定的生产支配着其他一切生产的地位和影响，因而它的关系也支配着其他一切关系的地位和影响。这是一种普照的光，一切其他色彩都隐没其中，它使它们的特点变了样。这是一种特殊的以太，它决定着它里面显露出来的一切存在的比重。"③ 在资本主义社会中起决定作用的是资本的私有制，而在社会主义社会中起决定作用的是社会主义公有制。因此本书的一切研究都是围绕这两种起决定性作用的力量展开的。

在笔者开始正式研究之前，需要先对当前比较流行的新古典的分析方法做一简要介绍，以说明为什么要运用马克思主义政治经济学而不是新古典和制度经济学研究市场与政府的关系演变。恩格斯曾说："陈腐的旧科学由于在实证知识方

---

①②③ 马克思，恩格斯. 马克思恩格斯选集（第2卷）[M]. 北京：人民出版社，1972：109.

面较强而保持着它的地盘"。① 新古典经济学就是这方面的典型。借助数学形式和计量分析工具，新古典经济学掩盖了其阶级辩护的本质，仍然占据着所谓经济学主流的地位。

同时，当前新古典经济学向各门社会科学渗透，把非物质的东西，如道德、商誉，甚至把所谓的沉默都看作了商品②，说明了市场经济下拜物教的无限扩大，一切都成为商品，没有不能交易的东西，几乎都可以用成本收益的方法来分析。这样所谓的成本收益分析方法也就自然地扩散到所有领域，只是这种分析需要借助新的概念和工具。因为以前的实物资本的投入产出分析无法直接应用于非实物的甚至道德、意识形态的领域，交易成本的出现是里程碑式的，它为各种非物质的东西进行类似物质资本的投入产出分析提供了一个绝好的工具，而人力资本等非实物资本概念的引入为其提供了有力的帮助。同时，价值概念的泛化、脱物质化，使这一分析成为可能。与此相应，西方经济学也越来越滑向唯心的非历史的深渊，更加无法说清纷繁复杂的经济社会现象，永远只能停留在事物的表面，并沦为意识形态统治的工具。

新古典模型无论是宏观还是微观模型，都使用边际分析方法，以主观效用为出发点，以利润最大化为基本目标，进行成本收益分析。但它们一般都忽略了制度的差别，把资本主义私有制作为一个不言自明的隐含前提。例如，制度经济学认为："新古典经济学的基础是一些有关理性和信息的苛刻假设，它隐含地假设制度是既定的。"③ 这样新古典经济学就将关于制度的研究完全排除在外，造成了经济学知识的重大缺陷。就这点而言，制度经济学被认为与新古典经济学相比较是一个巨大的进步。但是，制度经济学虽以制度分析自诩，却是名为制度分析实为以资本主义制度为基本前提，或论证其有效性，或论证其唯一性，总之是以

---

① 马克思，恩格斯. 马克思恩格斯选集（第2卷）[M]. 北京：人民出版社，1972：119.
② 奥尔森将交易费用引入集体行动的分析中，提出集体物品的概念，并引入成本收益分析。他举例在所谓囚徒困境中，当两个囚徒被警方控制后，"对他们共同所犯的罪行保持沉默对双方来说就是集体物品"。（奥尔森，《权力与繁荣》，第60页，2005）在此奥尔森将囚犯的沉默看作了集体物品，可以带来收益或付出成本。假如没有警察的控制而使两人串供，囚徒双方就一定会达成一个保持沉默的契约，从而使双方受益。在这里共同的沉默实际上被看作了"商品"。如果有可能，他们也可能会使用行贿的手段从警察那里购买它。因为当任何东西被看作"商品"，首先表现出的就是可交易性。这也是商品概念泛化的必然结果。
③ 柯武刚，史漫飞. 制度经济学[M]. 北京：商务印书馆，2004：1.

维护而不是打破这种制度为前提和出发点的。而且制度经济学所研究的"制度"仅是一些制约人们行为的规则或法律规定。这样的制度分析对于研究社会主义制度下市场和政府的关系虽有一定的借鉴，但却无法从根本上提供一个正确的指导和分析。同时，社会主义自产生以来也有很多类型，如空想社会主义、民主社会主义、市场社会主义等。而我们所要研究和分析的是马克思开创的科学社会主义在理论和实践上的新情况、新变化和新发展。社会主义市场经济是一个前无古人的创举，它不仅打破了市场与资本主义和计划与社会主义的固定模式，也为科学社会主义的建设实践打开了通路。

在市场经济同时在资本主义和社会主义国家存在的条件下，要应用新古典模型研究市场与政府关系就必须考虑把基本制度作为变量引入。但新古典模型是以人的主观效用为基本出发点的，它忽视了资本与劳动之间的雇佣劳动关系，将它们作为同等的要素投入模型中，用要素效用论替代了劳动价值论，它自然要以资本主义制度为基本的前提假设，而无法把所有制这一基本制度因素作为变量纳入模型中。因此，目前新古典模型对市场与政府的关系研究其实都是以资本主义制度为基本假定的。如果在新古典的市场和政府关系的模型中引入所有制变量，一切都将发生根本的变化。因为这个变量性质的变化必然会引起原有变量性质发生改变，原来作为独立要素投入的资本与劳动立刻就显现出雇佣劳动的关系。在雇佣劳动关系下，随着生产扩大和技术进步，资本有机构成提高，追加投入资本所需劳动力数量会不断减少。在这里技术进步、资本、劳动三者之间是内在地联系起来的，劳动为资本创造价值，资本竞争引起技术进步，技术进步使资本有机构成提高，有机构成提高又排斥工人。这样新古典模型的内部静态均衡结构就被这种循环破坏了。而且即使模型可建，但目前的计量工具也根本无法对这两个内在性质相互关联的变量进行回归分析。① 这也是新古典模型无法将基本制度变量纳入分析中的根本原因，它既是意识形态决定的，也是技术上的障碍造成的。这样它也就无法研究由私有制向公有制转变的所有制动态演进过程。因此新古典模型中各变量之间只有外在的关联，而没有内在的联系，劳动、资本、技术和人口等

---

① 计量经济学从根本上说是用回归分析的方法处理两个以上不相关变量之间的相互关系，这也是包括残差处理在内所有计量方法发展的前提，因此一旦变量之间具有了内在的联系，这种回归的方法就失效了。

都是作为一个个孤立的变量站在那里,它们都只和产出有关。这些变量之间的关系只是一些简单的、机械的排列组合,只有物理关系,没有化学反应。它们只是简单地根据多与少来判断。只有这样,成本与收益分析才能很好地处理不同变量之间数量的变化及它们与总量之间的关系。而单个变量(包括总量自身)则是根据供需和价格的变化来说明的。因此新古典模型可以很好地解释既定私有制不变条件下,具体的不相关要素的投入产出分析,却始终将基本制度变量排除在外。

新古典模型最大的特点是将人的主观感受数量化了,这主要借助了边际分析的方法,因此所谓"边际革命"对新古典模型的真正建立是奠基性的贡献。但由于新古典模型是建立在静态均衡分析的基础上,不仅基本制度无法纳入,而且缺乏有效的分析工具,对特定的所有制关系下的一般性制度变量也束手无策。因此无论哪种性质的制度作为变量引入,都无法以量化的方式衡量其效果。制度本身无法量化,制度的效果也无法量化,这样不仅基本制度不能引入模型中,连一般的规则制度也不能引入模型中。因此新古典模型就排斥了一切制度的因素,使分析局限在狭窄的范围内,从而大大降低了解释力。也正因此,科斯的交易费用理论的出现在制度经济学乃至整个西方经济学才具有重要的突出作用,甚至可以和边际革命相比肩。交易费用为产权理论奠定了分析基础,交易费用既有客观的存在,又有主观的想象,两者的混合使新古典的主观效用论摆脱了在制度效果量化方面的长期困扰,有一种获得重生的感觉。不仅如此,借助交易费用和产权分析,新古典模型开始有了史以来第一次跨学科的扩张,包括历史学、政治学、社会学、人类学等在内的几乎所有的社会科学研究中都能见到新古典模型的影子,一些人甚至称其为经济学帝国主义。与此同时,老制度经济学无法用模型分析制度变化的问题借助交易费用和产权分析也解决了,制度开始作为一个变量引入新古典模型中,新古典模型也开始成为新制度经济学分析的重要工具。但是从深层次看,虽然交易费用和产权分析大大扩张了新古典分析解释的范围,但也将建立在主观效用论基础上的边际成本收益分析的方法带到了四面八方[1],成为新自由主义扩张的主要工具,破坏性非常之大。

---

[1] 关于边际分析的方法其实和交易费用类似,它既可用于客观分析,也可用于主观分析,正是这种混合使边际的概念成为新古典分析的重要工具。借助这两个分析工具,主观效用论的非科学性被掩盖,并得以存在和发展。

新制度经济学虽然将制度变量引入分析中，也试图从制度变迁的角度理解人类社会的发展，但是它所研究的制度并不是根本的社会制度，而仅仅是风俗、习惯和法律的规定等规范人们日常行为的规则的集合，并不会对模型中其他变量性质产生根本的影响。因此，只能说明部分一般的社会现象和人际交往，无法解释从一种社会形态向另一种社会形态演进的原因。因此，建立在新古典分析框架内的对市场和政府关系的研究也就只能停留在表面的相互选择上，而无法从产生和发展的根源上去寻找两者关系变化的原因。如果将社会主义公有制作为既定的制度假设，运用新古典的分析工具，那么资本雇佣劳动的关系就消失了，资本作为一个至关重要的变量也就不复存在了，而模型也不再以利润最大化为目标函数了。社会主义公有制是人民利益最大化。而福利经济学所谓的社会福利最大化是指个人主观感受的总和，不过是主观效用论的放大而已，因此，在社会主义公有制的假定前提下也就失去了存在的可能。这样原来的新古典模型就被瓦解了。因此，新古典模型无法分析社会经济形态的动态演进。但也应看到新古典模型用于一些个别的、具体的、可量化的投入产出分析还是有一定价值的，能否借用新古典的形式创建社会主义公有制的投入产出分析模型，还需要人们积极地探索。但如果将其作用范围无限夸大，并且不顾社会制度的差异，盲目套用，其结果就是非科学的和无意义的，更沦为替私有制辩护的工具。对社会经济形态演进的分析，只有马克思的历史唯物主义的分析方法和所有制理论才可以做到。

包括新古典和新制度经济学在内的西方经济理论都只是以私有制为既定条件，在否定劳动价值论的同时研究资本主义市场经济的具体运行的，这其中也包括市场与政府的关系问题的研究。国内现在很多的关于市场和政府关系的研究恰恰忽视了这一点，仅是一般的，甚至是照搬西方经济学的研究方法，导致无法正确说明社会主义市场经济条件下市场和政府的关系。更有研究将社会主义国家的政府看作和人民对立的、有着自身利益的、独立存在的主体，这样不仅很难正确说明国家的宏观调控和公有制经济在国民经济中的主导作用，从而流于一般意义上的政府管制和垄断理论分析，也不能很好地解释社会主义市场经济条件下的现实问题。当然由于市场经济条件的建立，也存在一般意义上的市场和政府的关系问题，但这不是主要的，因此也不是本书研究的重点。

很长时间以来，我们对于市场的理解和市场经济中政府的作用都不是很清楚，仍在摸索的过程中。对于市场的认识，更多的是来源于西方经济学，尤其是制度经济学的各种解释和所有制改革后自发形成的市场带来的现实的直观感受。市场经济本身的不发达和生产力的落后制约了我们对它的认识，从而使我们无法看清和准确定位市场经济和政府作用之间的关系。马克思说："人类始终只提出自己能够解决的任务，因为只要仔细考察就可以发现，任务本身，只有在解决它的物质条件已经存在或者至少是在形成过程中的时候，才会产生。"① 对于重新构建社会主义市场经济条件下市场与政府关系的任务而言，现在的物质条件已经存在或至少是在形成过程中了。因此，我们完全有理由摒弃建立在私人资本所有制基础上的资本主义市场和政府关系的理论，在马克思主义政治经济学基本理论指导下，探寻适合社会主义市场经济发展的市场和政府的关系模式。

但是在理论界一些人仍然停留在市场与政府的两难选择的困境中，没有认识到经济发展已使我们有条件重新思考和构建社会主义市场经济下市场与政府的关系。弗里德曼曾在《资本主义与自由》一书中说到，由于有了几十年的政府干预经验，因此不用把实际的市场与理想的政府干预相对比，可以从实际出发来对比市场和政府的作用了。我们同样也可以说，条件已经起了变化，我们现在已经有了几十年市场经济的经验，不再有必要把实际运行的政府情况和理想的市场经济可能有的情况加以比较。"我们能把实际情况与实际情况相对比"，② 来说明目前应该如何构建社会主义市场经济中市场和政府的关系。社会主义市场经济是一个创举，经典理论中没有现成的答案，实践中也没有成功的例子可循，完全依靠摸索。虽然发达资本主义国家市场与政府关系的演变可以为我们提供借鉴，但有一个用什么样的分析范式研究市场与政府关系的问题。本书正是试图寻找一条在马克思主义政治经济学基本理论指导下的研究路径，以说明社会主义市场经济条件下市场与政府的关系应该如何构建。

本书之所以把市场与政府的关系放到马克思主义政治经济学所有制演进的视角来分析，是因为所有制是一切社会关系的总和，它反映并决定了既有所有制条件下不同的生产关系和生产组织形式，不同的所有制形成不同的市场和政府关系。所有制的变化必然会引起市场和政府关系的调整。所有制又可以区分为私有制和公有制，即资本主义和社会主义两种不同的制度形态。从实践看，两种制度

---

① 马克思，恩格斯. 马克思恩格斯选集（第2卷）[M]. 北京：人民出版社，1972：83.
② 米尔顿·弗里德曼. 资本主义与自由 [M]. 北京：商务印书馆，2004：214.

内部也发生着所有制关系的调整和改变。所有制的调整和改变是适应生产力和生产关系的相互作用而产生的，生产力和生产关系的矛盾运动又始于技术分工所带来的生产发展和生产的社会化运动。市场和政府关系的调整源于所有制的演变，所有制演变的动因是由生产力决定的，生产力的发展靠技术和分工的推动。因此，技术与分工是说明所有制演进的决定性因素，也是本书的重要组成部分。

资本主义从自由放任到政府干预正是由资本所有制的发展演进决定的。而社会主义市场经济的建立也首先是所有制的变革引起的，从单一的公有制到多种所有制共同发展，社会主义市场经济的建立客观上需要构建社会主义市场和政府的关系，但用什么样的理论作为指导是关键，应该说研究社会主义市场和政府关系离不开马克思的所有制理论作为指导，这也是本书研究的基本立意。本书研究所有制演进，包括了所有制形式和所有制结构两个方面，所有制的变化包括这两个方面的同时的改变。

马克思说："社会经济形态的发展是一种自然历史的过程。"① 而"大体说来，亚细亚的、古代的、封建的和现代资产阶级的生产方式可以看作是社会经济形态演进的几个时代。"② 随着社会经济形态的演进，不同时代的所有制也同时在演进。这种演进主要来源于技术与分工的不断发展。但是这种所有制形式演进在资本主义生产方式出现以前是非常缓慢的，这主要源于技术和分工发展的缓慢，而社会化大生产的生产方式也还没有建立。当所有制形式进入资本主义私人资本所有制阶段后，随着技术的迅猛发展，分工从广度和深度上都有了前所未有的扩展，相应的私人资本所有制形式内部也不断发生阶段性的改变，这是和以前有很大不同的。因此，本书主要说明的是社会经济形态进入资本主义时代以来所有制形式的演进过程和向未来演进的路径及社会主义所有制形式出现以来所经历的曲折。在此基础上说明不同所有制中市场和政府关系的演变，为构建和完善社会主义市场经济下市场和政府的关系提供帮助。

在马克思主义政治经济学的研究中要反对两种错误倾向：伪马克思主义和教条化的马克思主义。现在马克思主义政治经济学研究有一种倾向，即脱离马克思来发展马克思主义政治经济学，美其名曰批判地继承，实际结果是只有批判没有

---

① 马克思. 资本论（第1卷）[M]. 北京：人民出版社，1975：12.
② 马克思，恩格斯. 马克思恩格斯选集（第2卷）[M]. 北京：人民出版社，1972：83.

继承，或者用西方经济学的概念偷换马克思的概念，制度与产权就是典型的例子。马克思主义政治经济学必须要发展，这是毫无疑问的。问题是怎样来发展，是在真正理解继承马克思主义政治经济学的基础上吸收借鉴西方经济理论的有益成果来发展，还是用西方经济学改造马克思主义政治经济学，这点是必须要明确的，否则就会成为打着马克思旗号的伪马克思主义政治经济学。同时也要反对将马克思主义政治经济学教条化理解，这种危害也是非常大的。如果仅仅停留或满足于经典理论的论述而看不到生产力发展的新情况、新问题，就会大大降低理论的解释力，使人对马克思主义政治经济学理论产生怀疑。因此，必须在坚持马克思主义政治经济学基本理论的基础上，坚持生产力和生产关系的相互作用的分析方法，深入分析推动现代生产力进步的新物质技术基础，在此基础上发展马克思主义政治经济学。

在中国确立社会主义市场经济的发展目标后，一些人说由于中国搞市场经济，所以马克思的理论过时了，或者被证明是错误的。因此，本书也有一个很重要的工作，就是努力揭示马克思经济理论中包含的丰富的市场经济的思想，这种思想在马克思关于资本扩张与市场规模的矛盾运动的说明中体现得淋漓尽致。资本与市场的矛盾在马克思那里是通过流通过程来说明的。因此深刻认识资本与市场的这种矛盾运动，对于认识今天的资本全球化和全球市场的形成，以及在此条件下建设和完善社会主义市场经济体制具有重大的理论意义。这也是本书出版的重要原因之一，希望能为马克思主义政治经济学的发展和中国特色社会主义政治经济学的建立和完善做一点微薄的贡献。

第二节 研究现状

从国内外关于市场与政府的研究来看，主要是以西方经济学的理论为主，这种理论研究的对象始终是资本主义所有制决定的市场与政府的关系。由于把资本主义所有制看作永恒的、自然的存在，它所看到的市场是资本主义制度产生后形成的市场，政府是反对封建王权的政府及其残留。因此，在对待市场与政府关系上，也就很自然地局限于资本主义所有制范围内，而看不到所有制历史的演进过程对市场与政府关系的影响。当前对我国学术界产生较大影响的研究市场和政府关系的公共选择理论、制度经济学、政府经济学、福利经济学和信息经济学等，其实都是以新古典经济学为基本理论依据的，围绕着经济人是否理性、市场能否出清、信息是否完全展开的，其中还涉及公地悲剧、"搭便车"、外部性和帕累托最优的解决。而制度经济学则引入产权、交易费用等工具进行研究。在市场和政府关系的研究上，或者把市场和政府看作两个对立的主体，或者把政府看作市场中与企业和个人同样的行为主体。但不管怎样都有一个共同的特点，即忽略了市场与政府关系存在的所有制基础。一般都忽视了所有制的不同，普遍以既定的私有制和资本主义市场经济为基本前提假设。在此基础上，主要从市场与政府的对立选择出发进行研究。

关于市场与政府的关系，不断爆发的危机使人们认为"市场失灵"，需要政府干预经济以弥补市场缺陷。但随着滞涨的出现，"政府失灵"又成为人们研究的焦点。早期的研究由于基于市场和政府失灵的单向思维，研究思路一般都是在市场与政府间非此即彼的选择，或者简单看作互为补充，弥补对方的缺陷。随着研究的深入，有人认为市场与政府两者都有缺陷，都存在失灵。在两者间的选择，是一个不完善事物间的选择。例如，沃尔夫就认为市场与政府间的关系是复杂的，对两者不是纯粹的非此即彼的选择，"而经常是在这两者的不同组合间的选择，以及资源配置的各种方式的不同程度的选择。"[①] 也有人认为市场不仅有失效的问题，而且由于市场传播的信号是建立在土地、其他资产和收入分配极为不均的基础上，那么正是因为市场成功地对这类信号做出了反应才造成了麻烦。另外，政府干预的质量问题也对干预效果有重要影响（马颖，2005）。但不管怎样，上述研究都没有改变私有制的前提。

这在很大程度上已经对国内的研究产生了影响，导致国内的研究或者把市场和政府与所有制割裂开来，忽视社会主义制度属性，简单套用西方市场与政府的研究模式，或者将技术与分工也割裂开来，孤立地研究分工与市场的变化。从目前来看主要存在以下几方面问题：

（1）从斯密和杨格的分工与市场相互制约理论出发，受西方产业组织理论的影响，单纯从分工与产业组织的关系来研究市场，抛开了技术与分工之间的联

---

① 查尔斯·沃尔夫. 市场或政府 [M]. 北京：中国发展出版社，1994：132.

系，或虽然谈及技术，但只是一般论及（盛洪，2006）。

（2）仅就技术本身的发展来研究所谓新技术革命与市场和所有制的关系，但与分工相割裂。这表现为一些人单纯从科技革命的发展来说明资本所有制的变化和我国实行市场经济的原因，但是由于在技术和所有制之间缺少分工这一关键的环节，实际上使两者之间的关系出现断裂而无法得到有效的说明。

（3）只研究技术、分工和经济增长的关系，主要从技术进步和分工相互促进，进而促进经济增长的角度来研究，即技术进步—分工—经济增长。在方法上多使用西方经济学的理论和模型，包括古典经济增长模型、新古典增长模型和内生增长模型，而忽视技术、分工与所有制之间的联系。没有看到技术分工不仅是对经济增长的促进作用，更引起经济社会发展的根本改变，主要是人与人之间生产关系的改变，核心是生产资料的占有形式的变化，即所有制的变化。

（4）只关注所有制本身的变化（如资本所有制的变化），不考察背后的技术、分工的原因。这点主要表现在一些马克思主义政治经济学研究者的研究中。他们对所有制问题的研究仅停留在就所有制研究所有制，并没有使用马克思的生产力和分工决定所有制演进的分析方法。不从生产力和分工的历史发展角度出发无法说清楚这一问题，因此这些研究都停留在空泛的谈论上，而不能深入事物的本质。

（5）在新技术革命与劳动价值论的关系上，往往都忽略了马克思的技术、分工、所有制的一致性。只有把它们作为一个统一的整体来考察，研究技术革命带来的体力劳动到脑力劳动的转化，从体力劳动和脑力劳动两方面同时考察才可能用劳动价值论解释新技术条件下出现的新情况、新问题。

因此综合来看，如果从所有制的视角来看，市场与政府的关系并非两难的选择，而是人类社会历史发展的结果。它并不是在一个历史时点静止的对市场与政府两种事物的艰难选择，而是两者关系的内在联系随着技术分工的发展和生产社会化范围的扩大引起的动态的自然调整过程。这也是一种经济社会发展的规律，违背这一规律是不行的。在资本主义私有制下，与市场扩大相伴随的是资本的扩张。早期自由市场的古典资本主义生产力的发展正是符合了这一资本扩张的要求。打破王权和封建专制为资本主义工商业资本的发展开辟了道路，是当时追求市场自由的历史必然。它有着历史的合理性。因此，选择市场或政府如果忽视生产力条件和历史发展的阶段，这个命题本身就是不成立的。选择的主体是谁，选择的对象又如何界定？要知道无论是市场还是政府都是早在资本主义出现之前就已存在的。市场发展到商品经济并进而发展为市场经济则是完成于资本主义。因此，在资本主义完成向社会主义的转变之前，在根本制度上并无所谓在两者中选择的问题。选择只存在于将两者作为手段和方法来使用的过程中。这种对具体手段的选择也是由生产力发展的状况和生产社会化的程度决定的。生产力越发达，生产社会化的程度越高，政府的干预和作用就越大，相应地，政府的规模也就越大，这时的市场就日益完全地控制在政府手中。资本主义市场经济的建立是在打破封建王权专制的基础上取得的，它的建立与资本主义政府的建立基本同时完成，并在政府力量的作用下不断完善。市场本身也是不断扩张的，市场与政府的角逐始终是控制与反控制的关系。在资本私有制下，这种控制与反控制的主导力量始终是资本。资本主义市场与政府的博弈始终是围绕着资本展开的。而这种博弈并不全是竞争，也充满着联合（由私有制性质决定的）。特别是当资本突破一国边界而向世界扩张时，对外市场的建立往往需要借助政府的力量。资本主义早期海外殖民地的扩张充满了暴力和恐怖，经常是借助政府的力量完成的，这些都已经为历史所证明。

而在市场与政府关系演变背后的是技术发展所引起的所有制的演进，马克思说机器生产是资本主义生产的起点。此后，每一次的技术革命都成了一个新的阶段的起点，既有革命性的如蒸气机、计算机，也有阶段性的如电力、铁路、电报、航空、生物、能源光电、微电子、通信、互联网等。这些技术又可以按重要性不同划分为不同的阶段，也就是革命性的技术和渐进的技术。总体性、革命性的技术引起新的生产方式，如蒸气机与资本主义生产方式的产生。阶段性、革命性的技术引起所有制的阶段性变革，如机器的使用产生了最早的私人资本所有制，自动机器的普遍应用产生了垄断资本，而计算机和因特网的应用产生了私人资本的国际垄断联合。

恩格斯在《共产党宣言》序言中说："每一历史时代的经济生产以及必然由此产生的社会结构，是该时代政治的和精神的历史的基础。"[①] 我们建设的社会主义市场经济，是建立在社会主义公有制为主体的多种所有制共同发展的基础上的，而不是以资本所有制为基础的。这就决定了社会主义市场和政府关系的构建

---

① 马克思，恩格斯．马克思恩格斯选集（第1卷）[M]．北京：人民出版社，1995：252．

也要以社会主义所有制为基础，这点必须要明确。因此，研究社会主义市场和政府的关系就不能简单地套用西方经济学的研究范式，而必须以马克思主义政治经济学所有制理论为出发点，但在具体方法和工具选择上可借鉴西方经济学有益的研究成果。只有这样才能为社会主义市场经济中市场和政府关系的构建和完善提供有益的帮助。

第三节　对几个概念的认识

一、所有制

本书研究的重点是所有制演进对市场和政府关系的影响，因此所有制理论本身不是本书研究的重点，重点在演进的过程。但是关于所有制问题也应有一个清楚的说明，这样有助于更好地理解所有制的演进及对市场和政府关系的影响。

（一）所有制的词源释义

因为本书是从所有制演进的视角看待市场和政府的关系变化，所以有必要在开始正式的研究之前把所有制的定义做一番解释以免产生不必要的误解。由于目前文献中所用的关于所有制的概念来源于两个英语词汇，一个是"property"，另一个是"ownership"，这两个词在《牛津英汉双解词典》《朗文高级英汉双解词典》《高阶英汉双解词典》和《简明汉英辞典》等权威词典中的解释都可以译为"所有权"或者"所有制"，这就给汉语的使用带来了问题，人们常常将两者混同使用，并不能准确地表达原意。但在《英汉经济贸易词典》中，将"ownership"翻译为所有权（指国家、集体或个人对于生产资料或生活资料的占有权），这和汉语词典的解释是统一的。但是该词典将"property"仅译为"财产"（从法律上说，它包括土地、建筑等不动产和衣服、现金、有价证券、库存商品、材料、专利、商誉等动产。从经济学上说，凡对所有权拥有人带来收入的任何因素都叫财产），而没有了所有制的意思。因此，区分这两者的关系对于本书的研究来讲这点尤为重要，有必要先对这两个词的含义做一番对比和解释，以准确地使用和表达所有制的概念。

从具体用法来看,"ownership"应该只是一种对具体某物拥有的权利或者身份的归属指示,本身不具有实际意义,因此不能单独使用;作为所有制或所有权的具体形式使用时,必须是指对具体某物的所有,即在法律规定的范围内可以占有、支配和使用某物的权利。例如,我国的农村集体土地所有制就应使用农村集体土地加"ownership"来表示(Rural collective land ownership)。但是"property"则不同,它是从财产引申而来,它指的是普遍的财产权,因此它本身就具有实际的内容。这个财产权除了占有、支配和使用以外,最重要的是对物的所有权。拥有物的财产权,也就获得了一份收益,这份收益不是因为占有、支配和使用而产生的,而是仅仅因为对它的所有权所带来的。因此对于一种普遍的财产所有制度而言,如人类社会的所有制,就应该使用"property"而不是"ownership",这样才能较准确地表达出由对财产的所有权而产生的财产权及其制度演变。因此从这点来看,马克思在《资本论》中使用"property"表示所有制主要就是说明了财产的所有权及其演变。因此在汉语里,当我们谈到关于财产权的制度时,使用所有制这个概念就自然地应该是"property"而不是"ownership"了。当然,具体地确定物的所有权时可以使用"ownership",并用一个限定词来指示归属。这样看来汉语词典将所有权解释为国家、集体或个人对于生产资料或生活资料的占有权,这里的所有权就应该是用"ownership"来表示。而当表示生产资料的所有制形式时就要用"property"这个词来表示。本书从所有制的变迁看市场和政府的关系演变,因此书中的所有制是从人类发展的一般意义上来谈的,遵循马克思的分析思路和分析方法及概念的使用,主要指的是财产权的演变,因此本书的所有制使用的是"property"的含义和用法。也就是从人类社会所有制发展演变的角度来进行研究。另外,在德文中"所有权"(Eigentum)与"财产"一词同义,而且与英语的"property"相对应,因此德文中 Eigentum 实际表示的也是所有制的意思。

(二)什么是所有制

马克思和恩格斯在《共产党宣言》中谈到所有制问题时说:"共产党人到处都支持一切反对现存的社会制度和政治制度的革命运动。在所有这些运动中,他们都特别强调所有制问题,把它作为运动的基本问题,不管这个问题当时的发展程度怎样。"① 可见所有制问题在马克思主义中的重要地位。要研究所有制问题，首先要搞清楚什么是所有制。

首先，所有制不是一个法权的概念，而是一个经济学的概念。它不是由法律规定的制度，而是在一定的历史发展阶段、一定的生产力发展阶段人们社会生活的产物。所有制也不是一个脱离了人与人之间关系而独立的范畴，它是由一系列的社会关系发展起来的，因为"每一个社会中的生产关系都形成一个统一的整体。"② 关于此，马克思在致巴·瓦·安年柯夫的信中通过对蒲鲁东的批判做了明确的说明。蒲鲁东把所有制看作一个独立的范畴③，将其和分工、竞争、垄断、信贷等并列。而且在他看来这些范畴都不是来自人们的现实生产生活，而是从少数人的头脑中想象和发明出来的。马克思认为蒲鲁东不了解"适应自己的物质生产水平而生产出社会关系的人，也生产出各种观念、范畴，即这些社会关系的抽象的、观念的表现。"④ 因为，"不管个人在主观上怎样超脱各种关系，他在社会意义上总是这些关系的产物。"⑤ 同时，他也没有认识到人们之间的相互关系和这些关系的性质是随着生产力的发展而改变的，在他眼中所有制是抽象的、观念的产物，是"自行产生的、具有自己的生命的、永恒的东西"。⑥ 马克思指出："蒲鲁东先生把所有制规定为独立的关系，就不只是犯了方法上的错

---

① 马克思，恩格斯. 马克思恩格斯选集（第1卷）[M]. 北京：人民出版社，1972：285.
② 马克思，恩格斯. 马克思恩格斯选集（第1卷）[M]. 北京：人民出版社，1995：327.
③ 有人根据斯大林在《苏联社会主义经济问题》中给政治经济学研究对象所下的定义，认为斯大林"将所有制脱离于生产、交换（流通）、分配、消费全过程之外，形成为一个独立的范畴，并以此来把握、理解、解释整个生产关系，而不是通过生产关系去把握、理解、解释所有制，因果、主次完全被颠倒了。"犯了和蒲鲁东同样的错误（袁林. 两周土地制度新论 [M]. 长春：东北师范大学出版社，2000：19）。应该说这样的认识是有问题的。在斯大林的定义里恰恰是生产关系包括了生产资料的所有制形式，同时把生产资料的所有制形式看作生产关系构成中的决定性的因素，这点应该说是符合马克思的原意的。相反，作者本人不仅没有搞懂生产关系和所有制之间的联系，也没有理解什么是生产关系，什么是所有制，只是一味盲目地批判，结果把马克思的原意也歪曲了。并且，斯大林也解释说，在他的这个定义里也包括了恩格斯对政治经济学定义中的"交换"这个概念。他说："恩格斯用'交换'这个术语所指的东西，显然已包含在上述定义中，作为其组成部分"（斯大林，1952，第66页）。附：斯大林关于政治经济学的研究对象的定义。他认为："政治经济学的研究对象是人们的生产关系，即经济关系。这里包括：（甲）生产资料的所有制形式；（乙）由此产生的各种不同社会集团在生产中的地位以及它们的相互关系，或如马克思所说的，'互相交换自己的活动'；（丙）完全以生产关系为转移的产品分配形式。"（斯大林. 苏联社会主义经济问题 [M]. 北京：人民出版社，1952：65）
④ 马克思，恩格斯. 马克思恩格斯选集（第4卷）[M]. 北京：人民出版社，1972：327.
⑤ 马克思. 资本论（第1卷）[M]. 北京：人民出版社，1975：12.
⑥ 马克思，恩格斯. 马克思恩格斯选集（第4卷）[M]. 北京：人民出版社，1972：328.

误……他不懂得一定时代中生产所具有的各种形式的历史的和暂时的性质。"① 因此所有制不是蒲鲁东所设想的包括分工在内的一系列范畴中独立的一个，相反，"分工和蒲鲁东先生的所有其他范畴是总和起来构成现在称之为所有制的社会关系"。② 也就是说所有制是由分工和所有其他范畴总和构成的社会关系，在这些社会关系之外谈论某种所有制"不过是形而上学的或法学的幻想"。③ 无论这种所有制是封建主义的、资本主义的所有制，还是社会主义的所有制。这也是有些人将所有制看作一种法律规定的错误所在。而在由一系列社会关系构成的所有制关系中，占支配地位的是人们在生产中相互形成的生产资料与劳动者的结合方式，即生产资料所有制关系，也可称为生产资料所有制形式。

生产资料所有制形式是所有制的具体表现。而不同的生产资料所有制形式，在一定社会经济形态中所处的地位、所占的比重，以及它们的相互关系就形成了不同历史时期的不同的所有制结构。但它的性质始终是由居于支配地位的所有制形式的性质决定的。所有制既不是人为规定的抽象的范畴，也不是永恒不变的自然的规律。"一切所有制关系都经历了经常的历史更替、经常的历史变革"。④ 即使在所有制关系内部也会随着生产的发展而发生不断的改变。也就是说同一所有制关系内部发展的不同阶段可以有不同的所有制形式和所有制结构。例如，资本主义所有制自开始以来，就经历了私人资本所有制、垄断资本所有制、国家垄断资本所有制等不同的阶段，现在已进入私人资本国际垄断联合的新阶段。而社会主义自产生以来，所有制关系也适应生产力发展要求不断地进行调整，从起初的追求单纯的公有制，调整到公有制为主多种所有制并存的新阶段。但是也要认识到尽管所有制本身在发展演进，但是在某一个历史阶段的所有制的性质总是由该阶段所有制构成中居于支配地位的所有制形式的性质决定的，这点无论是资本主义还是社会主义社会都是一样的。

（三）所有制理论与制度经济学的区别

现在有一种倾向，就是将马克思的所有制与制度经济学的制度相混同进行研究，提出马克思的制度变迁模型，认为制度变迁"是由制度再生产或'制度供

---

① 马克思，恩格斯. 马克思恩格斯选集（第4卷）[M]. 北京：人民出版社，1972：325.
②③ 马克思，恩格斯. 马克思恩格斯选集（第4卷）[M]. 北京：人民出版社，1972：324.
④ 马克思，恩格斯. 马克思恩格斯选集（第1卷）[M]. 北京：人民出版社，1972：265.

给'的能力决定的……只有当社会和所有制度当事人再也无力承担低效率制度的高昂成本,并且该制度本身已没有改进余地的时候,它才会被新的制度替代、扬弃"(张克难,1996)。这种可以再生产和供给的制度,显然不是马克思所说的所有制制度。可以看出这种貌似对马克思理论的发展,实质是用制度经济学制度变迁理论替换了马克思的所有制演进的理论。

有人讲马克思主义制度经济学,好像还有马克思主义非制度经济学,这种分类方法是不合适的。马克思主义政治经济学本身就是一个完整的体系,所有制理论是它的核心。相应的劳动价值理论、剩余价值理论、资本有机构成理论等都是为所有制理论服务的,在于说明所有制发展演变的历史趋势是由共产主义个人共同所有制代替资本主义的私人资本所有制。这种改变是基本社会制度的改变,而不是一般意义上的以行为规范、风俗、习惯等构成的制度经济学所谓的制度变迁。

在制度经济学看来,制度被认为是人类相互交往的规则。诺思认为:"制度是一个社会的博弈规则,或者更规范地说,它们是一些人为设计的、型塑人们互动关系的约束。"① 也有制度经济学家认为:"人类的相互交往,包括经济生活中的相互交往,都依赖于某种信任。信任以一种秩序为基础。而要维护这种秩序,就要依靠各种禁止不可预见行为和机会主义行为的规则。我们称这些规则为'制度'。"② 因此,制度经济学的制度主要指的是人们交往过程中相互形成的习惯、习俗和规则。它又被分为两类,即所谓"内在制度"和"外在制度"。"内在制度"是靠人类的长期经验而获得的,包括既有习惯、伦理规范、良好礼貌和商业习俗;而"外在制度"被认为是由一批代理人设计和确立,并强加给社会的,如司法制度。"外在制度"配有惩罚措施。关于制度的作用,诺思认为:"制度通过为人们提供日常生活的规则来减少不确定性。"③ 可见诺思这里所说的制度其实是规范人们日常行为规范的规则和习俗,而不是由人们在社会生产中所形成的,并制约人们社会生活的社会关系的总和。"一定历史时代和一定地区内的人们生活于其下的社会制度,受着两种生产的制约:一方面受劳动的发展阶段的制约,另一方面

---

① 道格拉斯·C. 诺思. 制度、制度变迁与经济绩效 [M]. 上海:格致出版社,2008:3.
② 柯武刚,史漫飞. 制度经济学 [M]. 北京:商务印书馆,2004:3.
③ 道格拉斯·C. 诺思. 制度、制度变迁与经济绩效 [M]. 上海:格致出版社,2008:4.

受家庭的发展阶段的制约"。① 因此是生产产生了制度,而不是相反。

二、财产权、所有权与产权

(一) 财产权和所有权

私有财产从人类由野蛮进入文明就开始出现了。但在人类社会早期并没有明确的财产权,因为"私有财产的真正的基础,即占有,是一个事实,是不可解释的事实,而不是权利。只是由于社会赋予实际占有以法律的规定,实际占有才具有合法占有的性质,才具有私人财产的性质"。② 财产权③从产生以来主要指的是私有财产权。马克思认为:"财产最初无非意味着这样一种关系:人把他的生产的自然条件看作是属于他的、看作是自己的、看作是与他自身的存在一起产生的前提;把它们看作是他本身的自然前提,这种前提可以说仅仅是他身体的延伸。"④ 这种财产所反映的社会关系在法律上就体现为财产权。私有财产权作为规定的权利出现是在罗马时代。马克思指出:"其实是罗马人最先制定了私有财产的权利、抽象权利、私人权利、抽象人格的权利"⑤并不断"发展和规定那些作为私有财产的抽象关系的关系。"⑥因此从法的角度来定义所有权罗马人确实做了大量工作。这也是为什么现在法学关于财产权往往从罗马法里寻找来源。

现代西方产权理论将私有财产权看作法律规定的产物,试图通过不断完善的制度规定来保证产权人"随心所欲地处理什物的权利"。⑦制度经济学认为对财产权的保护和公平交易制度的不断建立和完善是制度变迁的核心和根本。它们认为保护财产权是维护私有财产制度的根本保障。但是恩格斯指出:"二千五百年来私有制之所以能保存下来,只是由于侵犯了财产所有权的缘故。"⑧ 因为"迄今所发生的一切革命,都是为了保护一种所有制以及反对另一种所有制。它们如果

---

① 马克思,恩格斯. 马克思恩格斯选集(第4卷)[M]. 北京:人民出版社,1972:2.
②⑤⑥⑦ 马克思,恩格斯. 马克思恩格斯全集(第1卷)[M]. 北京:人民出版社,1956:382.
③ "在布莱克法律词典中,财产(权)proprety 一词有以下两种含义。第一,是指占有、使用和享用某一特定物品的权利,也就是指所有权(并非绝对意义上的所有权观念)。第二,占有、使用和享用某一特定物品的权利所指向的对象。"Bryan A. Garner (editor), Black's law Dictionary (7th edition), West Publishing Company. (1999). P1222 (转引自,赵廉慧. 财产权的概念——从契约的视角分析[M]. 北京:知识产权出版社,2005:21)。
④ 马克思,恩格斯. 马克思恩格斯全集(第46卷上册)[M]. 北京:人民出版社,1979:491.
⑧ 马克思,恩格斯. 马克思恩格斯选集(第4卷)[M]. 北京:人民出版社,1972:111.

不侵犯另一种所有制，便不能保护这一种所有制。"① 奴隶制就是对以前的原始共产制的侵犯。同样，封建制是对奴隶制财产所有权的侵犯而产生的，而被制度经济学所宣扬的现代资本主义私人所有制正是在牺牲封建所有制的基础上建立的。因此并不存在绝对的永恒不变的所有制形式。私人资本所有制也只是一个历史发展的中间过程，它最终必将被比它更高级的形式所代替。在马克思那里，这个更高级的形式就是共产主义阶段自由人联合体形成的共同所有制，即共产主义社会所有制。

所有权是由财产权引申而来的。在《汉语大词典》中就将所有权解释为财产所有权，指所有人依法对自己的财产享有的占有、使用、收益和处分的权利。马克思说："在每一个历史时代中所有权以各种不同的方式、在完全不同的社会关系下面发展着。因此，给资产阶级的所有权下定义不外是把资产阶级生产的全部社会关系描述一番。"② 因此不存在永远不变的所有权。马克思批判蒲鲁东："表面上似乎讲的是一般的所有权，其实他所谈论的不过是土地所有权，地租而已。"③ 在我们今天，"蒲鲁东们"仍然存在，只是他们今天谈论的所有权主要是资本的所有权了。在这些人看来，"所有权像能量一样，只是一个概念，无法直接体验。人们从未看到过或接触过纯粹的能量，也没人能看到所有权。人们只能通过能量和资本所产生的效应来体验能量和资本"。④ 因此体验资本就是体验所有权，资本与所有权是统一的，这也是资本主义时代的真实写照。因此，马克思认为不存在一般意义上的一般的所有权，所有权都是具体的、和当时的社会具体制度相联系的，封建所有制是土地所有权，资本主义所有制是资本所有权。

国内一些研究者现在把所有权概念泛化，甚至直接等同于产权，这是不确切的。例如，有研究认为，"所有制是生产资料归谁所有的经济制度，所有权是财产归谁所有的法律制度"，"所有权是所有制在法律制度上的反映，而产权则居于经济运行层次，是所有权的发展了的形式"（李晓冬，2006）。关于此在前面介绍的马克思对蒲鲁东的批判中已经说得很清楚了，所有制不是一个独立的经济范畴，而是所有社会关系的总和。所有权应是对所有制中全部社会关系的描述，

---

① 马克思，恩格斯．马克思恩格斯选集（第4卷）[M]．北京：人民出版社，1972：110-111.
②③ 马克思，恩格斯．马克思恩格斯选集（第1卷）[M]．北京：人民出版社，1972：144.
④ 赫尔南多·德·索托．资本的秘密[M]．南京：江苏人民出版社，2005：36.

而不仅仅是财产归谁的法律制度。

（二）产权和所有权

近年来，随着西方产权理论的传入，产权成了一个时尚的用语。一些人甚至用西方的产权理论来替换马克思的所有制和所有权，并美其名曰马克思的产权理论。这种用法很容易造成人们对马克思的所有制和所有权思想的误读，仅仅从法的规定出发去理解所有权和所有制，将我们国家的所有制改革笼统地定义为产权改革或市场改革。

在产权理论看来，"产权是一个社会所强制实施的选择一种经济品的使用的权利"。① 或者认为"产权（Property Rights）是一种社会工具，其重要性来自这样的事实，即它们能帮助一个人在和其他人的交易中形成可以合理把握的预期。这些预期通过一个社会的法律、习惯和风俗表现出来。一个产权人可使其他人允许自己以特殊的方式行事，并期望社会能阻止其他人对他在自己权利规范内的行为进行干涉"（Harold Demsetz, 1967）。这里的产权是一个复数，表明产权是由一组权利构成的，也可看作一组法律规定的权利安排。按照产权理论的解释，产权包括使用权、用益权、决策权和让渡权等②，也被认为主要是为界定市场中的交易行为，即保证交易的公平和交易双方交易的自由。相对于新古典经济学而言，产权理论将人与人的关系引入了西方经济学的研究中，本身是一个进步。但是这种研究仅局限于交易行为中，也就是商品的流通过程中，而没有对商品生产过程中的人与人之间生产关系和所有权问题进行研究，因此没有根本的突破。在产权理论看来，产权的主要作用在于可以通过清晰的界定，降低交易费用，并进而将外部性内在化。

交易费用概念的提出主要来自科斯，他为新制度经济学和产权理论提供了重要的研究工具，因此影响很大，正是借助这个工具新古典经济学才得以扩张到包括历史、政治等其他非经济的社会科学研究中。科斯认为企业的建立使企业家协调代替了市场价格机制的作用，用企业家和雇佣劳动者之间的契约代替了一系列的市场契约，从而减少了为组织生产发现价格的成本，和为进行市场交易所进行的谈判和签约的成本。这些成本被认为构成了所谓的交易费用。而在马克思看

---

① R. 科斯，A. 阿尔钦. 财产权利与制度变迁 [M]. 上海：上海三联书店，1994：166.
② 张军在《现代产权经济学》（1994）第26页有较详细的说明。

来，生产的发展并不是流通中所谓交易费用的节约带来的，"真正的经济——节约——是劳动时间的节约（生产费用的最低限度——和降到最低限度）。而这种节约就等于发展生产力"。① 当交易费用的概念引入企业时，一些西方经济学家认为交易费用理论打开了企业的黑箱。实际上科斯所做的仅仅是把商品流通过程延伸进了企业，用市场交易行为解释企业内部的组成，仍然没有触及企业生产过程中人与人之间的生产关系。这种研究是比较浅显和表面的，尽管它使用了一些复杂的概念和工具。在科斯看来，要做到企业代替市场从而减少交易费用，有赖于企业家和生产要素之间的契约，"这一契约的本质特征就是它规定了企业家的权利范围。在这一权利范围内，他能够指挥其他的生产要素"。② 但这倒也符合马克思和恩格斯所说的私人"所有制是对他人劳动力的支配"。③ 在这一契约中企业家的权利范围实际来源于他对资本的所有权。在资本主义私有制中，企业往往都是私人所有的，因此界定清楚企业家的所有权也就是界定清楚私人资本的所有权。但由于对私人所有权的界定只能依靠想象和法律的规定，所谓的交易费用就只能是一个虚构的幻想。以交易费用为核心分析工具的产权经济学的非科学性也暴露无遗。

"所有权是所有制关系的法律上的表现，它的内容由所有制关系决定；产权则只不过是所有权关系具体实现时所发生的权利关系。"④ "从政治经济学角度看，产权比所有权更属于法的或意志关系，它们的内容是由经济关系决定，并随着经济关系的改变而改变的。"⑤ 因此，马克思认为，产权就是财产的所有权，它是在生产过程中产生和形成的，并被法律所规定的人与人之间的经济关系，它在不同的历史阶段有着不同的含义和内容，随着社会的发展变化而变化，"要想把所有权作为一种独立的关系、一种特殊的范畴、一种抽象的和永恒的观念来下定义，这只能是形而上学和法学的幻想"。⑥ 所有权不是一个独立的、由人的头脑想象出来的抽象的范畴，而是来自现实的社会生活之中。这也是马克思历史唯

---

① 马克思，恩格斯．马克思恩格斯全集（第46卷下册）[M]．北京：人民出版社，1980：225．
② 威廉姆森．交易成本经济学经典名篇选读[M]．北京：人民出版社，2008：7．
③ 马克思，恩格斯．德意志意识形态节选本[M]．北京：人民出版社，2003：28．
④ 胡钧．胡钧自选集[M]．北京：中国人民大学出版社，2007：5．
⑤ 胡钧．胡钧自选集[M]．北京：中国人民大学出版社，2007：498．
⑥ 马克思，恩格斯．马克思恩格斯选集（第1卷）[M]．北京：人民出版社，1972：144．

物主义观点在产权领域的体现。西方产权理论之所以无法摆脱形而上学或法学上的幻想,和他们"狭隘的历史眼光"有很大关系。历史发展的图景是很宏大的,但是他们却用自己想象的头脑和狭隘的眼光来观察历史,使停留在他们眼中的似乎是永远不变的图景。在他们不能用现实来解释和说明所有权时,往往就求助于法律的规定和神秘的想象,认为"所有权的起源包含有某种神秘的和玄妙的因素",从而"使生产本身和生产工具的分配之间的关系神秘化"了。历史和社会的产物在他们那里成了自然和人为的规定。

虽然很清楚没有永恒的、一成不变的、抽象的和法学上的所有权,但所有权并不是无法定义,而是这种定义随着历史的发展根据不同的方式和不同的社会关系而发生变化,封建社会的所有权就是土地所有权,资本主义社会的所有权就是资本所有权,而社会主义社会的所有权应该是劳动所有权。因此,资本主义企业表面上的平等契约关系所掩盖的恰恰是资本所有权与雇佣劳动之间的不平等。西方产权理论将产权看作一种由法律规定的排他性的占有权,将其看作一种法权关系,将资本主义企业内部的产权关系看作一种平等、自由的契约关系,将产权关系看作一种交易关系,是一种始终存在、永远不变的自然关系。但是"这种具有契约形式的(不管这种契约是不是用法律固定下来的)法权关系,是一种反映着经济关系的意志关系。这种法权关系或意志关系的内容是由这种经济关系本身决定的"。① 劳动力的买卖表面看来是平等的契约关系,因为"劳动力的买和卖是在流通领域或商品交换的界线以内进行的,这个领域确实是天赋人权的真正乐园。那里占统治地位的只是自由、平等、所有权和边沁"。② 但是"一离开这个简单流通领域或商品交换领域……原来的货币所有者成了资本家,昂首前行;劳动力所有者成了他的工人,尾随在后。一个笑容满面,雄心勃勃;一个战战兢兢,畏缩不前,象在市场上出卖了自己的皮一样,只有一个前途——让人家来鞣"。③

所有制是基本的经济制度,所有权是这个基本经济制度决定的法律关系。所有权首先是财产的所有权,其次才是占有、支配、使用、让渡等权利。在这

---

① 马克思. 资本论(第1卷)[M]. 北京:人民出版社,1975:102.
② 马克思. 资本论(第1卷)[M]. 北京:人民出版社,1975:199.
③ 马克思. 资本论(第1卷)[M]. 北京:人民出版社,1975:200.

一组权利中,起主导作用的是生产资料所有权,也就是财产归谁所有。这里的财产应该是包括生产资料和消费资料在内的物质财富,因此脱离生产关系一般地谈所有权,或者财产所有权(这也是现在很多人存在的问题),是无法说清事物的根本的。同时也不存在脱离一定生产关系的抽象的产权,法律规定的产权来源于对现实生产关系的抽象和规定。在资本主义私有制条件下,这种平等、自由的契约关系首先是建立在生产资料的资本所有制基础上的。交易过程的平等仅仅是掩盖了实际生产过程的不平等,因此这样的产权理论辩护性是显而易见的。

(三)关于私有权的不同认识

马克思认为由于劳动生产率的提高,原始社会有了剩余,导致私有财产的出现。而诺思则相反,他认为是由于人口增长导致资源稀缺,引起对公有产权的分割和保护。但是诺思关于人类史前活动导致资源耗尽和大型动物灭亡都是建立在猜测的基础上的,没有证据可以说明大型动物的灭亡是由于人类捕猎的结果,特别是在原始生产力水平下,人类捕猎更多的仅仅是为谋生,同时对野兽的捕杀也有保护自身安全的需要,只是进入工业社会后,人类的活动才开始对自然界构成巨大的破坏。这其实也是诺思为了证明资源稀缺导致产权保护出现而必需的前提。不如此,无法证明私有产权出现的合理性。

马克思的所有权是在一个社会或群体内部的分化中产生的,而诺思的产权则是在不同社会、不同群体、不同个体间,一般意义上的势力范围的划分的基础上产生的,这就如同动物界的动物都有各自的势力范围,绝不允许其他动物进入一样,并不是人类特有的行为。马克思的所有权是剩余出现后由谁占有,而诺思的产权是在资源不足以消费时保护一部分人优先使用,而排斥其他人。这基本是西方制度学派的共识,如阿尔钦就认为:"私有产权是对必然发生的不相容的使用权进行选择的权利的分配。"[①] 这种分配的结果就是一部分人可以使用,而另一部分人被排斥使用。而获得这个使用权的人可以拿这种使用权去和其他人的使用权相交换。这可以说是新制度学派产权理论的核心内容,其他的一切都是在这基础上展开的,即围绕交换的成本收益的衡量,对社会和个人的影响,交换行为受到的外部正式或非正式制度的制约等。但是新制度学派没有意识到当他们规定产

---

① R. 科斯,A. 阿尔钦. 财产权利与制度变迁[M]. 上海:上海三联书店,1994:167.

权的归属时，问题出现了。凭什么要保护这一部分人而不保护另一部分人的权利呢？它依据的事实是什么？这种保护是由谁决定的呢？是由受保护的人自己指定的，还是由一个公正的第三人，或者是上帝来指定的呢？而从对剩余的占有来看则相对比较容易理解，一部分人依靠强制，继而依靠法律占有剩余，并最终完全脱离生产。当然起初的这部分人是以公共财产的管理者的面目出现的，但最终发生了蜕变。

诺思将新古典分析的方法引入经济史的研究，并在此基础上强调产权和制度的重要性。同时交易费用和所谓监督检查、衡量等概念也被作为工具引入分析中。但在经济史分析中，主要由事实堆砌和猜测构成的历史逻辑混淆了现象和本质的区别，使人无法认清现象背后的真实原因。而且诺思还将产权这一概念泛化和滥用，将政治特权和财产权利混同使用，同等对待，都认为是产权。将公权和私权对等，国家提供保护给私人，国家向人民收取保护费而获得收益，买官卖官也是一种产权的转让。这也是很多西方经济学家一个共同的问题，泛化和混淆，对国内学者也产生了一定影响。诺思没有认识到国家之所以如此正是私有制引起的阶级关系导致的。诺思只是把国家作为一个独立的主体，认为国家理论对于产权是不可缺少的，因为国家规定着产权结构。他认为："国家最终对产权结构的效率负责，而产权结构的效率则导致经济增长、停滞或经济衰退。"①

诺思忽视私有权形成和所有制演进的生产基础，而简单地从法的概念解释产权，是典型的唯心史观。他忽视意识产生的现实基础，而将各种各样的"意识"看作独立于社会生产而由人的观念所产生，仅从道德、理想、平等、正义等观念上去反对旧的观念和意识，就如同堂吉诃德和风车进行大战，丝毫无助于现实世界问题的解决。这也导致他在后来的研究中彻底转向了用意识形态来说明制度的变迁。正如马克思批判黑格尔时所说："他以为他是在通过思想的运动建设世界；其实，他只是根据绝对方法把所有人们头脑中的思想加以系统的改组和排列而已。"②

---

① 道格拉斯·C. 诺思. 经济史上的结构和变革 [M]. 北京：商务印书馆，1992：21.
② 马克思，恩格斯. 马克思恩格斯选集（第1卷）[M]. 北京：人民出版社，1995：141.

三、分工的不同认识

（一）分工的起源

"分工是一种特殊的、有专业划分的、进一步发展的协作形式，是提高劳动生产力，在较短的劳动时间内完成同样的工作，从而缩短再生产劳动能力所必需的劳动时间和延长剩余劳动时间的有力手段。"①

斯密认为分工是人类"互通有无，物物交换，互相交易"的倾向缓慢而逐渐造成的结果。他认为尽管人类的智慧在后来认识到分工产生的利益，但是分工本身却"不是人类智慧的结果"，而是"由于我们所需要的相互帮忙，大部分是通过契约、交换和买卖取得的，所以当初产生分工的也正是人类要求互相交换这个倾向"。②但在马克思和恩格斯看来，"分工起初只是性行为方面的分工，后来是由于天赋（例如体力）、需要、偶然性等等才自发地或'自然地'形成的分工"。③因此从广义的分工来看，社会分工早于劳动分工。但这种社会学意义上的分工是一种维系人类繁衍的本能需要，它和真正分工还有很大差别。"分工只是从物质劳动和精神劳动分离的时候起才真正成为分工"。④而一个民族的生产力发展水平，最明显地体现在该民族的分工的发展程度上，是分工发展的各个不同阶段派生了所有制的各种不同形式，财产关系不过是这种所有制关系的法律表现。

马克思认为社会分工最早"是由原来不同而又互不依赖的生产领域之间的交换产生的"。⑤它最早产生于氏族公社相互接触的地方。这也可以看作市场最早的起源，因为在这里市场最早的萌芽——产品的交换开始出现了。在社会分工产生以前，氏族内部分工主要是基于性别和年龄"在纯生理的基础上产生了一种自然的分工"。⑥当社会分工出现后，在社会分工的推动下，原来同一生产领域内部"直接互相联系的整体的各个特殊器官互相分开和分离……并且独立起来，以致不同的劳动只有通过把产品当作商品来交换才能建立联系"。⑦这时，市场关系开始从不同生产领域之间扩散到同一生产领域内部，手工业的分工开始出

---

① 马克思，恩格斯. 马克思恩格斯全集（第47卷）[M]. 北京：人民出版社，1979：301.
② 亚当·斯密. 国民财富的性质和原因的研究（上卷）[M]. 北京：商务印书馆，1994：14.
③④ 马克思，恩格斯. 德意志意识形态节选本[M]. 北京：人民出版社，2003：26.
⑤⑥⑦ 马克思. 资本论（第1卷）[M]. 北京：人民出版社，1975：390.

现，这也可以看作最早的企业分工的雏形。手工业的发展促进了社会分工的发展。

在资本主义早期，私人资本刚刚开始出现，手工作坊还较普遍地存在，工场手工业处在初期形式中。虽然已经有了资本的大规模运用，但是分工和机器还没有起到重大作用，这时的劳动方式主要还是以简单协作为主，分工还没有真正出现，手工作坊的主要作用是把劳动者和生产资料聚集在一起，从而可以进行较大规模的生产，并节约许多不必要的费用。这种劳动者在同一手工作坊的聚集是后来真正的工场手工业内部分工发展的前提条件，是手工作坊产生了分工而不是相反。后来的工场手工业分工正是在这个基础上产生的。"只要人和工具被集合到一个场所，过去以行会形式存在过的那种分工就必然会再度出现并在作坊内部反映出来。"①

真正的工场手工业形成源于"市场的扩大、资本的积累、各阶级的社会地位的改变、被剥夺了收入来源的大批人口的出现"。②当时由于"美洲的发现和美洲贵金属的输入而促成的资本积累"，③对英国工场手工业的形成发挥了极为重要的作用④。在这个基础上，由于市场的扩大，相应地需要更大的生产规模来满足市场需求，促使早期的手工作坊采用更多的机械工具代替人手，并在协作的基础上发展出内部分工。

（二）分工思想的产生和形成

关于分工思想的起源，最早见诸古希腊的思想家们的论述。色诺芬（约公元

---

① 马克思，恩格斯. 马克思恩格斯选集（第1卷）[M]. 北京：人民出版社，1995：165.
②③ 马克思，恩格斯. 马克思恩格斯选集（第1卷）[M]. 北京：人民出版社，1995：164.
④ 有人提出马克思所说的工场手工业时期"大约从十六世纪中叶到十八世纪末叶"是不正确的，因为没有相关的资料来证明，并认为相反，"在工厂制度之前占统治地位的是家庭工业，而不是工场手工业"（威廉·拉佐尼克：《车间的竞争优势》，第37页，2007）。但在这里作者没有搞明白当时的所谓家庭工业在马克思看来是属于第一类工场手工业形式。这种形式的特点是制品"是由各个独立的局部产品纯粹机械地组合而成"，因此"局部工人在同一个工场中的结合成为一种偶然的事情"，"局部劳动本身又可以作为彼此独立的手工业进行"，这种情况对资本家节省厂房等费用也是有利的。因此这种劳动者的地位和独立手工业者的地位是完全不同的（《资本论》第1卷，第379-381页，1975）。作者恰好混淆了两者的区别，这也是作者的问题所在，而且马克思也并非如作者所说没有发现这种家庭工业的广泛存在。马克思曾专门指出，"我们记住，工场手工业只涉及国民生产的很小一部分，它一直以城市手工业和农村家庭副业作为广阔的背景。它在某种形式下，在某些工业部门，在某些地方消灭城市手工业和农村家庭副业，同时又在其他地方使它们重新出现……这就是首先使研究英国历史的人困惑不解的现象所以会产生的一个原因，虽然不是主要原因"（《资本论》第1卷，第816-817页）。由此看来在这里作者又一次重复了同样的困惑。

前430～前354）在《经济论》中就提到了劳动分工问题。他说："很难找到精通一切技艺的工人，而且也不可能变成一个精通一切技艺的专家。"① 因此一个人不必样样都精通。古希腊著名哲学家柏拉图（公元前427～前347）在其代表著作《理想国》中也认为当一个人可以同时做几种工作时，如果他专注于适合自己天生才能的工作，就会比不擅长的工作做得更好。马克思认为如果从个人需要的多面性和个人才能的片面性来说明分工的作用的话，修昔底德在《伯罗奔尼撒战争史》中也有类似的论述②。但是，古希腊的思想家们对于分工的认识还停留在只关注质和使用价值，而不关注量和交换价值的阶段。因为"他们根本没有想到交换价值，想到使商品便宜的问题"。③ 再后来的威廉·配第继承了前人的思想，也认为分工对提高劳动生产率具有重要的作用。在他的《政治算术》一书中谈到，荷兰之所以具有较高的生产效率，正是因为他们使用专用的商船来运输不同的货物。但配第同时认识到分工对交换价值的影响，对工场手工业分工带来的利润的增加有了初步的认识。马克思说："配第的分工观点不同于古代思想家之处，首先在于分工对产品的交换价值的影响，对作为商品的产品的影响，即使商品变得便宜。"④

而真正明确把分工作为研究对象并和市场交换联系起来的是英国古典经济学家亚当·斯密，他第一次明确提出了分工对于提高劳动生产力和促进经济发展起到重要作用的观点。他在《国富论》的开篇就说道："劳动生产力上最大的增进，以及运用劳动时所表现的更大的熟练、技巧和判断力，似乎都是分工的结果。"⑤ 紧接着他以扣针制造业为例，详细说明了分工对增进劳动生产力和国家产业发展的巨大作用。在斯密看来之所以分工会产生如此的结果，主要在于分工使人们能够更加关注某一项工作，不断增加熟练程度，而且节省了工作转换的损失。进一步，斯密指出分工发展受到市场规模的制约。斯密虽然提出由于分工的实施，各劳动者终身局限于一种单纯业务操作，能够大大增进自己的熟练程度。但也意识到，如果让一个人终身从事少数单纯的和相同的操作，结果"他自然要

---

① 色诺芬. 经济论：雅典的收入 [M]. 北京：商务印书馆，1961：12.
② 马克思在资本论（第1卷）的第405页的脚注对此做了较详细的解释。
③ 马克思. 资本论（第1卷）[M]. 北京：人民出版社，1975：405.
④ 马克思，恩格斯. 马克思恩格斯全集（第47卷）[M]. 北京：人民出版社，1979：327.
⑤ 亚当·斯密. 国民财富的性质和原因的研究（上卷）[M]. 北京：商务印书馆，1994：5.

失掉努力的习惯,而变成最愚钝最无知的人"。① 因此分工也使人的发展片面化,被限制在一种单一的、狭隘的工作中而无法全面地发展自己。

同时,斯密认为除了经济领域以外,哲学和思想家的工作也产生了分工,这种分工使"各人擅长各人的特殊工作,不但增加全体的成就,而且大大增进科学的内容"。② 因此,后来的法国社会学家涂尔干(Durkheim)就认为:"分工并不是经济生活所特有的情况,我们看到它在大多数的社会领域里都产生了广泛影响。政治、行政和司法领域的职能越来越呈现出专业化的趋势,对科学和艺术来说也是如此。"③ 进而他还把分工从人类社会扩大到一切有机体,使分工成为一个生物学意义上的概念。涂尔干研究分工主要是从道德出发,指出分工在产生团结并成为道德秩序的基础的同时,也带来三种病态的形式:社会道德沦丧、强迫分工和缺乏组织协调的非正常的形式(Muller,1994)。有人以此为理由,认为马克思忽略了分工在经济领域外的影响,却忘了马克思在《资本论》里曾经明确地声明:"在这里,我们不去进一步论证,分工除了扩展到经济领域以外,又怎样扩展到社会的其他一切领域,怎样到处为专业化、专门化的发展,为人的细分奠定基础。"④ 在马克思看来,这种社会意义上的分工的扩展都是旧分工在经济发展作用下的不断发展,研究它们本身并不能说明旧分工的消灭。我们应该认识到如政治、行政和司法等领域的分工现象都属于上层建筑的范畴,归根结底是要由一个社会生产力发展的程度和生产关系的构成基础决定的。分工虽然不是经济生活所特有的情况,但是经济领域的分工是社会其他分工的基础,并决定着其他领域分工的性质和发展。因此,本书的研究仍主要以经济生活领域的分工为主要分析对象。

(三) 分工研究的历史分野

自斯密之后,古典经济学逐渐产生了历史分野,形成目前的马克思主义政治经济学和西方经济学并存的格局。由此,关于分工也形成了两个不同的研究体系。

斯密对分工非常重视,并在著作中将其作为自己研究的起点。但在古典经济

---

① 亚当·斯密. 国民财富的性质和原因的研究(下卷)[M]. 北京:商务印书馆,1994:339.
② 亚当·斯密. 国民财富的性质和原因的研究(上卷)[M]. 北京:商务印书馆,1994:11.
③ 涂尔干. 社会分工论[M]. 上海:三联书店,2004:2.
④ 马克思. 资本论(第1卷)[M]. 北京:人民出版社,1975:392.

学之后，西方经济学并没有再把分工作为研究的重点，自马歇尔起分工在经济学中的地位开始降低，并逐渐淡出西方经济学的研究视野，甚至到后来在新古典经济学中几乎取消了对分工的研究。因此，杨小凯认为新古典经济学忽略了古典分工和专业化理论，而新兴古典经济学用超边际的方法把分工和专业化又一次引入了经济学分析中。他认为分工在西方经济学中地位的下降主要有以下两个原因：一是当时"缺少处理角点解的数学工具"造成的①（杨小凯，2003）。他认为由于无法通过数学分析来描述分工和专业化，而以边际分析为基础的供求关系的分析，在用数学处理时非常方便，并显得更具有科学的形式，因此这种数学化的经济学就成了后来西方经济学的主流。后来的经济学家阿伦·杨格在斯密分工与市场理论的基础上又一次提出了分工的问题，认为产业的不断分工和专业化是报酬递增得以实现的过程的一个基本组成部分。报酬递增取决于劳动分工的发展，现代形式的劳动分工的主要经济，是以迂回或间接的方式使用劳动所取得的经济②。劳动分工取决于市场规模，而市场规模又取决于劳动分工（Allyn Young，1928，1996）。但是在杨小凯看来，杨格仍然未能将其分工的思想数学化，因此分工理论自马歇尔以后长时间内无法进入主流经济学的研究视野。

关于分工和专业化被新古典经济学所排斥的第二个原因，杨小凯认为是消费者和生产者在新古典经济学里的分离造成的。由于两者的分离，消费者自己不生产，生产者自己不消费，供求关系的分析与分工和专业化就没有关系了，而专业化也被规模经济所替代。由于社会的分工结构是外生给定的，市场和企业的存在也是预先假定的，这样新古典经济学面对日益复杂的企业和市场分工丧失了解释力。进入20世纪50年代，随着线性规划和非线性规划等数学工具的发展，古典经济学中关于分工和专业化的思想被重新纳入新古典分析框架中，这被杨小凯等称为新兴古典经济学。它去掉了新古典生产者和消费者分离的假定，重新改用专

---

① 以前新古典模型只能处理内点解的问题，角点解位于无差异曲线和约束条件曲线交叉的地方，因此无法进行数学处理。杨小凯等人用超边际分析的方法对角点解进行了数学处理。

② 杨格关于迂回劳动的思想应该是受到庞巴维克的影响，庞巴维克在《资本实证论》关于资本的性质一章中，用制造眼镜的例子说明如何进行迂回生产，而且他还认为"迂回的方式比直接的方式能得到更大的成果，这是整个生产理论中最重要和最基本的命题之一"。（庞巴维克. 资本实证论 [M]. 北京：商务印书馆，1983：55）但是庞巴维克这里并没有把迂回生产和分工联系在一起，所有的过程他都假定是一个人完成的，而杨格则将分工引入了进来，从而使迂回生产成为一些人分工完成的。这其实也就是产业链的雏形。

业化经济的概念，并引入了交易费用的分析。

关于新古典经济学排斥分工，笔者认为杨小凯只说对了部分原因。数学工具的制约确实影响了分工理论在新古典经济学中的发展，生产者和消费者分离确实对排斥分工有影响，但是这些都只是表面现象，新古典经济学之所以排斥分工还有更深层的原因。分工本质上是人们生产关系的具体化，它反映的是劳动过程中的生产组织形式及其在其他社会领域的扩展。要研究分工和经济增长的关系就不能离开对人们生产关系的研究，这样新古典经济学的消费者和生产者就会自然地转变为资本家和劳动者。虽然新古典模型中有资本和劳动两种要素的区分，但在模型中并不反映这两种要素之间内在的关系，资本与劳动都只是作为纯粹物的投入，资本对劳动的雇佣关系被抽掉了，这样在生产中就看不到人的存在了。资本主义所有制的标志就是劳动成为私人财产，因此资本与劳动在新古典模型中就都只作为资产出现而与人分离了，这在资本主义以前是不可能的。这种分离也为新古典经济学将生产者与消费者彻底分离创造了条件，使其有可能在模型构造中排斥掉资本与劳动不同所有者之间的关系，从而使消费与生产相分离，生产与流通相分离，最终导致市场与人相分离，产生了一个完全依靠供求关系和价格机制来自动运行的市场机制。这其实才是杨小凯所说的消费者和生产者的分离造成了新古典经济学对分工和专业化排斥的根本原因。

总体看来，西方经济学要么不关注分工问题（如新古典模型），要么对分工问题的研究局限于微观的具体的分工行为的分析上，研究分工如何划分企业和市场的边界（科斯等），或者研究分工如何达成企业的规模报酬递增（杨格等），或者研究分工和专业化如何促进经济增长（杨小凯等）。但都有一个共同的特点，他们都没有从历史的发展来看分工，忽视了分工作为生产力对社会生产关系的决定作用和由此导致的社会制度的根本改变。

马克思分工理论也来源于亚当·斯密，但与斯密根本的不同是，马克思在斯密分工理论的基础上，纠正了他将两类分工混淆的错误。马克思将两类分工区分开来，一类是社会分工，另一类是企业分工。马克思认为，虽然企业分工和社会分工是两个完全不同的概念，但是"亚当·斯密经常混淆这些极不相同、虽然互相补充但从某种意义上来说也互相对立的分工"。[①] 马克思正是在区分两类分工

---

① 马克思，恩格斯. 马克思恩格斯全集（第47卷）[M]. 北京：人民出版社，1979：304.

的基础上，用分工理论说明了生产力和生产关系的相互作用。而且与西方经济学分工理论简单地认为分工促进经济增长不同，马克思认为分工是由生产力水平决定的，技术发展被看作生产力发展的动因。这也说明了分工研究在新古典经济学中地位下降的另一个重要原因，即与技术相比，分工对生产力，主要是对劳动生产率发展的促进作用降低了，这也导致了新古典经济学对分工问题的忽视。

第四节 研究方法

一、历史唯物和逻辑分析的方法

在当前关于市场和政府关系的研究中普遍缺乏运用历史唯物和逻辑分析的方法研究问题，导致研究要么偏离实际，要么误入歧途。本书坚持马克思历史唯物主义的研究方法，从所有制演进的历史逻辑出发研究市场和政府关系的演变。恩格斯说过："政治经济学本质上是一门历史的科学。"① "只有明白现在是怎样由过去演变而来，我们才可能描述未来的社会和经济状况。只有借助历史的方法我们才能抓住变化的逻辑和思路。"② 因此 "如果一个历史学家根本没有对占有一小时以上的事件的理解方法，那么他所能描述的只能是一间房子的烧毁而不是一间房子的建设；是恺撒的遇刺而不是对高卢人的征服；是挂在皇家艺术学会里的一张画的舍弃而不是它的绘制；是一部交响曲的演奏而不是它的创作"。③

因此，只有从历史发展的动态中把握发展的规律，才能为社会主义市场经济条件下市场和政府关系的构建和完善提供有益的借鉴。历史唯物主义的研究方法与新古典静止唯心的方法相比较，不仅在方法上是科学的，而且研究的视野和深度也是后者根本无法企及的。西方新制度经济学代表人物诺思也承认，"与新古

---

① 马克思，恩格斯. 马克思恩格斯选集（第3卷）[M]. 北京：人民出版社，1972：186.
② 威廉·拉佐尼克. 车间的竞争优势 [M]. 北京：中国人民大学出版社，2007：2-3.
③ 罗宾·柯林伍德. 自然的观念 [M]. 北京：华夏出版社，1999：26.

典方法相比,马克思主义框架则将一种对长期变革的更复杂的分析纳入它的框架之中"。① 同时他认为:"马克思主义的框架之所以是目前对长期变革最有力的论述,恰好是因为它将新古典框架舍弃的全部要素都包括在内:制度、产权、国家和意识形态。"② 由此可以看出,马克思历史唯物主义的分析方法在研究经济社会变迁时具有的巨大的优势。

二、比较分析的方法

市场经济最先形成于资本主义,社会主义市场经济是一个前无古人的创举。因此研究社会主义市场经济中市场和政府的关系,就必须研究借鉴资本主义市场经济中市场和政府关系的发展演变。但由于两者所有制基础的不同,不能简单地照搬照抄,这种情况下比较分析是一种有益的方法。资本主义和社会主义市场经济两者,有一个共性,体现在政府对经济管理的作用上,这种作用的来源是生产的社会化,两种不同性质的社会制度决定了对待生产社会化的态度,一个是被动的,另一个是主动的。而我们所要借鉴的,正是这种生产发展的趋势。资本主义所有制的发展演变所体现的这种趋势对于我们具有非常强的实践意义,也可以使我们更客观和正确地看待社会主义市场经济条件下市场和政府的关系:我们的市场和政府的关系不是一般意义上的资本主义市场和政府的关系,而是适应生产力发展要求和生产社会化发展要求的市场和政府的关系,是建立在公有制为主体的所有制基础之上的。在我们分析市场和政府的关系时绝不能忽视这种根本的制度差别。

同时,通过分析资本主义私有制和社会主义公有制发展的动态历程,笔者发现影响和制约经济发展中市场和政府关系演变的规律性因素,这个规律就是随着技术和分工的发展生产社会化程度的不断提高,进而政府在经济发展中的作用不断增强。这种政府的作用随着市场形态和规模的变化而变化,随着市场从一国到多国,从地区到全球,政府对经济的干预形式也相应不断扩大,全球协调治理成为目前的主要形式。这些都可以为我们构建和完善社会主义市场和政府关系提供有益的借鉴。

---

① 道格拉斯·C. 诺思. 经济史上的结构和变革 [M]. 北京:商务印书馆,1992:73.
② 道格拉斯·C. 诺思. 经济史上的结构和变革 [M]. 北京:商务印书馆,1992:71.

第五节 研究内容

全书分为三个部分（见图1-1），第一部分为第二章，主要论述技术、分工、所有制和市场与政府之间的相互关系，尝试说明技术、分工决定的所有制演进的历史逻辑及市场与政府关系演变的理论基础。

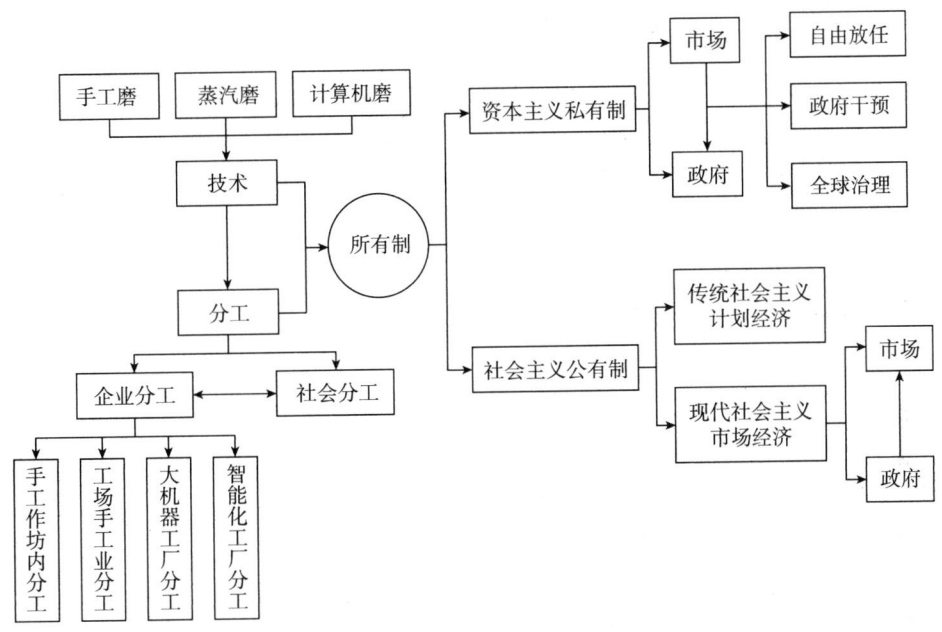

图1-1 本书总体逻辑框架

第二部分包括第三章和第四章，主要分析了资本所有制从产生至今的发展演变及相应的对市场和政府关系的影响。第三章分析了在技术和分工的作用下，私人资本发展到垄断资本的同时，市场也由自由放任发展到政府干预。第四章则重点分析了新技术革命和分工发展所引起的资本主义所有制的新变化、新情况及对市场与政府关系的新影响，私人资本的国际垄断联合所带来的资本的全球化危机使全球治理成为市场与政府关系在全球的新发展。

第三部分包括第五章、第六章、第七章。其中，第五章、第六章主要分析了社会主义公有制建立的原因和社会主义所有制改革的路径。允许非公有制发展的改革带来所有制结构的变化，也催生了市场的扩大和加深。对市场认识的深化和所有制的发展，最终形成和确立了以公有制为主体多种所有制共同发展的社会主义市场经济体制。第七章从商品标准和市场化界限的界定出发，说明了构建社会主义市场经济中市场与政府关系的前提和基础以及两者的完善之路。

第六节 创新与不足

市场与政府的关系是目前中国诸多问题的核心，关于此问题的研究当前主要集中于使用西方经济学理论进行研究。本书选择了一个完全不同的路径，在坚持马克思主义政治经济学基本原理的基础上，尝试改变目前国内市场与政府关系研究因盲目跟从西方经济学所带来的混乱状况，从马克思所有制演进的角度考察市场与政府关系的变化，为中国社会主义市场经济中市场与政府关系的构建和完善提供有益的帮助。本书的理论价值在于，在当前西方新古典经济学和制度经济学的巨大影响下，坚持马克思主义政治经济学的研究方法和基本理论，同时反对各种伪马克思主义和反马克思主义政治经济学的错误，并积极探寻马克思主义政治经济学的实践应用和中国化。

关于马克思主义政治经济学，一些人认为我们现在的社会主义市场经济马克思并没有明确的理论，马克思主义政治经济学主要是指导社会主义革命和计划经济的，对市场经济运行的实际指导意义不大。这也是近年来马克思主义政治经济学受到排斥和边缘化的一个非常重要的原因。本书试图在这方面有所突破，尝试在用马克思主义政治经济学基本理论研究资本主义市场经济发展的基础上，解释和说明社会主义市场经济的产生和发展，并在马克思主义政治经济学指导下构建和完善社会主义市场经济中的市场和政府的关系。这也是本书的理论创新之处。

从所有制演进出发研究市场与政府关系的演变是一个新的视角，它将马克思主义政治经济学的核心内容和具体实践结合了起来，通过与资本主义所有制的分析对比以及对社会主义公有制建立和发展的历程分析，揭示了市场经济中市场与政府关系演变的一般规律，在紧密结合社会主义市场经济发展现实的基础上，提出构建和完善社会主义市场与政府关系的前提、基础及具体的对策，有较强的实践指导意义。

从所有制演进视角研究市场和政府关系演变，涉及问题比较复杂，理论难度大，内容较多，本书只是一个初步的尝试，研究还很粗浅，也不全面。有些具体问题本书没有能够进一步深入展开分析，还有些问题论述稍显简略，个别可以数理分析的问题限于篇幅也没有进行，这些都是本书的遗憾和不足，也需要在以后的研究中不断完善和改进。

// 第二章 //

所有制演进和市场与政府关系演变的历史逻辑和理论基础

/第二章 所有制演进和市场与政府关系演变的历史逻辑和理论基础/

第一节 技术、分工与所有制

一个社会的社会关系或所有制不是人们的观念想象出来的,而是生产力的发展所形成的。"经济范畴只不过是生产的社会关系的理论表现,即其抽象"。① 关于此,马克思早在《哲学的贫困》中通过对蒲鲁东的批判做了明确的说明,指出是生产的发展产生了人的观念,而不是相反。但是蒲鲁东却用观念代替现实,认为是人的观念产生了历史。马克思说:"但是他不明白,这些一定的社会关系同麻布、亚麻等一样,也是人们生产出来的。社会关系和生产力密切相联。随着新生产力的获得,人们改变自己的生产方式,随着生产方式即谋生的方式的改变,人们也就会改变自己的一切社会关系。手推磨产生的是封建主社会,蒸汽磨产生的是工业资本家的社会。"② 在这里马克思不仅指出了社会关系是由人们的生产产生的,而且指出生产力对生产方式和社会关系的决定性作用。先进的生产力产生先进的生产关系,封建社会相对于奴隶社会是先进的,工业资本家的社会相对于封建社会是更先进的。就资本主义发展而言,计算机控制的自动磨产生的金融资本家的社会比工业资本家社会更加先进。

因此,所有制演进是一个历史的和动态的过程。所有制的更替也不是人们的主观愿望可以实现的,它是当时生产力发展水平和生产关系发展的产物。每一种所有制形式的消亡都有其深刻的历史背景。原始氏族社会的共产制、奴隶制、封建制,都是由于不能适应生产发展的要求而灭亡的。例如,"奴隶制已不再有利,因而灭亡了"。③ 由此产生的新的所有制不仅能适应新的生产力的要求,而且能够推动它向前发展,直到被更新的所有制所代替。在这个过程中起决定作用的是人们自身的生产生活。恩格斯说:"根据唯物主义观点,历史中的决定性因素,归根结蒂是直接生活的生产和再生产。"④ "只有把社会关系归结于生产关系,把

---

① 马克思,恩格斯. 马克思恩格斯选集(第1卷)[M]. 北京:人民出版社,1995:141.
② 马克思,恩格斯. 马克思恩格斯选集(第1卷)[M]. 北京:人民出版社,1995:141-142.
③ 马克思,恩格斯. 马克思恩格斯选集(第4卷)[M]. 北京:人民出版社,1972:146.
④ 马克思,恩格斯. 马克思恩格斯选集(第4卷)[M]. 北京:人民出版社,1972:2.

生产关系归结于生产力的水平，才能有可靠的根据把社会形态的发展看作自然历史的过程。"① 因此是生产的发展所形成的新的生产力推动了生产关系为核心的所有制的演进，而不是人们的主观想象或者别的什么。在生产发展中，技术和分工又发挥着关键的作用。技术和分工推动生产力的发展，生产力水平决定所有制的演进，所有制关系决定了社会形态的性质和内容。生产关系是所有制的核心内容。因此，生产力和生产关系的关系也可以被看作技术、分工与所有制的关系。分工既由生产力决定，又形成和影响生产力的发展，同时决定包括生产关系在内的社会关系的变化。

一、技术与分工

马克思说："各种经济时代的区别，不在于生产什么，而在于怎样生产，用什么劳动资料生产。劳动资料不仅是人类劳动力发展的测量器，而且是劳动借以进行的社会关系的指示器。"② 生产工具是劳动资料的关键，生产工具的改进取决于技术的发展。现在技术进步已经成为生产发展的决定性因素之一。德姆塞茨也认为："工业革命的本质是技术的发展，特别是与动力来源相关的技术发展使人们进入工厂工作，破坏了在此之前一直非常重要的'分户加工制'（Putting out）。"（德姆塞茨，2005）不仅如此，在资本所有制下，技术也为市场扩大和资本扩张（投资扩大）提供了动力。从人类发展的历史来看，技术的发展确实具有革命性的标志作用，每一次新技术的出现都会带来生产力的极大发展，相应的生产关系也会发生变化。但这种革命性的变化在历史上出现的次数并不多，里程碑式的新技术自人类发展至今也就出现了三次。第三次的影响仍在持续，但从这三次技术革命出现的时间间隔来看，明显缩短了。

技术的出现并不是偶然的，或者纯粹来自人们的想象。任何技术的出现都是在以往生产发展的基础上产生的。由此引发的新型的经济社会关系也来自前一个社会创造的物质基础。正如马克思所说："后一个［生产］形式的物质可能性——不论是工艺条件，还是与其相适应的企业经济结构——都是在前一个形式

---

① 列宁. 列宁选集（第1卷）[M]. 北京：人民出版社，1995：8-9.
② 马克思. 资本论（第1卷）[M]. 北京：人民出版社，1975：204.

/第二章 所有制演进和市场与政府关系演变的历史逻辑和理论基础/

的范围内创造出来的。"① "随着一旦已经发生的、表现为工艺革命的生产力革命,还实现着生产关系的革命。"② "生产力的增长、社会关系的破坏、观念的形成都是不断运动的,只有运动的抽象即'不死的死'才是停滞不动的。"③ 所以社会关系和表现它们的观念、范畴也不是永恒不变的,它们不过都是历史的、暂时的产物。因此资本主义所有制的产生是历史发展的产物,它的消亡也将是历史发展的结果,而不是像有些人说的是历史的终结④,历史没有终结,今天的终结只是明天的起点。在这里起作用的是生产力和生产关系的矛盾运动,技术和分工所推动的生产力的发展在不断地改变着现有的社会关系,形成新的所有制。技术和分工的发展引起的生产社会化程度的不断提高,使生产资料的占有形式日益社会化。这种社会化趋势和资本私人占有之间的矛盾冲突随着生产的发展将变得越来越剧烈,最终会引发所有制关系发生质的改变。

在技术对资本主义的影响中,起决定作用的是机器的出现和机器大工业的建立。因此,有必要介绍一下机器的产生和发展。"机器是劳动工具的集合"⑤,机器是早已有之的,但是机器进入工场成为直接的劳动工具则是市场需求的增加带来的。马克思说:"机器劳动这一革命因素是直接由于需求超过了用以前的生产手段来满足这种需求的可能性而引起的。"⑥也就是说,市场扩大和需求增加使原有的手工劳动无法满足生产需求,进而引起了对机器的需要。机器产生后经历了从有一个发动机的机器体系发展到有自动发动机的机器体系的过程。在计算机出现之前,"所有发达的机器都由三个本质上不同的部分组成:发动机,传动机构,工具机或工作机"。⑦ 随着计算机的出现和在机器上的应用,今天的机器已经由原来的三部分发展到了包括控制机、发动机、传动机和工具机在内的四部分构

---

① ⑥ 马克思,恩格斯. 马克思恩格斯全集(第47卷)[M]. 北京:人民出版社,1979:472.
② 马克思,恩格斯. 马克思恩格斯全集(第47卷)[M]. 北京:人民出版社,1979:473.
③ 马克思,恩格斯. 马克思恩格斯选集(第1卷)[M]. 北京:人民出版社,1995:142.
④ 美国学者福山在《历史的终结及最后一人》里提出资本主义是人类最好的和最后的制度,历史到此就终结了。关于此,马克思早就说过:"在这方面,经济学家很像那些把宗教也分为两类的神学家。一切异教都是臆造的,而他们自己的宗教则是神的启示。"他们把资本主义生产关系看作天然的,"是使生产财富和发展生产力得以按照自然规律进行的那些关系。因此,这些关系是不受时间影响的自然规律,这是应当永远支配社会的永恒规律。于是,以前是有历史的,现在再也没有历史了"。历史在他们的头脑里终结了。马克思. 马克思恩格斯选集(第1卷)[M]. 北京:人民出版社,1995:151.
⑤ 马克思,恩格斯. 马克思恩格斯选集(第1卷)[M]. 北京:人民出版社,1995:165.
⑦ 马克思. 资本论(第1卷)[M]. 北京:人民出版社,1975:410.

成。机器体系也发展到不仅有自动发动机，而且有一定智能控制中枢的机器体系。尽管今天的工业生产本身依然没有超出机器体系的范围，但是在生产领域之外，却已发生了很大的变化。这就是生产和交换、分配及消费在时空上的日益分离，这种分离是借助于无数计算机连接组成的因特网实现的，自然也就引起了分工和生产方式的变化。这种分离也引起资本所有制条件下生产和消费矛盾冲突的不断加剧，进而引发严重的经济危机。正是借助于这种分离和资本的虚拟化，脱离实际生产的交换和消费似乎获得无节制的增长，而分配却向相反的方向发展。借助新的技术和分工手段，资本以超过以往任何时候的积累速度积累着，相应的贫困在另一端也迅速地积累着。但是这种贫困却通过信用消费的方式被脱离生产的消费繁荣所掩盖，一旦危机爆发，真相就会显现。

机器的出现和不断改进，使工场手工业分工的技术基础逐渐消失了。"如果说，在工场手工业中，各特殊过程的分离是一个由分工本身得出的原则，那末相反，在发达的工厂中，起支配作用的是各特殊过程的连续性。"① 随着机器和工场手工业内部分工的发展，在工场手工业中出现了机器大工业的技术基础，出现了机器生产机器，机器生产在建立工厂生产的同时不断地排斥手工业和工场手工业生产。机器本身也日益复杂，自动机的出现成为机器大工业真正的技术基础。旧的分工和旧的生产方式被推翻了。在自动工厂里出现了新的分工，这种分工的基础是人服务于机器。在以机器为基础的大工业的分工中还造成一个后果，即"生产过程的智力同体力劳动相分离，智力变成资本支配劳动的权力"。② 这样，科学技术也成了资本家统治工人的工具。"整个生产过程不是从属于工人的直接技巧，而是表现为科学在工艺上的应用的时候，只有到这个时候，资本才获得了充分的发展，或者说，资本才造成了与自己相适应的生产方式。"③

"由分工所引起的劳动工具的分化、专门化和简化——它们只适合非常简单的操作——是机器发展的工艺的、物质的前提之一，而机器的发展则是使生产方式和生产关系革命化的因素之一。"④ 由于"最先使用机器的总是那些原来使用

---

① 马克思. 资本论（第1卷）[M]. 北京：人民出版社，1975：418.
② 马克思. 资本论（第1卷）[M]. 北京：人民出版社，1975：464.
③ 马克思，恩格斯. 马克思恩格斯全集（第46卷下册）[M]. 北京：人民出版社，1979：211.
④ 马克思，恩格斯. 马克思恩格斯全集（第47卷）[M]. 北京：人民出版社，1979：411.

手工业方式或工场手工业方式进行生产的部门。因而机器表现为从资本主义生产方式出发的、使一般生产方式发生革命的起点"。① 在机器出现之前，劳动还是以手工劳动为主，这时作坊内分工还非常少，分工主要表现为社会分工，而且以协作为主。随着生产的发展，市场需要的扩大和狭隘技术基础之间的矛盾促使技术发生改变，机器出现并开始应用于生产。因此，"机器生产是在与它不相适应的物质基础上自然兴起的。机器生产发展到一定程度，就必定推翻这个最初是现成地遇到的、后来又在其旧形式中进一步发展了的基础，建立起与它自身的生产方式相适应的新基础。"② 随着机器的广泛使用，资本主义生产方式得以最终确立。而且"应用机器，不仅仅是使与单独个人的劳动不同的社会劳动的生产力发挥作用，而且把单纯的自然力——如水、风、蒸汽、电等——变成社会劳动的力量"。③ 而在此之前的农业社会里，人们无法控制和利用自然力量。自然力量与社会劳动是分离的。尤其在农业生产中，人的劳动只不过是自然过程的助手。因此，"只有使用机器，大规模的社会生产才有力量使代表大量过去劳动的产品（即巨大的价值量）全部进入劳动过程"。④

马克思说："当市场扩大到手工劳动不再能满足它的需求的时候，人们就感到需要机器。于是人们便想到应用18世纪即已充分发展的机械学。"⑤ "二战"后资本主义最发达国家美国经济迅速发展，伴随着市场规模的扩张，到20世纪七八十年代，市场的扩大和需求的多样性使大规模机器生产不能满足它的需要，为满足市场需求多样性和个性化的新特点，应用计算机技术来改善生产过程，实现生产的柔性化和弹性化被人们逐渐认识。与此同时，应对市场需求的快速变化，人们将20世纪60年代出现的因特网应用于市场交易，彻底改变了市场的面貌。因特网在市场中的应用史无前例地扩张了市场的范围，丰富了交易的手段，引起社会分工发生了根本的变化。

就如同劳动的积聚促进分工的产生一样，生产工具的积聚和分工是密切联系的。马克思说："工具集聚发展了，分工也随之发展，并且反过来也一样。正因

---

① 马克思，恩格斯.马克思恩格斯全集（第47卷）[M].北京：人民出版社，1979：564.
② 马克思.资本论（第1卷）[M].北京：人民出版社，1975：419.
③ 马克思，恩格斯.马克思恩格斯全集（第47卷）[M].北京：人民出版社，1979：363.
④ 马克思，恩格斯.马克思恩格斯全集（第47卷）[M].北京：人民出版社，1979：368.
⑤ 马克思，恩格斯.马克思恩格斯选集（第1卷）[M].北京：人民出版社，1995：166-167.

为这样，机械方面的每一次重大发展都使分工加剧，而每一次分工的加剧也同样引起机械方面的新发明。"① 因此技术革命带来的机器的发明和更新也引起分工的持续发展，而且带来了市场规模的扩大。工业革命后，"由于机器和蒸汽的应用，分工的规模已使脱离了本国基地的大工业完全依赖于世界市场、国际交换和国际分工。最后，机器对分工起着极大的影响，只要任何物品的生产中有可能用机械制造它的某一部分，这种物品的生产就立即分成两个彼此独立的部门"。② "机器的使用扩大了社会内部的分工，增加了特殊生产部门和独立生产领域的数量"。③ 机器生产规模的不断扩大引起原料和半成品的加工越分越细，使社会生产部门越来越多样化。"机器生产同工场手工业相比使社会分工获得了无比广阔的发展，因为它使它所占领的行业的生产力得到无比巨大的增加。"④ 同时，"大工业造成的新的世界市场关系也引起产品的精致和多样化。"⑤ 世界市场关系的发展也促进了运输业的发展，促使运输业也分成了许多新的下属部门。而且分工的扩大促进了对外直接投资的发展，资本可以直接将工厂建在国外，依靠国际市场和国际贸易维持生产。今天，随着信息技术的广泛应用，这种情况更普遍了。全球市场加速形成，不仅超越了地理边界，也超越了时空。与之相对应，跨国公司在全球兴起，使企业分工和社会分工相互结合。信息技术、世界市场、跨国公司对世界分工和全球生产已产生巨大影响。

二、分工演进的路径

（一）企业分工的产生和发展

与亚当·斯密将分工混淆不同，马克思将分工分为两类。一类是社会分工，即部门分工，也被称为第一类分工，是由社会劳动分成不同的部门形成的。这类分工表现为"某个特殊劳动部门的产品作为特殊的商品，与其他一切劳动部门的作为不同于这种特殊商品的独立商品的产品相对立"。⑥ 因此社会分工的存在要以商品交换和商品流通为媒介。社会分工可以在没有企业分工存在的情况下达到相当大的规模。另一类是企业内部劳动分工，也被称为第二类分工，这种分工是

---

①② 马克思，恩格斯. 马克思恩格斯选集（第1卷）[M]. 北京：人民出版社，1995：166.
③ 马克思，恩格斯. 马克思恩格斯全集（第47卷）[M]. 北京：人民出版社，1979：363.
④⑤ 马克思. 资本论（第1卷）[M]. 北京：人民出版社，1975：487.
⑥ 马克思，恩格斯. 马克思恩格斯全集（第47卷）[M]. 北京：人民出版社，1979：303.

第二章 所有制演进和市场与政府关系演变的历史逻辑和理论基础

在生产某个商品时发生的,因而不是社会内部的分工,而是同一个工厂内部的社会分工。是工场手工业使企业内分工第一次真正发展了起来。这类分工"发生在一个特殊的使用价值当作特殊的、独立的商品进入市场或进入流通之前的生产中"。① 社会分工与企业分工的区别在于,"在第一种情况下,各种不同的劳动通过商品交换互相补充。在第二种情况下,各种特殊劳动直接在资本指挥下协作生产同一种使用价值,无须通过商品交换"。② 在资本所有制中,"工场手工业分工以资本家对人的绝对权威为前提,人只是资本家所占有的总机构的部分;社会分工则使独立的商品生产者互相对立,他们不承认任何别的权威,只承认竞争的权威,只承认他们互相利益的压力加在他们身上的强制"。③

企业分工与社会分工的媒介和前提是不一样的。社会分工的媒介是不同劳动部门产品的买卖,前提是"生产资料分散在许多互不依赖的生产者中间"。④ 因此社会分工"是商品生产存在的条件",它既是"各种有用劳动的总和",也表现为"各种使用价值和商品体的总和"。⑤ 而工场手工业分工的媒介是同一企业内部不同劳动力结合起来被一个资本家支配,前提是企业的"生产资料积聚在一个资本家手中"。⑥但是这种企业内部分工和社会分工的媒介和前提随着资本主义制度的发展也发生了一些变化。社会分工不断细化,社会分工的媒介已经从不同劳动部门之间的产品买卖发展到同一部门内部不同层级部门之间的产品交换,由于股份公司和跨国公司的大规模发展,拥有生产资料的生产者不再是完全互不依赖的,相互依赖成为一种趋势。相应地,社会分工的前提从生产资料分散在互不依赖的生产者中间,发展为既分散又集中在相互依赖的商品生产者中间。而企业内部分工的媒介也发生了变化,同一个企业可能有多个资本家,或者很多的股东,因此把局部劳动组织起来做一个结合劳动力使用的就不仅是一个资本家,而是联合的资本家,或者股东会委托的经理。它的前提也由生产资料积聚在一个资本家手中,发展为被联合的资本家共同占有。

马克思说:"第二类分工从某一方面来看,是政治经济学的一切范畴的范畴。"可见企业分工的重要性。接着马克思说:"但是,我们在这里必须只把它

---

①② 马克思,恩格斯.马克思恩格斯全集(第47卷)[M].北京:人民出版社,1979:303.
③ 马克思.资本论(第1卷)[M].北京:人民出版社,1975:394.
④⑥ 马克思.资本论(第1卷)[M].北京:人民出版社,1975:393.
⑤ 马克思.资本论(第1卷)[M].北京:人民出版社,1975:55.

当作资本的特殊的生产力来考察。"① 因为"社会分工,不论是否有商品交换,是极不同的社会经济形态所共有的,而生产组织内部分工却是资本主义生产方式的独特创造"。② 因为在资本所有制产生之前,"在社会分工本身表现为固定的法律、外在的法规并受规章支配的社会形式中,作为工场手工业的基础的分工并不存在"。③ 企业分工作为一种特殊的生产方式,只有在资本主义生产方式中才会出现。因此,研究资本所有制的演变必然离不开对企业分工发展的认识。斯密正是由于没能区别两类不同的分工,才把工场手工业分工也看作一种普遍的存在,而不是资本主义生产特有的东西了。只有资本主义关系,才有企业内部分工。

企业分工在资本主义早期阶段表现为工场手工业分工,在机器大工业时代表现为工厂内部分工。社会分工是企业分工的出发点和基础。没有企业分工社会分工也可以得到发展,并达到很大的规模。相反,在商品生产条件下,没有社会分工企业分工就无法进行,因为企业生产到底是为了满足商品交换而进行的。没有商品交换企业生产就会无法进行,企业分工也就自然失去意义。因此"在商品生产的基础上,没有第一类分工就不会有第二类分工,尽管第二类分工在产品还没有被当作商品来生产、生产还不是以商品交换为基础的情况下也能发生"。④ 正是由于商品交换中社会劳动的分化,才使不同劳动部门分离,从事专门劳动,进而在劳动部门内部又产生分离。而企业分工对社会分工也产生反作用,扩大了社会分工。

在商品生产和商品流通作为资本主义生产方式的一般前提下,企业分工受到社会分工的制约,它的发展要求"社会内部的分工达到一定的发展程度。相反地,工场手工业分工又会发生反作用,发展并增加社会分工"。⑤ 随着资本主义的发展,两种分工也不断发展。首先,社会分工随着生产领域的不断细分而更加细化和复杂化。马克思曾经说:"随着劳动工具的分化,生产这些工具的行业也日益分化。一旦工场手工业的生产扩展到这样一种行业,即以前作为主要行业或辅助行业和其他行业联系在一起、并由同一生产者经营的行业,分离和互相独立

---

① 马克思,恩格斯. 马克思恩格斯全集(第47卷)[M]. 北京:人民出版社,1979:304.
② 马克思. 资本论(第1卷)[M]. 北京:人民出版社,1975:397.
③ 马克思,恩格斯. 马克思恩格斯全集(第47卷)[M]. 北京:人民出版社,1979:357.
④ 马克思,恩格斯. 马克思恩格斯全集(第47卷)[M]. 北京:人民出版社,1979:303.
⑤ 马克思. 资本论(第1卷)[M]. 北京:人民出版社,1975:391.

的现象就会立即发生。"① 这种原来在同一个企业内部存在的不同行业生产，随着生产的发展而从原来的企业和行业分离出来，并形成新的独立的行业。例如，以前在同一企业内部进行的冶炼和制造的分离。

在斯密看来，由于分工的实施，各劳动者终身局限于一种单纯业务操作，当然能够大大增进自己的熟练程度。但是分工也同时使人的发展片面化，被限制在一种单一的、狭隘的业务中而无法全面地发展自己。这也是蒲鲁东和后来的马尔库塞、高兹等人极力贬低机器的原因。马克思虽然也看到现代社会内部分工在产生特长和专业的同时也产生了职业痴呆，但并没有和蒲鲁东等人一样陷入一味的指责。相反，马克思认为，虽然"工厂中分工的特点，是劳动在这里已完全丧失专业的性质。但是，当一切专门发展一旦停止，个人对普遍性的要求以及全面发展的趋势就开始显露出来。工厂消除着专业和职业的痴呆"。② 在马克思看来，这正是工厂唯一革命的一面。社会分工产生的片面化，要企业内部分工的发展来消除，我们应该在这个基础上理解企业分工的作用。随着机器的智能化，企业内分工与马克思当时的自动工厂分工已发生了很大的变化。马克思当时所说的这种"自动工厂的唯一革命的一面"在今天是否更加发展了是值得我们研究的，但是对所谓经理式的资本主义的称呼，所谓经理革命的出现及管理的扁平化和人性化趋势，都反映出工人自主意识似乎有了复苏的迹象。

（二）分工与生产协调

"在工场手工业中，保持比例数或比例的铁的规律是一定数量工人从事一定职能；而在商品生产者及其生产资料在社会不同劳动部门中的分配上，偶然性和任意性发挥着自己的杂乱无章的作用"。③ 因此在资本主义条件下，企业内部的分工服从于一个权威的企业主的统一指挥和安排，社会分工却没有权威的统一指挥和安排，社会分工只遵循自由竞争的原则。但这两种分工又是一致的，它们共同发展、相互作用和相互产生。"社会内部的分工越不受权威的支配，作坊内部的分工就越发展，越从属于一人的权威。因此，在分工方面，作坊里的权威和社

---

① 马克思. 资本论（第1卷）[M]. 北京：人民出版社，1975：391.
② 马克思，恩格斯. 马克思恩格斯选集（第1卷）[M]. 北京：人民出版社，1972：135.
③ 马克思. 资本论（第1卷）[M]. 北京：人民出版社，1975：394.

会上的权威是互成反比的。"①② 资本主义生产从工场手工业发展到机器大工业，社会分工与企业分工的这个区别越来越明显。企业内部的高度计划与整个社会生产的无序发展成为社会生产的主要矛盾。

马克思说："在工场内部的分工中预先地、有计划地起作用的规则，在社会内部的分工中只是在事后作为一种内在的、无声的自然必然性起着作用，这种自然必然性可以在市场价格的晴雨表的变动中觉察出来，并克服着商品生产者的无规则的任意行动。"③ 有学者根据马克思这段对工场内部分工和社会分工的关系的论述，认为"马克思对分工结构中社会分工和工场手工业分工关系的分析给我们的最大启示是，对社会分工不宜进行权威性控制，而应该反映其偶然性的特点，通过市场价格进行调节；对工场手工业分工则要加强控制，树立权威，并通过有计划的方式进行管理"（乔榛，2005）。笔者认为，这种观点没有完全理解马克思的原意。马克思在这里所区分的两种分工内部的不同作用规则不是为了说明企业内部需要计划调节，而企业外部的社会需要市场调节，而是要说明企业内部的计划性和整个社会生产的无计划的冲突对整个社会生产带来的消极影响，这和马克思的整个理论体系是吻合的。

三、分工与所有制

（一）分工演进与所有制

"分工发展的各个不同阶段，同时也就是所有制的各种不同形式。这就是说，分工的每一个阶段还决定个人的与劳动材料、劳动工具和劳动产品有关的相互关系"。④ 笔者在前文已经分析过，所有制是社会关系的总和，因此分工的不同阶段也就决定了不同的社会关系。同时，"分工从最初起就包含着劳动条件——劳动工具和材料——的分配，也包含着积累起来的资本在各个所有者之间的劈分，从而也包含着资本和劳动之间的分裂以及所有制本身的各种不同的形式"。⑤ 从

---

① 马克思，恩格斯. 马克思恩格斯选集（第1卷）[M]. 北京：人民出版社，1995：163.
② "下面一点可以认为普遍的规则：社会内部的分工越不受权威的支配，工场内部的分工就越发展，就越从属于一人的权威。因此，在分工方面，工场里的权威和社会上的权威是互成反比的。"（马克思. 资本论（第1卷）[M]. 北京：人民出版社，1975：395）.
③ 马克思. 资本论（第1卷）[M]. 北京：人民出版社，1975：394.
④ 马克思，恩格斯. 德意志意识形态节选本[M]. 北京：人民出版社，2003：12.
⑤ 马克思，恩格斯. 德意志意识形态节选本[M]. 北京：人民出版社，2003：72.

第二章 所有制演进和市场与政府关系演变的历史逻辑和理论基础

原始的共有制到私有制，再到社会主义公有制和未来的共产主义共同所有制，人类社会的发展演变是一个围绕生产资料归属展开的所有制演进的历史。按照马克思和恩格斯的划分，在社会主义出现前人类社会相继经历了四种所有制形式，即部落所有制、古典古代的公社所有制和国家所有制、封建的或等级的所有制、资本主义的私人资本所有制。所有制的演进是由社会生产力发展的程度决定的。

分工出现后的不断发展直接有赖于社会生产力的发展水平，因为"一个民族的生产力发展的水平，最明显地表现于该民族分工的发展程度。任何新的生产力，只要它不是迄今已知的生产力单纯的量的扩大（如开垦土地），都会引起分工的进一步发展"[①]，因此是新的生产力引起分工的新发展而不是相反。当然在生产力没有发生革命性变化之前，分工的发展也会推动生产力的发展。生产力发展根本的动力是技术的产生与变革。技术进步推动生产力的发展，进而引起分工的演进。

从社会分工来看，分工的发展首先是工商业劳动同农业劳动的分离，继而导致商业劳动同工业劳动的分离。而在不同的部门内部，共同从事某种劳动的个人之间又形成了不同的分工。从劳动本身来看，分工又表现为体力劳动和脑力劳动的分离。在技术变革引起的分工演进的过程中，与分工的每一个阶段相适应，个人与劳动资料、劳动工具和劳动产品有关的相互关系不断发生着改变，这其中个人与生产资料的所有制关系是最根本的。迄今为止，人类社会的发展过程就是一个由技术、分工决定的所有制发展演进的过程。

分工引起的所有制的变化从人类社会发展演变的总体来看应该是三个阶段，即原始公有制阶段、私有制阶段、社会主义公有制阶段（见图2-1）。这三个大的阶段，每个又包含不同的小阶段，以私有制阶段为例，又分为奴隶制、封建土地所有制（封建社会）、私人资本所有制（资本主义社会）。每个小阶段又可以细分，以资本主义社会为例，又包括私人资本所有制、垄断资本所有制、国家资本所有制、国际私人垄断资本所有制。资本主义所有制内每一个阶段的发展都伴随着技术分工的演进和市场的扩张。社会主义公有制阶段又包括社会主义初级阶段（公有制为主体）、社会主义阶段（社会主义国家所有制）、共产主义（新的个人联合所有制）。

[①] 马克思, 恩格斯. 德意志意识形态节选本 [M]. 北京：人民出版社, 2003：12.

（二）资本职能的转变

在资本主义生产的早期，资本对劳动的指挥只是因为雇佣劳动属于资本。但是"随着许多雇佣工人的协作，资本的指挥发展成为劳动过程本身的进行所必要的条件，成为实际的生产条件。现在，在生产场所不能缺少资本家的命令，就象在战场上不能缺少将军的命令一样"。① 当工人的劳动从属于资本成为协作劳动，资本本身也就从单纯的凭借所有权支配劳动，发展出一种特殊的管理职能，即管理、监督和调节劳动和生产的职能。这种特殊的职能是由社会劳动过程的性质产生的，并属于社会劳动的过程，它使资本家的管理职能也成为生产过程的一个必不可少的组成部分。

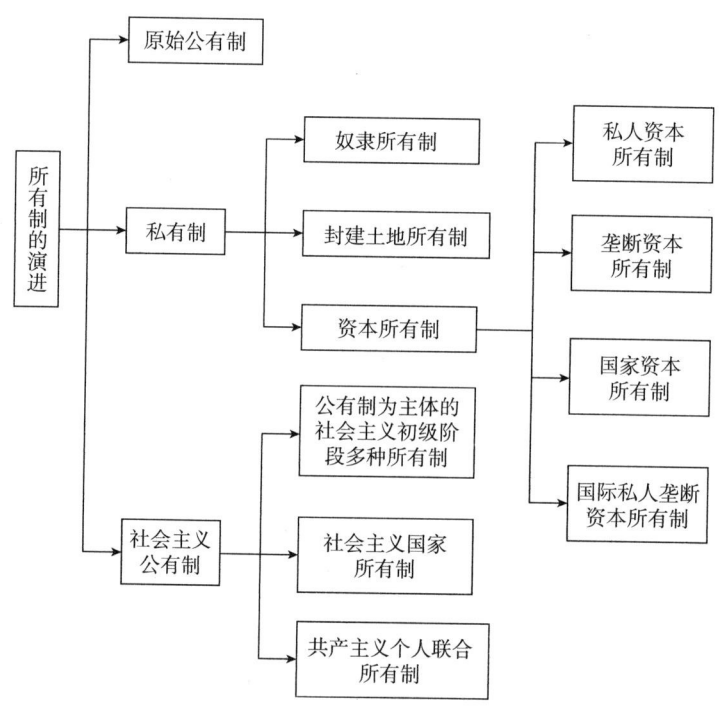

图 2-1 所有制演进的三个阶段

---

① 马克思.资本论（第1卷）[M].北京：人民出版社，1975：367.

资本家的这种管理职能主要存在于资本积累的早期阶段，随着市场需求的增加，要求生产规模不断扩大，资本的积累和工人的积聚达到了这样的程度，"正如起初当资本家的资本一达到开始真正的资本主义生产所需要的最低限额时，他便摆脱体力劳动一样，现在他把直接和经常监督单个工人和工人小组的职能交给了特种的雇佣工人"。① 如果将劳动分为体力劳动和脑力劳动，那么早期的资本家通过雇佣劳动将自己从体力劳动中解放出来，但那时的资本家还只是小资本所有者，他们虽然不从事一般的体力劳动，但是作为指挥和协调的职能而发挥作用的应该是一种脑力劳动，这种劳动使资本家仍然存在于生产过程中。但是当这种职能也交给"特种的雇佣工人"来行使时，资本家就完全脱离劳动过程，不仅脱离了体力劳动，也脱离了脑力劳动。

第二节 分工、市场与所有制

一、市场的产生和发展

萨缪尔森认为："市场（Market）是买者和卖者相互作用并共同决定商品和劳务的价格和交易数量的机制。"② "市场可以是集中的，如股票市场；也可以是分散的，如房地产或劳工市场。市场甚至可以是电子化的，例如许多金融资产或服务都是通过电脑网络进行交易的。"③ 波兰尼则认为市场产生是由于地理、环境等因素的影响，而不是分工的作用。市场既"是一个人们为了交换或者为了买卖而汇聚的场所"，也是一种与交换和买卖相联系的特定的制度，这种制度主要不在经济体内部而是在其外部运转的。马克思说："商品交换是在共同体的尽头，在它们与别的共同体或其成员接触的地方开始的。"④ 因此市场是因分工和交换而产生的，最早的市场出现在氏族部落之间结合的地方，最早的交换是氏族之间

---

① 马克思. 资本论（第1卷）[M]. 北京：人民出版社，1975：369.
②③ 保罗·萨缪尔森等. 经济学（第17版）[M]. 北京：人民邮电出版社，2004：21.
④ 马克思. 资本论（第1卷）[M]. 北京：人民出版社，1975：106.

的交换。在恩格斯的《国家、家庭与私有制的起源》中也谈到，最早的交换是氏族部落之间的交换，然后才逐渐延伸到氏族部落内部。而氏族部落内部的交换与私有制产生相伴随。随着分工延伸进氏族内部和家庭产生，市场交换也在氏族内部出现，并随着氏族的瓦解和外部的市场逐渐融合。

市场是古已有之的，无论是西方古代还是中国古代都有市场（中国古代在商周时代就有市场，唐朝有东市、西市，清明上河图描述了北宋繁荣的市场景象）。在布罗代尔看来市场也是无处不在的①。从早期的非洲到美洲印第安人的部落地区、中东的伊斯兰国家、亚洲的印度和中国，都可以找到市场的存在。我们从自己的身边也可以体会到这点，各种各样的马路市场、集贸市场、大型电子产品市场，形形色色的市场每天进行着无以计数的交易。商品从各处运到这些市场，又从这些市场转到消费者手中。在这期间，不同的市场被有形和无形的网络所联结。布罗代尔认为，在古代中国"互相联结的、皆受监督的定期集市所组成的网络布满了并活跃在中国大地"。②今天市场的网络已经无处、无时不在了，而且以一种以前无法想象的规模存在着。

布罗代尔认为，市场之重要在于交换，"在市场之外的一切东西只有使用价值，进入了市场狭窄之门的一切东西便获得了交换价值"③（这里的交换价值必须有人类的劳动凝结在里面，否则只能是价格，但布罗代尔没有考虑到这一点）。市场是因为交换的需要而产生的。当商品的交换集中在一个地方进行时，就产生了市场。市场是交换的总和。早期的交换的前提是有剩余的产品，才能够去交换。在原始氏族部落之间因交换形成了原始市场的雏形。随着商品生产的发展，商品交换也越来越频繁，市场的规模和功能也随之日益扩大和复杂。市场与市场之间也建立起了联系，除了商品的生产者外，专门从事商品交易的商人也出现了。当同一地区或国家内部的市场之间的联系，进一步扩大到不同地区和国家间的市场的联系时，地区贸易和国际贸易就开始形成了。而这时的市场也由市场与市场之间的简单联系，扩大为市场群和市场群之间的联系，这种联系错综复杂，构成一个不同规模、不同地区和不同国家间的市场相互交织的网络化的结构。这

---

① 费尔南·布罗代尔在《资本主义的动力》一书中对从欧洲到亚洲一直到非洲的各种早期的市场形式做了简单的介绍（第10-24页，1997）。
② 费尔南·布罗代尔. 资本主义的动力 [M]. 北京：三联书店，1997：21.
③ 费尔南·布罗代尔. 资本主义的动力 [M]. 北京：三联书店，1997：12.

种网络化的结构的核心是商品的生产和交换,主体是商品的生产者和消费者,包括在生产和消费之间起到桥梁作用的商人。

因此,市场的规模和复杂程度以这种网络化的发展趋势而确定。它在实物形态上的最终结果就是全球市场的形成。但是很重要的一点是,在市场实物形态向全球市场演变的同时,市场的虚拟形态随着通讯和信息技术的发展也开始形成和发展。计算机技术和因特网的应用使市场第一次开始具有了超越时间和空间的能力,全球交易的瞬间完成,使真正意义上的全球市场开始出现。而这种虚拟市场的形成和发展,也同时伴随着经济的虚拟化和金融市场的发展。在这种虚拟的市场经济中,金融的力量呈现一种爆炸式的释放。与此同时,在实物形态市场中的商人的中介作用(依靠商人把商品从一个地方运输到另一个地方),被虚拟市场中的金融资本代替了(即资本从一个地方流动到另一个地方,资本的流向决定了商品的流向,影响了生产和消费的关系)。但是不论怎样,市场交换的本质并未改变,只是更加复杂,规模更加庞大。

二、分工与市场

第一次社会分工瓦解了氏族公社的家庭共产制。手工业和农业分离的第二次社会大分工使奴隶制完整地建立起来了。随着第二次大分工,直接以交易交换为目的的商品生产出现了。在商品生产出现以前,生产是共同的生产,而且在极狭小的范围内进行。这时也没有市场存在。但是随着"分工慢慢地侵入了这种生产过程。它破坏生产和占有的共同性,它使个人占有成为占优势的规则,从而产生了个人之间的交换"。[①] 与此同时,产品的生产也随着个人交换而转变为商品的生产。商品生产将分工和个人交换结合起来,结合的场所就是市场。由于交换和商品生产的发展,分工在改变着整个社会的同时,也促进了市场的形成。个人之间的交换在开始是零散地进行的,随着交换规模的扩大,就需要相应的场所来实行,这样市场就出现了。商品生产和市场规模在分工和交换结合的基础上获得了充分的发展。

色诺芬在《居鲁士的教育》一书中曾对分工与市场的关系做了具体的描述。他区分了小城市和大城市对分工的不同作用,认为大城市相对小城市可以更有利

---

① 马克思,恩格斯. 马克思恩格斯选集(第4卷)[M]. 北京:人民出版社,1972:170.

于分工的发展，这可以说是最早认识到了分工和市场大小的关系。但马克思也指出："色诺芬在这里只注意使用价值要达到的质量，虽然他已经知道，分工的规模取决于市场的大小。"① 后来的亚当·斯密则直截了当地说："分工起因于交换能力，分工的程度，因此总要受交换能力大小的限制，换言之，要受市场广狭的限制。"② 在斯密看来，市场规模越大越有助于分工的发展，因为广大的市场使人们可以随意与他人交换自己的剩余产品，从而可以终生专门从事一种职业。斯密关于市场规模限制分工的说法后来被一些人称为"斯密定理"。但也有观点认为市场规模的限制并不是影响分工的唯一因素，专业化和分工也受到其他几方面因素的影响，其中最重要的一个因素是协调工人生产的成本，另外还包括工人拥有的知识（Becker，1992）。但不管怎样，这些观点都认为是市场产生了分工。恩格斯则相反，他在总结马克思对市场形成的分析后说："不是市场造成资本主义分工，相反地，是以前的社会关系的瓦解以及由此产生的分工造成市场。"③ 分工所引起的资本主义生产关系的产生，和商品生产的普遍存在，使商品交换成为一种普遍的现象，由此才形成了完整的市场和市场经济。这点也有助于理解社会主义市场经济的产生和形成。社会主义市场经济正是在打破原有的僵化的所有制关系的基础上形成的，而不是一些人所说的完全是市场化改革带来的。与此同时，市场的大小和面貌也赋予了不同时代分工不同的面貌和性质。殖民地时代出现之前的分工与殖民地时代分工不同。殖民地体系瓦解后，用先进的交通、通信工具连接起来的现代市场的分工形式和表现，与发达资本主义国家在世界范围拥有殖民地时代的分工也完全不同了。社会主义市场经济的形成也自然会反过来影响到现今中国分工的面貌和性质。

关于市场规模，斯密主要从地理环境和交通是否快捷出发，分析了市场规模受到的制约。他认为沿海沿江比陆路地区有更方便的交通，因此能够开拓更广大的市场，从而有助分工的发展。虽然斯密在这里也提到大城市人口多有助于分工，却并未将人口数量、人口密度和交通状况联合起来理解分工和市场的发展。而马克思在将社会分工和工场手工业内部分工做比较中发现，与工场手工业内部

---

① 马克思. 资本论（第1卷）[M]. 北京：人民出版社，1975：405.
② 亚当·斯密. 国民财富的性质和原因的研究（上卷）[M]. 北京：商务印书馆，1994：16.
③ 马克思，恩格斯. 马克思恩格斯选集（第3卷）[M]. 北京：人民出版社，1972：269.

分工的物质前提是一定量同时使用的工人一样,"人口数量和人口密度是社会内部分工的物质前提。在这里,人口数量和人口密度代替了工人在同一个工场内的密集。但是人口密度是一种相对的东西。人口较少但交通工具发达的国家,比人口较多但交通工具不发达的国家有更加密集的人口"。① 因此市场规模不仅取决于数量众多的人口,而且与人口的密度和交通的改善有密切关系。交通越发达,一个国家或地区的人口密度就越大,市场规模也越大。由此可以看出,交通的改善对于市场的发展有着积极的作用。"二战"后全球市场的迅速发展正是得益于现代化交通工具的不断改善。从市场发展来看,如果说交通的改善从空间上扩大了市场的规模,那么现代通讯工具的出现和发展则使市场超越了时间的界限。交通和通讯使市场规模在时空两个方面以前所未有的速度在扩大。例如,中国于1999年开始西部大开发,国家投资大力改善西部地区的交通、通信等基础设施,使西部发生了巨大变化。西部地区市场繁荣,城市化加快,人口集中度增加,极大地改变了当地长期落后的面貌。

第三节 所有制演进中的市场和政府

一、市场经济是什么

市场虽是自古就有的,但是现代意义上的市场经济和市场机制的形成却是始于资本主义制度的开始,也正因如此,才使后来的人们常把市场和资本主义混为一体,将市场经济直接等同于资本主义,而没有把它们作为两个不同层次的事物来看待。布罗代尔则较早地将市场经济和资本主义做了明确的区分。他认为,由初级市场所联结的市场网络就是市场经济,"它沟通了足够多的乡镇与城市,已经开始组织生产,引导和支配消费"。② 市场经济也是联系生产世界和消费世界的纽带,"是马达,是狭窄但活跃的区域",并"处于日常物质生活巨大实体之

---

① 马克思. 资本论(第1卷)[M]. 北京:人民出版社,1975:391.
② 费尔南·布罗代尔. 资本主义的动力[M]. 北京:三联书店,1997:11.

上"。而"在以本意而言的市场经济之上的是资本主义,资本主义惯常是在这个层面上繁荣起来的"。① 布罗代尔将市场经济和资本主义所做的区分是有意义的,对于我们建设社会主义市场经济是有帮助的。但是他认为市场经济就是各种市场所形成的市场网络,而且市场经济先于资本主义形成的观点却是有待商榷的。现代市场经济是商品经济高度发达的产物,这种发达的商品经济只有到了资本主义时代才可能产生,它的标志就是劳动力成为商品。而且此前的社会也无法为市场提供大量的商品用于交换。只有到资本主义时代,尤其是机器的广泛使用和大工业的建立使生产规模以前所未有的速度扩大,为市场交易提供了大量的商品,同时生产力的发展也为商品销售提供了大量的需求。正如马克思所说:"资本主义生产方式占统治地位的社会的财富,表现为'庞大的商品堆积'。"② 从而也为现代市场经济的产生发展提供了物质基础。因此没有资本主义的发展就没有现代市场经济。但是这个市场经济的外壳和资本主义是可以脱离的,市场经济作为一种商品经济的高度发达的经济组织方式,对于利用商品经济发展社会主义的中国当然是有意义的。

波兰尼认为:"市场经济只能存在于市场社会中。"③ 因此必须使包括劳动力、土地和货币在内的所有工业生产所需要素都成为商品,市场机制才能得以实现。但在波兰尼看来,劳动力、土地、货币都不是商品,它们只是工业生产所需的非商品要素,但是它们在市场经济中都被虚构为商品,以便建立起相应的要素市场。"正是在这种虚构的帮助下,关于劳动力、土地和货币的实际市场才得以组织起来"。④ 尤其是劳动力成为商品使"人类社会必然成为经济体系的附属品"。在这里波兰尼和布罗代尔一样,也把市场经济看作了和资本主义相分离的东西。但是他依然没有认识到正是资本主义的发展才产生了真正的市场经济。工业化和市场经济是相伴而生的,正是市场的发展为工业生产规模的扩大提供了可能。而进入了市场交换过程的劳动力和土地也不是虚构的商品,而是实实在在的。它们不是为了交易而被虚构为商品,而是首先成了商品然后才去交易。在资本主义所有制下发展起来的现代市场经济,最重要的前提就是劳动力成为商品。

---

① 费尔南·布罗代尔. 资本主义的动力 [M]. 北京:三联书店,1997:23-24.
② 马克思. 资本论(第1卷)[M]. 北京:人民出版社,1975:47.
③ 卡尔·波兰尼. 大转型:我们时代的政治与经济起源 [M]. 杭州:浙江人民出版社,2007:62.
④ 卡尔·波兰尼. 大转型:我们时代的政治与经济起源 [M]. 杭州:浙江人民出版社,2007:63.

第二章 所有制演进和市场与政府关系演变的历史逻辑和理论基础

"只是在劳动能力本身对它的所有者来说已经成为商品,从而工人成为雇佣工人,货币成为资本的地方,产品才普遍采取商品形式,生产者相互作为卖者和买者的关系才是支配他们的社会联系"。① 这时市场经济才能作为一种新的社会生产关系充分发展起来。

萨缪尔森认为:"市场经济是一部复杂而精良的机器,它通过价格和市场体系对个人和企业的各种经济活动进行协调。它也是一部传递信息的机器,能将数十亿的各不相同的个人的知识和活动汇集在一起。在没有集中的智慧或计算的情况下,它解决了一个连当今最快的超级计算机也无能为力的涉及亿万个未知变量或相关关系的生产和分配等问题。没有人去刻意地加以管理,但是市场却一直相当成功地运行着。"② 正是基于此认识,米塞斯、哈耶克、弗里德曼等自由主义者认为自由市场经济是人类有史以来最完美的制度。但在波兰尼看来自由放任的经济自由主义同样是一个乌托邦式的教条。波兰尼认为市场经济之前的社会政治和经济是统一的,一般来讲经济秩序不过是社会秩序的一种功能,经济秩序寓于后者之中。但自发调节市场的出现"把社会制度性地分离为经济和政治两个领域",并使社会屈从于经济,从而使社会嵌入经济体系中。正是由于这种市场制度对经济的控制使整个社会的运转要服从于市场,进而造成整个社会发展的扭曲③。因此他认为:"就近百年来,现代社会由一种双向运动支配着:市场的不断扩张以及它所遭遇的反向运动。"④ 自20世纪90年代初东欧剧变后,经济自由主义横扫全球,一个全球性的市场体系迅速形成,与此同时,它的反向运动即反全球化浪潮也同样风起云涌。和普遍认为市场的核心是竞争不同,波兰尼认为市场本质是非竞争的,最早的对外贸易是互补的、非竞争性的,只有对内贸易或国内贸易出现之后,竞争才倾向于成为贸易的普遍原则。而地方贸易和对外贸易都无法形成真正的国内市场,只有借助国家的力量才有可能。他认为在欧洲正是重商主义为全国性市场的出现扫清了道路。而劳动力和土地商业化是市场经济的前

---

① 马克思,恩格斯. 马克思恩格斯全集(47卷)[M]. 北京:人民出版社,1979:356.
② 保罗·萨缪尔森等. 经济学(第17版)[M]. 北京:人民邮电出版社,2004:21.
③ 在这里波兰尼提出了著名的社会嵌入经济体系从而需要"脱嵌"的理论。他认为由于市场控制了经济体系,意味着要让社会的运转从属于市场,从而使市场的功利主义影响遍及整个社会。因此要使社会恢复原貌,就必须从市场的控制中脱离出来,即所谓的"脱嵌"。
④ 卡尔·波兰尼. 大转型:我们时代的政治与经济起源[M]. 杭州:浙江人民出版社,2007:136.

提条件。正是国家的作用才使真正的市场经济成为可能。但是市场机制又要求经济与政治相分离,这种分离造成市场出现问题而崩溃时,无法得到有效的政治干预和保护。

波兰尼认为所谓自我调节的市场体系是从获利动机这一原则中被引发出来的。它由三个来源构成,即竞争性的劳动力市场、自动调节的金本位制和国际自由贸易,把这三个来源分开将无法理解它们。但是市场经济、自由贸易、金本位体制这些由英国发明的制度到20世纪20年代都已经随着大灾难崩溃了。波兰尼认为真正的自由放任是不存在的,自由放任本身也是由国家强制推行的结果。他说:"自由放任绝不是自然产生的;若仅凭事物自然发展,自由市场永远不会形成。"① 因此自由放任就其本身而言不是实现某一目的的手段而是有待实现的目的本身。波兰尼认为对于典型的功利主义者而言,经济自由本身就是一种社会计划,是通过国家和政府的大力推行形成的。在这个过程中,在废除各种管制的同时,国家的行政功能也大大地加强了。因此"自由市场的引入远远没有消除对控制、规制和干预的需要,反而大大扩张了它们的范围"。② 因为"通往自由市场之路的打开和保持畅通,有赖于持续的、由中央组织调控的干预主义的巨大增长"。③ 由于持续不断的经济危机所造成的经济萧条、工人失业、社会动荡,使人们对自由放任的市场产生了怀疑,形成自发的对自由放任市场的抵制。因此可以说,推行自由主义是国家有计划进行的,而反对自由主义却是自发产生的。波兰尼以19世纪下半叶的印度为例,指出自由但组织不完善的市场是饥荒的根源④。要保证市场机制的顺利运转,必须借助外来的力量,如政府、法律、秩序等。这也就打破了市场自发调节的神话。在市场内部,链条的任何一种断裂或阻塞都会使市场停滞并引起市场失灵。

---

① 卡尔·波兰尼. 大转型:我们时代的政治与经济起源[M]. 杭州:浙江人民出版社,2007:119.
②③ 卡尔·波兰尼. 大转型:我们时代的政治与经济起源[M]. 杭州:浙江人民出版社,2007:120.
④ 波兰尼认为19世纪印度饥荒的根源是粮食的市场化与地方收入降低的联合作用造成的。欧洲机器产布匹的输入造成印度手工制品恰达(Chaddar)的永久性滞销,使人们收入下降。但由于经济竞争导致印度村庄共同体被消灭,使饥饿的人们无法从自由的粮食市场获得任何帮助。因此在"市场的统治下,人们无法通过其运作规律来免除饥荒。"因为"从经济上讲,印度可能——已从经济自由中受益,但从社会上讲,她被解体了,成为苦难和退化的牺牲品"(波兰尼,《大转型》,第137页,2007)。

/第二章 所有制演进和市场与政府关系演变的历史逻辑和理论基础/

二、国家的产生与职能

霍布斯认为国家起源于人们共同抵御外来侵略和制止相互侵害的需要，是由"一大群人相互订立信约、每个人都对它的行为授权，以便使它能按其认为有利于大家的和平与共同防卫的方式运用全体的力量和手段的一个人格"①。他将统一在这样一个人格之中的一群人称为国家，也称为"利维坦"（Leviathan），认为"这就是活的上帝的诞生"。通过强制或者契约，每个人将个人的权力授予这个人格，承担这一人格的可以是一个人也可以是一个组织，由此产生了每个人都要服从的共同的权力的代表。霍布斯的国家定义影响深远，由于封建王权被推翻，个人承担独立的人格已不存在，国家自然地被一些人看作了一个组织。例如，有人认为"政府是一种组织。它追求一定的集体性目标，并通过政治程序获得授权，在其政区内按一定规则运用权力"（柯武刚等，2004）。在国家被认为是组织的基础上，国家通过契约授权获得权力的思想也被后人所接受，并引入了产权和交易费用的分析。诺思就把国家看作"是一种在行使暴力上有比较利益的组织，它对纳税选民拥有的权力决定其地理疆域的延伸"。②诺思认为理解国家的作用必须依靠产权，"离开了产权便不能提出一种有用的国家分析"。③他将对国家的理解归结为两种类型，即契约理论和掠夺或剥削理论④。这和霍布斯的思想是一致的。但诺思认为这两种理论并不矛盾，都是强调国家利用暴力对资源实现控制和分配。只是契约理论认为分配是平等的，而掠夺理论认为分配是不平等的。在这里，诺思将马克思主义的国家理论归入了掠夺理论，即恩格斯曾经在《反杜林论》中批判过的暴利论。诺思在把产权理论引入国家分析的同时，也引入了交易费用的概念。诺思认为，国家的作用在于提供一些竞赛规则以实现两个目标：一个是制定竞争和合作规则，为所得租金最大化提供一个产权结构；另一个是在前一个目标的框架内，减少交易费用，在促进经济增长的同时增加税收。

---

① 霍布斯. 利维坦 [M]. 北京：商务印书馆，1986：132.
② 道格拉斯·C. 诺思. 经济史上的结构和变革 [M]. 北京：商务印书馆，1992：26.
③ 道格拉斯·C. 诺思. 经济史上的结构和变革 [M]. 北京：商务印书馆，1992：26-27.
④ 诺思认为从契约理论解释国家的作用主要受到新古典经济学家们的关注，而包括马克思主义者和某些新古典经济学家，则坚持掠夺或剥削的国家理论。其实，真正的马克思国家理论是建立在阶级分析基础上的，诺思并没有理解或者接受这一点。

但是他认为,"使统治者(统治阶级)租金最大化的产权结构与导致经济增长的产权结构是冲突的"。① 在这里诺思把马克思生产方式内在矛盾的概念看成这种产权冲突的一个变种。笔者认为,他把马克思的生产力和生产关系矛盾理解成了两种产权结构的冲突是错误的。虽然相比较完全否定马克思生产方式内部矛盾运动的新古典经济学诺思向前迈进了一步,但是由于意识形态的原因,他没有使用马克思阶级的分析工具,因此他将马克思的理论纳入新古典的分析框架的试图未能成功。

真正的国家不是从来就有的,而是人类社会随着经济发展分裂为阶级的产物。恩格斯指出,"国家绝不是从外部强加于社会的一种力量……国家是社会在一定发展阶段上的产物;国家是表示:这个社会陷入了不可解决的自我矛盾……就需要一种表面上架于社会之上的力量,这种力量应该缓和冲突,把冲突保持在'秩序'的范围以内;这种从社会之中产生但又自居于社会之上并且日益同社会脱离的力量,就是国家"。② 列宁根据恩格斯的这段话总结说:"国家是阶级矛盾不可调和的产物和表现"。③ 国家也不是法的观念上的契约的产物,国家"不外是资产者为了在国内外相互保障自己的财产和利益所必然要采取的一种组织形式"。④ 因此,国家不是一个独立的人格,而是被发明出来的这样一个机关,由资产者的少数代表来实施管理,私有财产所有者为保证他们共同的利益,把他们因结合而获得的集体权力赋予这少数人。以使它"不仅可以保障单个人新获得的财富不受氏族制度的共产制传统的侵犯,不仅可以使以前被轻视的私有财产神圣化,并宣布这种神圣化是整个人类社会的最高目的,而且还会给相继发展起来的获得财产的新形式,因而是给不断加速的财富积累,盖上社会普遍承认的印章……它不仅可以使正在开始的社会划分为阶级的现象永久化,而且可以使有产阶级剥削无产者的权利以及前者对后者的统治永久化"。⑤ 国家也不是一种观念的产物,马克思在《黑格尔法哲学批判》中说:"事实却是这样:国家是从作为家庭和市民社会的成员而存在的这种群体中产生出来的,思辨的思维却把这一事实说成理

---

① 道格拉斯·C. 诺思:经济史上的结构和变革 [M]. 北京:商务印书馆,1992:34.
② 马克思,恩格斯. 马克思恩格斯选集(第4卷)[M]. 北京:人民出版社,1972:166.
③ 列宁. 国家与革命 [M]. 北京:人民出版社,2001:5.
④ 马克思,恩格斯. 马克思恩格斯选集(第1卷)[M]. 北京:人民出版社,1972:69.
⑤ 马克思,恩格斯. 马克思恩格斯选集(第4卷)[M]. 北京:人民出版社,1972:104.

/第二章　所有制演进和市场与政府关系演变的历史逻辑和理论基础/

念活动的结果,不说成这一群体的理念,而说成不同于事实本身的主观的理念活动的结果。"① 而且和私有制的观念不同,马克思主义认为国家终归是要消亡的,当生产发展到要由整个社会来共同占有生产资料时,"以生产者自由平等的联合体为基础的、按新方式来组织生产的社会,将把全部国家机器放到它应该去的地方,即放到古物陈列馆去,同纺车和青铜斧陈列在一起。"②

　　国家是作为阶级统治的工具存在的,但社会生产的需要也使国家逐渐发展起了管理和组织生产的职能。资本主义国家形成后,这种管理和组织生产的职能不仅没有随着市场经济的发展而削弱,反而日益发达。斯密就认为按照自然自由的制度政府有三个应尽的义务。这三个义务分别是:第一,对社会的保护,使其不受其他独立社会的侵犯;第二,对社会上每个人的保护,使其不受社会上任何其他人的侵害或压迫;第三,为公众的利益服务,建设并维持某些公共事业及某些公共设施。③ 斯密认为,只有这样才能最大限度地促进生产发展和财富增加。现代资本主义国家的社会功能还有很重要的一个方面,是为失业的劳动力提供最基本的生活保障,为私人资本维持劳动力供需的平衡。"对人的需求必然调节人的生产,正如其他任何商品生产的情况一样。如果供给大大超过需求,那么一部分工人就要沦为乞丐或者饿死"。④ 随着技术的进步,机器越来越多地代替了工人,劳动力的供给过剩成为一个持续增加的趋势。过剩的人口和工人的斗争对资本主义制度的存在构成威胁,这也使资本主义国家不得不承担起为过剩人口提供基本生活保障,维持社会稳定和保障资本家的利益。但是在同时,资产者也"不允许国家干预他们的私人利益,资产者赋予国家的权力的多少只限于为保证他们自身的安全和维持竞争所必需的范围之内"。⑤

　　尽管资本主义国家发展出管理社会生产生活的相应职能,但归根结底是为资本的利益服务的,它所制定的规则和制度也都是以服务于而不是有损于整个资本家阶级的利益为目的。因此,那里的国家"只是资产阶级社会为了维护资本主义

---

① 马克思,恩格斯. 马克思恩格斯全集(第1卷)[M]. 北京:人民出版社,1956:252.
② 马克思,恩格斯. 马克思恩格斯选集(第4卷)[M]. 北京:人民出版社,1972:170.
③ 亚当·斯密. 国民财富的性质和原因的研究(下卷)[M]. 北京:商务印书馆,1994:252-253.
④ 马克思.1844年经济学哲学手稿[M]. 北京:人民出版社,2000:7.
⑤ 马克思,恩格斯. 马克思恩格斯全集(第3卷)[M]. 北京:人民出版社,1960:412.

生产方式的共同的外部条件使之不受工人和个别资本家的侵犯而建立的组织。现代国家,不管它的形式如何,本质上都是资本主义的机器,资本家的国家,理想的总资本家。它愈是把更多的生产力据为己有,就愈是成为真正的总资本家,愈是剥削更多的公民"。① 尽管随着技术和分工的发展,资本所有制也有了很大的变化,但是正如恩格斯所说,私人资本"无论转化为股份公司,还是转化为国家财产,都没有消除生产力的资本属性",② 也自然不会改变资本主义国家的性质。

只有在工人阶级夺得胜利后建立的国家,其性质才发生了根本的变化,因为它已不是资产阶级的总代表,而是成为全体社会成员的利益的代表。这时,"国家真正作为整个社会的代表所采取的第一个行动,即以社会的名义占有生产资料",以实行"对物的管理和对生产过程的领导"。③ 在这样的国家政权领导下建立的国家财产、国有企业就只能是社会主义性质的,不可能是别的什么性质的企业。这时的国家才可能真正成为人民利益的代表。

三、市场与政府

马克思说:"我的观点是:社会经济形态的发展是一种自然历史过程"。④ 因此所有制的演进是一种自然历史的过程。相应的市场与政府关系的发展也是一个自然历史的过程。所有制形态的改变是由当时的社会生产水平决定的。不同的所有制决定了不同的市场和政府的性质,相应地产生不同的市场与政府关系。

从历史发展来看,市场的出现要早于国家的形成。市场在氏族部落时期就已经开始出现了,而国家的形成开始于氏族部落的解体。但是要是从国家职能的发展上看,在氏族部落时期,特别是各部落的联合,也产生了一定的后来的国家的管理职能。虽然市场很早就出现,但是发展成为完整的市场体系和形成市场机制,则要远远晚于国家的形成。直到资本主义制度的建立,资本主义生产方式催生了市场经济的发展和完成,相应地现代资本主义国家也建立起来。这时市场和政府的关系才开始逐渐成为社会经济生活的核心问题,在此之前,并不存在真正

---

①② 马克思,恩格斯. 马克思恩格斯选集(第3卷)[M]. 北京:人民出版社,1972:318.
③ 马克思,恩格斯. 马克思恩格斯选集(第3卷)[M]. 北京:人民出版社,1972:320.
④ 马克思. 资本论(第1卷)[M]. 北京:人民出版社,1975:12.

/第二章 所有制演进和市场与政府关系演变的历史逻辑和理论基础/

意义上的市场和政府的关系问题。现代市场和政府都是资本主义生产方式发展的产物，两者的矛盾运动始终是围绕着资本展开的。这是资本主义所有制的基本特征。无论是自由放任还是政府干预，都是就资本而言的。

在奴隶制社会，市场只是用来满足一般的产品交换，虽然也有远距离的贸易，但是基本是在非常狭隘的范围内进行，这时的政府是奴隶贵族的统治。在封建所有制，生产有了进一步的发展，由奴隶到自耕农，个人之间产品的交换成为市场交换的主要形式，市场的规模不断扩大，政府是皇权和王权的统治。在资本主义所有制，市场需求的扩大促进工场手工业内部分工的发展，协作和分工使生产规模不断扩大来满足扩大的需求，机器的出现使生产规模以前所未有的速度扩大，也加速了资本的积累和扩张，工人的劳动力成为商品，最终使市场经济开始真正地形成。也是从这时起，伴随着资本主义所有制的发展，市场经济自身的发展才真正地开始了。市场和政府的矛盾运动成为资本主义社会经济形态发展演变的主要矛盾，核心是资本积累的发展演变。资本主义所有制经历了从早期的私人资本所有制到垄断资本所有制，再到国家垄断资本所有制，目前已进入私人国际垄断资本所有制的新阶段。资本所有制的发展演变也伴随着市场规模和范围的扩大及形态的演变。从资本主义所有制产生至今，随着资本积累和在技术分工作用下生产规模的扩大，资本通过不断寻找新的市场需求来满足生产扩张的要求，摆脱封建王权束缚的资本发展的内在冲突，一次次把整个社会抛入危机之中，这一切都是通过市场来完成的。市场规模越大，这种冲突也就越激烈，相应地就越需要对市场进行管理以约束资本的行为。因此资本所有制发展至今，市场和政府的冲突也不断发展，这种冲突已经从一国延伸到了全球。随着全球市场的形成，随着向全球扩张，资本的内在冲突也扩大到了世界范围，全球治理日益引起世人的关注。

资本希望自由地追逐利润，这是资本的本性决定的。为了这个目的，自由主义者始终在宣扬自由放任的市场。但是应该看到，资本主义发展至今，自由放任的市场自始至终没有出现过。"不由国家和政治管理、规制的市场经济不但过去未曾存在过，现在也不存在，即使是将来也不会有"。[①] 反倒是随着生产社会化的发展和资本主义内部矛盾的不断爆发，政府对市场的干预越来越多。一些人坚

[①] 山口重克.市场经济：历史·思想·现在 [M].北京：社会科学文献出版社，2007：1.

持认为越少管制的市场越能够促进竞争，提高经济效率。但是从现实的发展看，"排除规制和管理的市场经济会使人类社会变成竞争优先的社会，变成丧失公正、弱肉强食的极不安定的社会"。[1] 而且并不是只有劳动者感受到这种不稳定带来的巨大压力。伊曼纽尔·沃勒斯坦就认为即使从资本家的角度来看，市场也是不可取和混乱的现象。[2] 他认为完全竞争的市场并非为一般人所认为的是资本所喜欢的场所，反倒是资本的敌人，因为它使资本家付出的代价太大。这包括极低的利润，难以捉摸的风险，为适应信息的改变不断调整自己行为。从这个角度讲，由政府和法律来规范的市场也是资本家所欢迎的，只要这种规范没有伤害到资本家赚取利润就可以。因此资本扩张要求突破政府的管制，同时资本的扩张又需要政府的帮助。

沃勒斯坦和波兰尼都认为，商业扩张和资本主义农业的兴起为官僚国家机构提供了充足的经济基础。而国家机构本身就是新资本主义体系的主要经济基础和政治保障。资本主义诞生以来，市场的扩张就一直和政府的大力支持密不可分。资本为了获取市场常常借助于国家的力量，有时甚至不惜使用武力。从中国自身的经历看，西方国家正是打着自由贸易的旗号通过其国家的军事力量强行打开了中国的大门，这是一个典型的资本借助国家力量扩张市场的例子。今天资本在全球市场扩张背后依然是政府的身影。一些人常常将市场鼓吹为一个由价格信号和供求关系构成的精巧的自发作用的机制。自发的机制可以非常精巧，也可能一塌糊涂，要靠政府来保障它的精巧和稳定。政府对于现代市场经济的作用可以主要分为保护者（统一市场、保护市场）、仲裁者（建立交易秩序、制定制度约束）、指导者（经济计划、宏观协调）、信息提供者（价格信息、供需状况）。

在社会主义初级阶段，多种所有制共同发展使得商品交换普遍存在，市场经济仍是社会主义初级阶段的基本运行机制，这也使社会主义市场经济依然存在市场和政府的关系问题。虽然社会主义市场经济仍然有资本存在，但市场与政府的关系处理不是从资本的利益出发的，而是为了实现人民的利益。这点是社会主义所有制与资本所有制的根本区别，也是我们研究社会主义市场经济中市场与政府关系的基本出发点。

---

[1] 山口重克. 市场经济：历史·思想·现在 [M]. 北京：社会科学文献出版社，2007：1.
[2] 徐宝强. 反市场的资本主义 [M]. 北京：中央编译出版社，2001：93.

第三章

私人资本所有制的产生和演进：从自由放任到政府干预

/第三章　私人资本所有制的产生和演进：从自由放任到政府干预/

第一节　私人资本所有制的产生

一、私有制的起源和发展

(一) 什么是私有制

有人认为，"厂商生产有价值的商品出售后的利润在所有者之间进行分配，这就是'私有制'"。① 这里就把由生产过程中的生产资料的不同占有而形成的人与人之间的关系，转变为了所有者之间的利润分配关系。用一般的个人代替了生产资料或资本的所有者，生产过程中的剥削看不到了，生产过程中的雇佣劳动关系也消失了，只看到分配而看不到生产了。所谓的私有就成了根据占有资本份额的不同进行利润的瓜分了。有一种观点认为，作为私有制来源的私有财产起源于原罪引起的贪欲，是先天非道德、非正义的②，这样的私有制也是非道德的。还有人认为"私有制意味着特殊社会阶层一手垄断生产资料，从而剥夺了其他社会阶层的生产资料，结果便是统治与被统治的关系"。③ 事实是私有制的起源既不是思想观念上的原罪引起的贪欲，也不是剥夺。它是人类社会生产力的发展有了剩余，有了分工交换才产生的。

在早期的野蛮时代，只存在两性之间的分工，而且这种分工是纯粹自然产生的。"生产是在极狭隘的范围内进行的，但生产品完全由生产者支配"。④ 这时交换还没有产生，相应的私有制也没有出现，经济形式是共产制的家庭经济。随着人类历史上的第一次社会大分工，不仅把游牧部落从其余的野蛮人群中分离出来，而且使经常的交换成为可能，也使原来部落之间的交换发展为不同部落成员之间的交换。"当畜群开始变为特殊财产的时候，个人和个人之间的交换便越来

---

① 张军. 现代产权经济学 [M]. 上海：上海三联书店，上海人民出版社，1994：29.
② 赵文洪在《私人财产权利体系的发展》(第92—96页，1998) 中对此有详细的介绍。
③ W. 布鲁斯. 社会主义的所有制与政治体制 [M]. 北京：华夏出版社，1990：17.
④ 马克思，恩格斯. 马克思恩格斯选集 (第4卷) [M]. 北京：人民出版社，1972：108.

越占优势，终于成为交换的唯一形式"。① 而且这次大分工引起了社会的分裂和阶级的产生，带来了奴隶制。自此以后人类社会进入了私有制发展的历史。私有制的出现使私人占有"引起了单个人之间的交换，使产品变成了商品。这就包含着随之而来的全部变革的萌芽"。② 由于商品生产和交换的存在，商品就会迅速地支配它的生产者。"随着商品生产，出现了个人单独经营的土地耕作，以后不久又出现了个人的土地所有制。"③

（二）私有制的发展路径

德姆塞茨在比较了亚当·斯密在《国富论》和《道德情操论》中对人性的不同解释，及对生产率和组织复杂性进行分析后认为，有"三个主要因素促进了私有制的发展，包括：密集环境的相关性降低；生产率不断提高；资源配置问题的复杂性增加"（哈罗德·德姆塞茨，2005）。他认为专业化在这个过程中发挥了重要的作用。德姆塞茨认为专业化的发展既有赖于私有化的发展，又对私有化的发展产生了制约。但按照马克思的分工理论，专业化程度的加深也意味着旧分工的进一步发展，在这种情况下，在旧分工消灭以前，旧分工的发展很长时期将与私有制的发展相伴随。

德姆塞茨借鉴马克思的历史分析的方法来寻找私有制发展的历程。他将资本主义私有制看作对中世纪的反动，在他看来，从早期原始社会开始的私有化的步伐到中世纪就停止了，"随之而来的是西方的黑暗时代，此后，复杂性和专业化开始倒退并向密集性回归。私有制让步于集体所有制。"（哈罗德·德姆塞茨，2005）。这是一个关键，在这里德姆塞茨把封建所有制看作了集体所有制，认为是资本主义重新开启了被中世纪打断的私有化的进程。这也是为什么制度经济学把社会主义公有制看作是违背历史的，他们认为社会主义公有制又一次打断了私有化的进程。之所以如此，在于德姆塞茨虽然也看到了私有制的发展是一个历史的过程，但是他混淆了资本所有制和以往私有制的区别是劳动力成为劳动者唯一的财产进入了市场交换过程——即劳动力成为商品，资本所有制劳动者和封建所有制劳动者最大的不同是除了自身劳动力外一无所有。另外，欧洲的中世纪是农

---

① 马克思，恩格斯. 马克思恩格斯选集（第4卷）[M]. 北京：人民出版社，1972：156.
② 马克思，恩格斯. 马克思恩格斯选集（第4卷）[M]. 北京：人民出版社，1972：108.
③ 马克思，恩格斯. 马克思恩格斯选集（第4卷）[M]. 北京：人民出版社，1972：109.

/第三章 私人资本所有制的产生和演进:从自由放任到政府干预/

奴制,以前的奴隶制和农奴制最大的区别是"前者将人转让给人,而后者只是使奴隶依附于土地"。① 因此,即使在中世纪依然是私有制,而不是什么集体所有制。这种私有制的特点是土地所有权的私有,本质上是封建土地私有制。它并不会因为土地由修道院、封建领地和集体农场所占有而改变其属性。

因此资本主义私有制并不是向中世纪前私有化路径的回归,这条路径从来就没有中断过,而且一直循着它内在的逻辑在发展。由原始社会的控制剩余产品,到奴隶制的控制劳动者的身体,再到封建土地所有制劳动者人身部分的解放,最终到资本所有制实现了劳动者人身彻底的自由,自由到除了自身劳动力外一无所有。这才是私有制真正的发展路径。德姆塞茨只是从一般的财产占有关系来看私有制的发展,没有理解贯穿其间的人对自身劳动逐渐自我占有的过程才是他所谓私有化的真正核心。因此他看不到正是劳动力成为商品标志着私有制的最终形成,也就无法理解资本主义私有制才是真正的私有制的形成和开始,而不是他所说的对以前私有化进程的复归。资本所有制有自己发展的历史逻辑,这个逻辑不是延续所谓被中断的私有化,而是向着人类共同所有制更高级阶段的演进。当然马克思和恩格斯所说的这种私有制的发展路径,是在正常的社会发展的过程中,当私有制的发展演变作为一种自然史的过程时所经历的。这种新的所有制既是历史的复归,也是新的历史的起点。

"私有制是生产力发展一定阶段上必然的交往形式,这种交往形式在生产力被创造出来而私有制成为阻碍这种生产力的桎梏以前是不可能被摒弃的,是直接的物质生活的生产所不可缺少的"。② 因此,私有制的消亡和它的产生一样是建立在生产力发展的基础上的,私有制的消亡也需要一定的生产力的条件。私有制的发展经过了奴隶所有制、封建土地所有制,发展到资本所有制,而在资本所有制内部也已经过了若干不同阶段,正逐步发展为私人资本的国际垄断所有制。如果说资本所有制是私有制的高级阶段,那么私人资本的国际垄断所有制就是私有制的最高形式。当然这里所说的私有制的发展演进是在正常的社会发展的过程中,作为一种自然史的过程时所经历的,并不排除演进中的跨越。

---

① 巫宝三. 欧洲中世纪经济思想资料选辑 [M]. 北京:商务印书馆,1998:84.
② 马克思. 德意志意识形态节选本 [M]. 北京:人民出版社,2003:94.

二、私有制的完成形态——私人资本所有制

马克思说:"私有制不是一种简单的关系,也绝不是什么抽象概念或原理,而是资产阶级生产关系的总和"。① 恩格斯也说:"私有制并非一向就有;在中世纪末期,产生了一种手工工场那样的新的生产方式,这种新的生产方式已经超越了当时封建和行会所有制的范围,于是这种已经超越旧的所有制关系的手工工场便为自己创造了新的所有制形式——私有制。"② 私有财产关系是人类历史从原始公有制解体后直到社会主义社会之前一直存在的,为什么不把以前的所有制也称为私有制,为什么只把资本主义所有制看作真正的私有制呢?资本主义私有制出现以前的一切所有制都是以个人劳动为基础的小私有制,在生产中劳动者直接与自己的生产资料相结合,随着生产发展,劳动者在手工作坊的积聚和与生产资料的分离产生了企业内部分工,进而促进了生产的发展。市场需求的扩大促使机器在工场手工业中的应用,私人小生产被机器大生产所代替,竞争导致越来越多的小私有者和生产资料分离,成为雇佣劳动工人,生产资料由资本所占有,雇佣劳动关系的确立,使资本主义所有制得以最终建立。"因此从资本主义生产方式产生的资本主义占有方式,从而资本主义私有制,是对个人的、以自己劳动为基础的私有制的第一个否定"。③ 因此,真正的私有制只有到以大工业为标志的资本主义时代才真正的形成,私人资本所有制是私有制的完成形态,也是向更高级形态演进的开始。以前的各种所有制虽然也是私有财产关系,但始终处于私有制的形成过程中。

私人资本所有制建立的另一个重要前提是社会中的个人都是自由的,摆脱了以往所有制的人身依附关系,都成为市场交易中平等独立的个体。通过商品交换过程最终一方占有了生产资料,成为生产资料的所有者,或财产所有者(这里的财产并不是指一般的消费资料);而另一方成为靠出卖自己劳动力获取维持生活的消费资料的雇佣劳动者,生产资料所有者依靠这种所有权来无偿占有雇佣劳动者的剩余劳动。这种关系与以往最大的不同是,不用通过暴利手段来获得,而是

---

① 马克思,恩格斯. 马克思恩格斯全集(第4卷)[M]. 北京:人民出版社,1958:352.
② 马克思,恩格斯. 马克思恩格斯选集(第1卷)[M]. 北京:人民出版社,1972:218.
③ 马克思. 资本论(第1卷)[M]. 北京:人民出版社,1975:832.

通过平等的商品交换过程也能够产生。恩格斯指出："暴力仅仅保护剥削，但是并不引起剥削；资本和雇佣劳动的关系才是他受剥削的基础，这种关系是通过纯经济的途径而绝不是通过暴力的途径产生的。"① 而以往的所有制关系往往是通过暴利获得的，例如，奴隶制就是如此。

私有制的形成和劳动从不被承认到承认的过程密切联系。"私有财产的主体本质，作为自为地存在着的活动、作为主体、作为个人的私有财产，就是劳动。"② 劳动成为私人财产是私有制完成的标志。因此马克思的私有财产的概念始终是和劳动密切相关，劳动被承认之前的私有财产都是作为人的外在的对象存在，而不是人本身。"地产是私有财产的第一个形式。而劳动起初只作为农业劳动出现，后来才作为一般劳动得到承认"。③ 资本所有制之前的所有制形式虽然都是以财产私有作为主要内容，但是劳动始终没有成为财富本身，劳动本身并不被承认。重农学派所主张的农业劳动创造价值，第一次使财富与它的主体有了统一的可能。私有财产已经不仅仅是存在于人之外的对象，而是"体现在人本身中，人本身被认为是私有财产的本质，从而人本身被设定为私有财产的规定"。④ 因此封建土地所有制是私有制完成前的最后一个形态。到了资本所有制，工业的发展使人身获得自由的同时，也使劳动第一次显示了作为财富主体的本质特征。但这种劳动不是重农学派所说的农业劳动或其他某种特定的劳动，"不是与某种特殊要素结合在一起的、某种特殊的劳动表现，而是一般劳动"。⑤ 劳动是财富本身，价值是由劳动唯一创造的。这样劳动就成为私有财产，可以买卖转让。这时的私有制才第一次实现了它的完成形态，才真正的完整地建立起来了。这时"一切财富都成了工业的财富，成了劳动的财富，而工业是完成了的劳动，正像工厂制度是工业的即劳动的发达的本质，而工业资本是私有财产的完成的客观形式一样……只有这时私有财产才能完成它对人的统治，并以最普遍的形式成为世界历史性的力量"。⑥ 这样"在大工业和竞争中，各个人的一切生产条件、一切

---

① 马克思，恩格斯. 马克思恩格斯选集（第3卷）[M]. 北京：人民出版社，1972：192.
② 马克思. 1844年经济学哲学手稿 [M]. 北京：人民出版社，2000：73.
③ 马克思. 1844年经济学哲学手稿 [M]. 北京：人民出版社，2000：76-77.
④ 马克思. 1844年经济学哲学手稿 [M]. 北京：人民出版社，2000：74.
⑤ 马克思. 1844年经济学哲学手稿 [M]. 北京：人民出版社，2000：76.
⑥ 马克思. 1844年经济学哲学手稿 [M]. 北京：人民出版社，2000：77.

制约性、一切片面性都融合为两种最简单的形式——私有制和劳动"。① 这也就是为什么马克思和恩格斯把资本所有制看作真正的私有制的产生。

在资本所有制中，开始以劳动为基础的所有权很快就在商品生产规律的作用下与劳动相分离，这时"所有权对于资本家来说，表现为占有别人无酬劳动或产品的权利。而对于工人来说，则表现为不能占有自己的产品。所有权和劳动的分离，成了似乎是一个以它们的同一性为出发点的规律的必然结果"。② 共产主义所要打破的就是这种把人的劳动当作私有财产买卖占有的制度，打破这种交易过程平等，而生产过程不平等的雇佣劳动关系，最终使人与人之间建立起平等的生产关系。相应地建立起真正平等的交换、分配关系。这样个人的劳动既是个人的也是社会的，劳动不再被作为私有财产而买卖，大家都凭借自己的劳动自食其力，共同创造物质财富。只有劳动者在拥有自己的劳动这种财产的同时也占有生产资料，劳动者才能够实现真正的解放，这也是共产主义所有制的意义所在，每个人都成为自己的主人，自由的支配自己的劳动而不受任何人的支配和控制。只有这时才可能真正实现个人自由全面地发展。

在行会组织时期，工人和他的生产资料是相互结合的，生产资料还没有独立化为资本而同工人相对立。随着生产规模的扩大，生产工具和劳动者在作坊内的积累与积聚，使作坊内部分工得到发展。工场手工业开始出现，工场手工业的特点就是"将许多劳动者和许多种手艺集合在一起，在一所房子里面，受一个资本的支配"。③ 这时的积累也从生产工具和劳动者的积累和积聚转变为资本的积累和积聚。工场手工业是资本所有制的起点，这时的生产资料和工人相分离而独立化为资本。由于生产资料归资本家所有，雇佣工人的协作只是资本同时使用他们的结果。同时，"分工在工场手工业工人的身上打上了他们是资本的财产的烙印"。④ 工人在进入劳动过程之前是独立的，但是一旦进入劳动过程和资本发生关系，他们的劳动就不再属于自己，而成了协作劳动的一部分，成为资本的财产。"作为一个工作机体的肢体，他们本身只不过是资本的一种特殊存在方式。

---

① 马克思，恩格斯. 德意志意识形态节选本 [M]. 北京：人民出版社，2003：71.
② 马克思. 资本论（第1卷）[M]. 北京：人民出版社，1975：640.
③ 马克思，恩格斯. 马克思恩格斯选集（第1卷）[M]. 北京：人民出版社，1995：164-165.
④ 马克思. 资本论（第1卷）[M]. 北京：人民出版社，1975：399.

因此，工人作为社会工人所发挥的生产力，是资本的生产力"。① 这种社会生产力只有在劳动并入资本才能发挥出来，而且不费资本分文，"好象是资本天然具有的生产力，是资本内在的生产力"。②

工场手工业是资本主义生产方式特有的产物，但是就这种生产方式本身来说，工场手工业和以前的作坊并无多大的差别，区别只是工人数量的增加。因此，工场手工业的规模比手工作坊要更大了。但是正是这个数量的变化导致了生产方式本身的变化。因为"即使劳动方式不变，同时使用较多的工人，也会在劳动过程的物质条件上引起革命"。③ 工人在同一劳动场所的聚集，导致共同使用的生产资料规模的增大。但是这些共同使用的生产资料的价值，却不会和这些生产资料的规模和效果成比例地增加，而是比独立分散的生产资料的集合要更加节约。由于许多人手同时共同完成同一不可分割的操作所发挥的社会力量，与单个劳动者的力量的机械总和有着本质的区别。因此，在同一场所，许多人在同一生产过程，或在不同的但相互联系的生产过程中，有计划地协同劳动，"不仅是通过协作提高了个人生产力，而且是创造了一种生产力，这种生产力本身必然是集体力"。④ 这种集体力极大地提高了工场手工业的劳动效率，也使劳动过程在扩大自己规模的同时提供了较大量的产品。生产资料的积聚以工人的聚集为前提，而生产资料的积聚不仅是工人协作生产的物质条件，而且决定着协作的范围或生产的规模。较多的工人在同一资本指挥下共同劳动意味着资本主义生产的开始。因此"较多的工人在同一时间、同一空间（或者说同一劳动场所），为了生产同种商品，在同一资本家的指挥下工作，这在历史上和逻辑上都是资本主义生产的起点"。⑤ 此后资本主义生产方式开始走上了自我发展的历史轨迹。所有制关系产生于生产方式的变革，因此资本主义生产的起点也决定了资本主义所有制关系的起点。在随后的发展中技术和分工所引起的资本主义生产方式的变化，不断引起资本主义所有制的演进，直到一种更新的生产方式和所有制形态出现。

---

① ② 马克思. 资本论（第1卷）[M]. 北京：人民出版社，1975：370.
③ 马克思. 资本论（第1卷）[M]. 北京：人民出版社，1975：360.
④ 马克思. 资本论（第1卷）[M]. 北京：人民出版社，1975：362.
⑤ 马克思. 资本论（第1卷）[M]. 北京：人民出版社，1975：358.

第二节 古典自由市场经济思想的形成与历史作用

古典自由主义经济思想的产生，正是封建土地所有制瓦解和私人资本的兴起，王权刚刚摆脱宗教的束缚而独立之时。资本与王权相互支持推翻了宗教统治，但是很快两者的矛盾就暴露出来。私人资本的兴起，一方面需要借助国家的力量为其扩张海外市场服务。另一方面，又迫切地希望实现自由的发展，减少和摆脱国家的干预。新兴的私人资本要求市场自由的呼声不断高涨。斯密的《国富论》就是在这种背景下产生的。亚当·斯密开创了古典经济学的先河，也是古典自由主义的代表人物，他关于经济自由的思想被后来的西方经济学家奉为自由市场的圣经。"看不见的手"——自我调节的市场被认为是现代市场经济遵循的基本原则。有人据此提出大市场小政府，甚至反对任何形式的政府干预。

一、古典经济自由主义思想的代表

（一）亚当·斯密的思想

斯密关于经济自由的思想主要是针对重农学派和重商主义提出的。熊彼特认为，整个重商主义体系是由有关出口垄断主义、外汇管制和贸易差额的学说构成的。其中外汇管制和贸易差额，特别是贸易差额是传统"重商主义体系"的核心[①]。重商主义认为王权与国家利益是一致的，因此主张国家干预经济，通过给予大的商业资本特许权证和垄断经营的权利，维护王权的统治和利益。同时重商主义将金银看作财富本身，认为金银的增加就是财富的增加，通过制定包括补贴和关税在内的各种贸易政策鼓励出口、限制进口，认为这样可以减少国内金银的流出，为国家换回更多的金银。斯密认为重商主义的贸易政策妨碍了贸易自由，阻抑了国内产业的发展，减少了国内的产出和劳动使用量，也阻碍了新兴的私人

---

① 约瑟夫·熊彼特对重商主义的详细论述见《经济分析史》第1卷第7章（北京，商务印书馆，1991）。

第三章 私人资本所有制的产生和演进：从自由放任到政府干预

资本的发展，进而影响到国民经济的发展。斯密在对重商主义进行批判的同时对重农学派的批判更加严厉，他认为重农学派"为了增进农业而特别重视农业，并主张对制造业及国外贸易加以限制的那些学说，其作用都和其所要达到的目的背道而驰，并且间接妨碍他们所要促进的那一种产业。就这一点，其矛盾也许比重商主义还要大"①。

斯密在批判重农学派和重商主义的同时指出，任何一种学说，如要特别鼓励特定产业，违反自然趋势……或要特别限制特定产业，违反自然趋势……那实际上都和它所要促进的大目的背道而驰。② 因此斯密主张废除一切特惠或者限制制度，他指出："一切特惠或者限制制度，一经完全废除，最明白最单纯的自然自由制度就会树立起来。每一个人，在他不违反正义的法律时，都应听其完全自由，让他采用自己的方法，追求自己的利益，以其劳动及资本和任何其他人或其他阶级相竞争。"③ 这种自然自由制度也就是后来所谓的自由市场经济制度。斯密强调的自由主要是指资本、劳动力和贸易自由。斯密认为针对手工业行会限制劳动力自由流动，妨碍了工业的发展和人民生活的改善。事情不止于此，因为这种限制也使资本的积累异常缓慢，资本主义生产方式没有办法建立起来。马克思就认为这种行会规章限制了手工作坊使用的人数，使作为工场手工业基础的分工无法产生，工场手工业没办法发展，资本家也不能产生。斯密认为重商主义限制贸易自由，实行关税壁垒和出口退税以达到独占市场的目的，违反了国民经济发展的"自然趋势"，对于国家财富的增加是非常有害的。可以看到，斯密提倡的自由的发展和人民生活的改善是密切相关的，并不仅仅是从效率的角度出发的。但这点现在常常被市场自由的鼓吹者所遗忘，而只是单纯从效率的角度来考虑了。同时我们要认识到虽然斯密所言包括劳动和资本的自由，但在资本主义私有制下，真正的自由只能是资本的自由，劳动的自由实际是不存在的。关于这点马克思已经做了详细的分析。

斯密认为资本的自由流动是符合生产力发展的自然规律的，人为地限制和鼓励资本在产业间的流动是不利于国民经济整体发展的。因此为了私人资本的充分发展，君主们应该被完全解除监督、指导私人产业的权责。斯密反对重商主义的独占经营，主要源于当时正处在资本主义工业化的早期阶段，制造业的发展正在

---

①②③ 亚当·斯密. 国民财富的性质和原因的研究（下卷）[M]. 北京：商务印书馆，1994：252.

兴起中，迫切需要为产业的发展提供大量的资本，而重商主义的贸易垄断极大地妨害了制造业的投资和发展。同时由于大制造业者的垄断使中小资本无法自由地进入，妨碍了整个产业的发展。在斯密看来正是一部分商人为了自己利益利用国家机器垄断贸易，获取暴利妨碍了产业的自然发展。① 斯密指出："重商主义的一切法规，必然或多或少地紊乱这自然而又最有利的资本分配。"② 也使大量私人资本无法通过投资制造业生产获取利益。因此斯密强调私人资本的自然分配，可以自由地进入和流出相关的产业，从而实现资源的有效分配。斯密说："用不着法律干涉，个人的利害关系与情欲，自然会引导人们把社会的资本尽可能按照最适合于全社会利害关系的比例，分配到国内一切不同用途。"③ 因为在这样一个资本自由竞争的时代，大资本与王权的结合只会妨碍它的发展。现代工业还没有建立起来，也就谈不上对现代经济的宏观调节，一切都在初始和混沌之中，竞争是这个时代的主旋律，所有妨碍竞争的可以说都是反动的。

斯密在《国富论》中所说的追求私利的经济人不是普通的个人，而是工商业的资本家。斯密认为这些经济人只追求自己的利润，全然不顾公众的幸福，但是结果却是有利于公众的利益。而在《道德情操论》中，斯密所谓个人应是普通的个人，并不特指经济人。在这里斯密认为普通的个人即使再自私也有关心别人的本性，他说："无论人们会认为某人怎样自私，这个人的天赋中总是明显地存在着这样一些本性，这些本性使他关系别人的命运，把别人的幸福看成是自己的事情，虽然他除了看到别人幸福而感到高兴以外，一无所得。"④ 因此，一些认为斯密在两部著作中有着不同的人性观的人可能没有真正地理解斯密的意思。

有人将人的私利有利于社会的假设归之于斯密的基本观点，似乎任何私利都是有益社会的。他们忽略了斯密所说的私利是有条件的，并不是所有的利己心都是斯密所赞同的。斯密虽然认为工商业资本家追求利润的利己行为对公众的幸福有益，但是却对当时宗教制度与私利结合造成的危害进行了猛烈的抨击。斯密认

---

① 斯密说："我国呢绒制造者，为要证明他们对国会要求施行这样异常的限制，是完全正当，竟然说英国羊毛具有特殊品质，比任何其他国家的羊毛都好；说他国的羊毛，不搀入若干英国羊毛，就不能造出有相当质量的制造品；说精良呢绒，非有英国羊毛，不能织成；说英国若能完全防止本国羊毛输出，就能独占几乎全世界呢绒业，没有谁能和他竞争，他就可随意抬高价格，售卖呢绒，并在短期内，依最有利的贸易差额，取得非常大财富"（斯密，《国民财富的性质和原因的研究》下卷，218 页，1994）。
②③ 亚当·斯密. 国民财富的性质和原因的研究（下卷）[M]. 北京：商务印书馆，1994：199.
④ 亚当·斯密. 道德情操论 [M]. 北京：商务印书馆，2003：5.

/第三章 私人资本所有制的产生和演进:从自由放任到政府干预/

为由于教会组织的存在,当极愚蠢的迷信幻想和私人利己观念相结合后,任何人类的理性都不能瓦解和动摇它。在当时不仅资本要求自由,王权也要摆脱教权的控制独立,因此斯密认为当时的罗马教会组织是反对政府权力和安全,反对人类自由、理性和幸福的可怕制度,人类的自由、理性和幸福"只有在受到政府保护的地方,才能发扬"。①

斯密主张给予资本自由,但那是他从国民经济整体和生产力发展的规律出发的,并不是对资本的特殊偏好造成的,因此他也一再强调不能由于资本的自由而伤害到公众的利益(劳动者的利益),例如,他认为有些大制造业者出于私人利害关系,硬要立法当局制定工业原料的免税奖励,据说这样是符合国家需要,有利于人民大众的。"可是,由于大制造业者的贪欲,这种免税,有时竟大大超过可正当地看作加工原料的范围"。②他们利用这种免税提高制成品的价格或降低原料价格,通过低进高出谋取暴利。斯密指出这样的行为"都不是为劳动者的利益"。他认为当时英国大制造业者通过低进高出的办法,从国外进口低价原料,同时高价出口制成品,使国内纺织工业劳动者的利益受到极大损害。究其原因,斯密指出因为"重商主义所要奖励的产业,都是有钱有势的人所经营的产业。至于为贫苦人民的利益而经营的产业,却往往被忽视、被压抑"。③从这也可以看到,斯密对于由于资本的自由而对劳动者利益的伤害是持强烈的反对态度的,这和后来新自由主义者所宣扬的资本自由有着很大的区别。斯密所提倡的自由已经被他们曲解了,而且这种自由还成为斯密所反对的私人利益侵害公众利益的借口和幌子。新自由主义者不仅将经济人假设泛化到经济社会生活的一切领域,而且完全无视劳动者的利益,沦为彻底的资本自由的鼓吹者。

斯密也对以东印度公司为代表的重商主义的商人政府进行了尖锐的批判。斯密严厉批判了这种商人为眼前和自身利益而置国家与人民利益于不顾的独占行为。斯密认为商人受人尊敬而没有权威,为了使人民服从必须借助于武力。而当时的印度作为大英帝国的殖民地正是由东印度公司这样的商人统治着,斯密认为这种商人统治既损害了母国的利益,也损害了殖民地的利益,是非常有害的。商人统治必然会导致商业和贸易的垄断,因为在商人的眼中商业利益永远是最重要

---

① 亚当·斯密.国民财富的性质和原因的研究(下卷)[M].北京:商务印书馆,1994:361.
②③ 亚当·斯密.国民财富的性质和原因的研究(下卷)[M].北京:商务印书馆,1994:212.

的。斯密说:"作为统治者,他们的利益,与所统治国家的利益恰相一致。作为商人他们的利益与所统治国家的利益就直接相反。"① 因此斯密当时提出的国际间自由贸易的一个重要原因就是针对这种既损害母国,又损害殖民地经济的垄断贸易。当然我们也要看到,斯密最终并不是为了殖民地人民的利益,而是从大英帝国的利益出发的。斯密之所以批判东印度公司的殖民统治的祸害,主要是这种祸害已经伤害到了英国本身的利益。因此虽然斯密主张打破当时的贸易垄断和特许权授予制度,从而使私人资本与股份公司能展开合理竞争,但是斯密对于殖民统治并无很大反对。

关于私利即公益的观点,始自曼德维尔的《蜜蜂的预言》。他在书中对因私恶而产生的公益第一次做出了全面的论述,在该书中他认为正是因为私人的恶德才促进了公众的利益,如果没有私恶,那么公众的利益也就无法得到实现和维护。但是在充分肯定私人的恶德对公众利益的促进的同时,他也指出要通过适当的法律和制度将其消极影响限制在尽可能小的范围内,因此他说:"私人的恶德若经过老练政治家的妥善管理,可能被转变为公众的利益。"② 这里老练的政治家的妥善管理对于私利转变为公益起着至关重要的作用,而这种私利带来的公益之所以产生离不开社会分工,他认为正是由于社会分工,每个人在分工中都为自己而努力工作,整个社会才得以繁荣发展。但是曼德维尔把这种富人奢侈、穷人劳作也看作一种自然的分工,是社会繁荣所必不可少的,在笔者看来是错误的。

斯密提出的自由市场制度,减少国家干预,反映的是早期资本主义发展的要求。所反对的也是封建王权和大商人联合的统治。斯密虽然看到了分工和市场规模扩大之间的联系,提出市场规模限制分工的思想,但由于资本主义工业化生产处在开始阶段,机器大工业还未真正出现,资本主义生产方式及其内部矛盾尚未展开,使他无法看到生产社会化程度加深对市场和分工带来的剧烈影响。随着工业化的发展,市场的需要随着生产力的大规模发展远远赶不上不断扩大的生产规模,造成资本主义生产方式内在的矛盾冲突越演越烈,进而对资本主义自由竞争构成了严重的挑战。不断爆发的经济危机迫使资本主义国家从经济活动的裁判者

---

① 亚当·斯密. 国民财富的性质和原因的研究(下卷)[M]. 北京:商务印书馆,1994:207.
② 伯纳德·曼德维尔. 蜜蜂的寓言[M]. 北京:中国社会科学出版社,2002:236.

/第三章　私人资本所有制的产生和演进：从自由放任到政府干预/

转变为积极的参与者。

从斯密的论述中可以看出当时欧洲人民生活困苦之极，炉捐、窗税等苛捐杂税种类繁多①，尤其普通百姓和穷苦之人简直要无以为生。斯密虽论述良多，但也只是将事实做一陈述。他虽然鼓吹贸易自由，效法自然，但对于王权不敢有丝毫触动。因为在他看来王权是自由的保障。这也和当今新自由主义在鼓吹自由的同时要求加强法治异曲同工。而更重要的是，斯密宣扬自由的根本目的是为了增加君主（国家）的收入，国家繁荣和人民收入增多都只是达到上述目的的手段，这对当今的自由主义者何尝不是莫大的讽刺。虽然斯密也看到了穷人赋税的沉重，但是与国家的利益（即君主的收益）相比，他选择了维护后者。

（二）大卫·李嘉图的思想

在斯密自由市场经济制度理论的基础上，李嘉图从自由贸易理论出发提出国际间贸易的比较利益学说，他认为，"在商业完全自由的制度下，各国都必然把它的资本和劳动用在最有利于本国的用途上。这种个体利益的追求很好地和整体的普遍幸福结合在一起。由于鼓励勤勉、奖励智巧并最有效地利用自然所赋予的各种特殊力量，它使劳动得到最有效和最经济的分配；同时，由于增加生产总额，它使人们都得到好处，并以利害关系和互相交往的共同纽带把文明世界各民族结合成一个统一的社会。正是这一原理，决定葡萄酒应在法国和葡萄牙酿制，谷物应在美国和波兰种植，金属制品及其他商品则应在英国制造"。② 因此，李嘉图认为，正是各国根据自身的资源禀赋的不同生产自己最擅长的产品进行交换，才实现了各国利益的整体最大化。李嘉图的比较利益学说影响巨大，成为日后国际贸易理论的基础。但是，李嘉图的比较利益学说后来也成为发达国家剥削发展中国家、建立不合理的国际分工体系的理论基础。发达国家的资本凭借强大的工业实力将发展中国家变为自己的原料产地和消费品市场，建立起符合资本发展要求的国际分工体系（马克思在《资本论》第1卷第七篇关于资本的积累过程中有专门的介绍）。这种建立在殖民地基础上的分工体系也被当时的发达国家看作世界体系的一个"本质"和持久特征，并通过持续不断的殖民扩张体现出来。但对发展中国家而言，贸易的自由换回的是经济发展的不自由。因此，在殖

---

① 斯密在《国富论》（1994）下卷第五篇第二章房租税的部分有详细的说明。
② 彼罗·斯拉法主编．李嘉图著作和通信集（第1卷）[M]．北京：商务印书馆，1962：113.

民体系的时代自由贸易成为发达国家维护殖民统治的工具。那些所谓的自由贸易的倡导者"虽然经常反对殖民主义,也并不是真心希望消除这种划分,例如,在19世纪中叶的英国,科布登(Richard Cobden)极力倡导自由贸易,但是,当19世纪30年代埃及试图工业化时,他叫嚣道:'所有一切都是徒劳,它应该继续将最好的原煤卖给我们……对于那些通过破坏农业耕作来推动机械化的人来说,这不是全部损失。'"[1]

二、古典经济自由主义思想的历史作用

对古典自由主义经济学我们应该有一个客观的认识,首先要明确的是古典自由主义经济学所提倡的自由根本上是服务于资本家的。虽然斯密也不断地强调要考虑劳动者的利益,但是斯密经济自由主义的真正受益者和自由的真正主体始终是资本的所有者——资本家。由于封建等级制度、地方特权和人身束缚对资本的自由发展构成障碍,早期资本主义制度建立的主要使命就是为私人资本平等、自由的追逐利润创造条件,并扫除一切妨碍实现这一目标的障碍。

斯密的《国富论》是在对当时英国具体情况分析的基础上提出的,是国家财富增加、人民乐业、君主维持统治的一些措施。笔者认为,其所谓的自由与后来新自由主义者所谓自由有很大的不同。他也未把自由发展到"神话"的地步,更与私有化没有关系。斯密所处时代即私人资本兴起之时,他所要做的是如何在保证王权统治的同时给予私人资本充分竞争的自由,以达到增进财富的目的。但是,此等自由是以事物本身的发展来给予的,而不是单纯的私有的问题。当国有有助于增加财富和防止投机欺骗时,他会认为国有也是合理的。因此斯密的自由完全因时因地而变,并无私有和国有的区分,关键之处乃增加国民财富。现在的自由主义者将私有化作为自由的前提是不正确的,因为斯密当时并未涉及所有权变革的问题,倘若随着时代进步,公有有助国民财富的增加,那么笔者认为斯密也可能会高举国有的旗帜。

17世纪和18世纪的英国,处在封建制度解体,急于摆脱教权统治的王权与新兴资产阶级同时崛起的时代。伊曼·纽尔沃勒斯坦就认为在西欧绝对王权与资本主义世界经济体系是同时出现的。在政治上,资本与王权相互支持。在经济

---

[1] 克里斯·弗里曼. 光阴似箭 [M]. 北京:中国人民大学,2007:254.

上，王权为资本的扩张提供保护，而资本则为王权的巩固提供充足的财政支持。但是随着教会统治被推翻，王权和大的工商业资本结成联盟，实行独占经营和垄断贸易，限制资本的自由流动，不仅妨碍了资本逐利的自由，也压抑了生产力的发展。因此王权从资本的同盟很快走向了对立。两者从互利转化为相互敌对，在资本与王权的斗争中，古典自由主义经济思想为资本最终的胜利发挥了巨大作用。"通过帮助扫除封建制度的残余，古典经济学促进了商业企业的发展"。[1] 拥有更先进生产力的新兴资产阶级通过和封建王权的斗争，最终取得了胜利。随着工业革命和资产阶级的兴起，"资产阶级摧毁了封建制度，并且在它的废墟上建立了资产阶级的社会制度，建立了自由竞争、自由迁徙、商品所有者平等的王国，以及资产阶级的一切美妙东西。资本主义生产方式现在可以自由发展了"。[2] 古典自由主义经济学为资本主义制度的建立提供了理论指导，影响深远。客观上看，古典经济自由主义的宣传推广，也有助于提升当时的政治、社会和经济氛围，从而鼓励资本生产方式的建立和发展。在经济自由主义的推动下，资本对利润的追求被看作有利于整个社会的利益，资本家的地位也迅速上升，获得了和贵族与大土地所有者一样的社会地位。

第三节　私人资本和自由放任的市场

一、什么是资本

奥地利经济学家庞巴维克（1851—1914）在对以往各种资本理论的分析进行总结后，认为如果将资本主义生产看作是迂回方法进行的生产，那么"资本只是迂回过程中各个阶段里出现的中间产物的集合体罢了"，[3] 因此资本的存在是与直接生产相对立的。庞巴维克将这些集合体看作"用来作为获得财货的手段的产

---

[1] 斯坦利·L. 布鲁，等. 经济思想史 [M]. 北京：北京大学出版社，2008：48.
[2] 马克思，恩格斯. 马克思恩格斯选集（第3卷）[M]. 北京：人民出版社，1972：308.
[3] 庞巴维克. 资本实证论 [M]. 北京：商务印书馆，1983：58.

品",①认为资本具有生产和生息双重属性。正因为此,他将资本分为广义和狭义两类,狭义资本被称为生产资本或社会资本,是与生产相联系,指"那些用来作为在社会经济方面获得财货的手段的产品"。由于这些产品只有通过生产才能获得,而且被指定用于再生产,因此是作为中间产品存在的。广义的资本被称为获利资本或私人资本,指用以获利为目的的产品,它可能不直接参与生产,只是获取利息,因此是与利息相联系的。庞巴维克的资本概念直接将资本看作了物本身,而忽视了资本掩盖下的资本主义生产关系。今天的资本概念更加泛化,出现了人力资本、智力资本、知识资本等一系列的概念,共同点都是将资本与物直接等同,否认资本背后所掩盖的生产关系。

马克思曾明确指出:"资本不是物,而是一定的、社会的,属于一定历史社会形态的生产关系,它体现在一个物上,并赋予这个物以特有的社会性质。"②资本体现的是资本雇佣劳动的关系,因此"资本不是物质和生产出来的生产资料的总和"③,即不是庞巴维克所说的"中间产物的集合体"。资本是能够带来剩余价值的价值。它既包括原材料和劳动资料等劳动物质条件,也表现为同每一单个工人相对立的社会力,和工人共同完成的劳动形式的化身。"商品生产和发达的商品流通,即贸易,是资本产生的历史前提"。④市场的存在为商品的生产与交换提供了可能,市场越发达,商品的流通越迅速、规模也越大,相应的商品生产的规模也就越大,资本积累的速度就越快。资本最早的原始积累与奴隶贸易、海外殖民地的开发和对雇佣劳动的残酷剥削是密不可分的。马克思说:"资本来到世间,从头到脚,每个毛孔都滴着血和肮脏的东西。"⑤资本是随着资本主义生产方式的形成而产生的,"资本一出现,就标志着社会生产过程的一个新时代"的到来。⑥

人类历史自出现资本以后,就发生了巨大的变化,资本在创造出资本主义生产方式和社会制度的同时,也创造出伟大的文明。资本的力量第一次使人摆脱了自然的束缚,将自然从神秘的自发的力量,看作人的劳动对象。人开始尝试着去

---

① 庞巴维克. 资本实证论 [M]. 北京:商务印书馆,1983:73.
②③ 马克思. 资本论(第3卷)[M]. 北京:人民出版社,1975:920.
④ 马克思. 资本论(第1卷)[M]. 北京:人民出版社,1975:167.
⑤ 马克思. 资本论(第1卷)[M]. 北京:人民出版社,1975:829.
⑥ 马克思. 资本论(第1卷)[M]. 北京:人民出版社,1975:193.

利用自然的力量为人自身服务。因此,资本既包含着不断自我冲突的矛盾,也包含着文明化的趋势。马克思认为这种文明化趋势不仅表现为外部的结果,也表现为资本内部矛盾运动的结果。资本的发展常常受到以自身为基础的生产的限制。生产过剩是资本主义生产方式的普遍现象,不断扩大生产和狭小的市场的矛盾随着资本发展越来越突出,因为"资本的发展程度越高,它就越是成为生产的界限,从而也越是成为消费的界限"。① 每当资本试图突破生产的界限时,遭遇的却是"一次比一次更大的崩溃"。因为"资本主义生产全力扩张的时期,通常就是生产过剩的时期"。②

马克思从人类发展的宏大场景阐释资本与市场的矛盾运动,资本一产生就是世界的,对这点只有从人类发展的全景才能理解,资本发展的过程也是走向世界的过程,"资产阶级,由于一切生产工具的迅速改进,由于交通的极其便利,把一切民族甚至最野蛮的民族都卷入到文明中来了"。③ "它按照自己的面貌为自己创造出一个世界"。④ 因此笔者认为,马克思的理论从某种意义上讲也可以认为是资本与市场的矛盾运动史,资本所创造的无限的生产力一次次地遇到市场的界限,当它试图冲破这个界限时,崩溃就发生了。而这个界限本身又是资本产生的,资本所有制所赖以存在的雇佣劳动关系是市场界限的根源,只有消灭这种关系才可能消灭市场的界限,但也就消灭了资本自身。因此资本每一次的扩张都距离它最终的灭亡更近一步。

资本的内部矛盾使资本既起着积极的作用,也有消极的作用。资本一方面推动生产发展、技术创新、组织变革,知识传播;另一方面追逐利润,两极分化,环境污染,技术垄断,经济殖民,扰乱经济秩序。随着资本全球化的发展,这种矛盾性就表现得尤为突出。资本主义市场经济主要是为资本服务的,为了克服资本的负面效应,相应地需要政府对市场干预的不断增强。

二、资本积累和自由竞争

资本主义生产方式代替封建小农经济的结果是资本主义生产方式的广泛建立,使市场和交换随着资本的扩张而占据旧的生产方式的一切领域,资本不断地

---

① 马克思,恩格斯. 马克思恩格斯全集(46卷上册)[M]. 北京:人民出版社,1979:400.
② 马克思. 资本论(第2卷)[M]. 北京:人民出版社,1975:352.
③④ 马克思,恩格斯. 马克思恩格斯选集(第1卷)[M]. 北京:人民出版社,1972:255.

扩大流通范围，并在一切地点把生产变成有资本进行的生产，使生产本身的每一个要素都从属于交换，消灭了以往单纯的产品生产，即把一切生产都变为商品生产了。这样就"用以资本为基础的生产来代替以前的、从资本的观点来看是原始的生产方式"。①

"自由竞争在大工业发展初期之所以必要，是因为只有在这种社会状况下大工业才能成长起来"。② 正是由于大工业的发展把世界各国联系到了一起，"把所有地方性的小市场联合成为一个世界市场"。③ 世界市场的形成引起了世界性的生产和消费，而这一切都是资本带来的。正如《共产党宣言》中所说："资产阶级，由于开拓了世界市场，使一切国家的生产和消费都成为世界性的了。"④ 资本自出现以后，随着积累和扩张，不断地"摧毁一切阻碍发展生产力、扩大需要、使生产多样化、利用和交换自然力量和精神力量的限制"。⑤ 而资本之所以如此，是"不断扩大产品销路的需要，驱使资产阶级奔走于全球各地。它必须到处落户，到处创业，到处建立联系"。⑥ 在资本主义早期，市场垄断尚未形成，大量私人资本以分散和独立的形式存在，这时资本扩张的主要手段是竞争，因此这时的市场自由竞争成为资本积累和扩张的主要形式。

资本自产生以来无限制地发展生产力成为资本发展的自然趋势，但资本主义生产的内在界限常常引起生产过剩的危机。资本发展的内在界限包括必要劳动的劳动力交换价值的界限，剩余劳动对剩余价值的界限，货币或交换价值对生产的界限，交换价值对使用价值生产的界限。但是由于资本内在的竞争（逐利）的本性，驱使它不断地去超越生产的界限，引起生产的过剩。一旦它试图克服这种过剩时，崩溃就发生了。由于"全部信用制度，以及与之相联系的交易过度、投机过度等等，就是以必然要扩大和超越流通的界限和交换领域的界限为基础的"。⑦ 因此当信用规模超出了流通和交换的界限时，往往就会爆发金融和经济危机。但由于资本不可遏止地追求利润的普遍性，不断试图去突破内在的界限，

---

① 马克思，恩格斯．马克思恩格斯全集（46卷上册）[M]．北京：人民出版社，1979：391.
② 马克思，恩格斯．马克思恩格斯选集（第1卷）[M]．北京：人民出版社，1972：215.
③ 马克思，恩格斯．马克思恩格斯选集（第1卷）[M]．北京：人民出版社，1972：214.
④⑥ 马克思，恩格斯．马克思恩格斯选集（第1卷）[M]．北京：人民出版社，1972：254.
⑤ 马克思，恩格斯．马克思恩格斯全集（46卷上册）[M]．北京：人民出版社，1979：393.
⑦ 马克思，恩格斯．马克思恩格斯全集（46卷上册）[M]．北京：人民出版社，1979：400.

结果是不断爆发的金融和经济危机。因此当资本的内在界限随着资本发展到一定程度时,"会使人们认识到资本本身就是这种趋势的最大限制,因而驱使人们利用资本本身来消灭资本"。① 20 世纪 20 年代的大萧条和 2008 年的国际金融危机就是资本试图超越内在界限所引发的。资本内在界限随着资本的发展也在发展,资本发展程度越高,它自身就越成为生产和消费的界限。因此当资本"在生产力的更高发展程度上等重新开始它［突破本身限制］的尝试,而它作为资本却遭到一次比一次更大的崩溃"。②

同时,资本积累与市场扩张也离不开交通运输条件的改善。"工农业生产方式的革命,尤其使社会生产过程的一般条件即交通运输工具的革命成为必要"。③资本的自由竞争使资本不断去开拓新的市场,但是小农业和城市手工业社会所拥有的交通运输工具完全不能满足工场手工业的生产需要,因此交通运输工具的革命就成为必须的了。随着机器大工业的出现,资本积累和扩张的速度大大加快了,市场开始具有了世界联系,这时工场手工业时期遗留下来的交通运输工具对于具有新建立的世界市场联系的大工业又成为一种不能忍受的桎梏。而由内河轮船、铁路、远洋轮船和电报构成的大工业时代的交通运输业对于新技术革命所建立起来的新的信息化工业生产又成为新的限制。殖民体系瓦解后,新的世界市场的建立相应地需要新的交通运输工具的出现。因此,随着生产方式变革,交通运输工具也要发生变革,否则,就不能满足世界市场联系的需要。随着技术的发展,资本形式和市场形态都发生了很大的改变,今天的资本以更加迅猛的速度游走于世界各地,脱离了时空的限制,使自由竞争成为一种新的全球现象。

第四节　资本垄断与政府干预

一、垄断资本的形成

机器大工业的建立使资本的生产规模迅速扩大,加快了资本积累的速度。机

---

①② 马克思,恩格斯. 马克思恩格斯全集（46 卷上册）[M]. 北京：人民出版社,1979：393 - 394,400.

③ 马克思. 资本论（第 1 卷）[M]. 北京：人民出版社,1975：421.

器的广泛应用提高了企业的劳动生产率,也使资本之间的竞争日趋激烈。在竞争和信用的作用下,资本积聚和集中的规模不断扩大。特别是信用制度的发展,将分散的社会资本联合起来,成为资本集中强有力的杠杆。通过资本的集中,联合的私人资本拥有了比分散的资本强大得多的力量,不仅可以从事更大规模的生产经营,而且垄断了市场。这样联合的私人资本就逐渐发展为垄断资本,私人资本所有制发展为垄断资本所有制。资本的生产也以比分散的私人资本大得多的规模展开了。因此正是技术与分工的发展,促使资本所有制由分散的私人资本所有走向了垄断联合。垄断资本的出现进一步改变了资本的面貌,也使资本的内在矛盾在更高的层面展开。

在早期机器大工业的基础上,电力的发明和应用为工业生产注入了前所未有的活力,机器的自动化生产日臻完善,生产规模也以前所未有的速度扩张。与此同时,铁路、航运和通信技术的发展扩大了市场的规模,殖民地的开拓第一次形成了世界性的市场,在技术和武力推动下的市场持续扩张暂时满足了资本生产规模的扩大,使资本的内在冲突得到了缓解。因此尽管不断有危机发生,但是都没有对资本所有制构成致命的威胁。随着垄断资本的形成,企业分工和社会分工一方面进一步深化,另一方面出现了融合的趋势。资本集中使生产由单个资本的生产发展为资本的联合生产,社会化大生产的趋势日益显现,大型企业逐渐成为主要的生产组织形式。例如,保尔·芒图就认为:"从技术观点看,产业革命就在于发明和使用那些能够加速生产和经常增加产量的方法"。"从经济观点看,产业革命的特点就是资本的集中和大企业的形成,而大企业的活动不但不是一种例外的事实,而且还有变成工业的正常形式的倾向。"① 自动机器体系作为大工业的技术基础促使大工厂建立,并使工厂的规模迅速扩大。但是由于资本主义生产方式的内在矛盾的不断发展,市场需求与生产不断扩大的矛盾日益突出,资本的市场扩张越来越跟不上社会化大生产所引起的生产规模的扩张,导致资本生产规模扩大的同时,也使内在的冲突在更大规模上展开。

二、经济危机与凯恩斯主义的兴起

资本内在矛盾,不断试图突破生产的界限。资本生产规模的扩大,迫使其

---

① 保尔·芒图. 十八世纪产业革命——英国近代大工业初期的概况 [M]. 北京:商务印书馆,1983:387.

/第三章　私人资本所有制的产生和演进：从自由放任到政府干预/

不断寻找市场，突破自身的内在界限，由此也引发一次次的危机，而机器大工业的普遍建立和生产规模的不断扩大，使资本内在的生产界限的矛盾更加突出。"从1848年起，在所有这些国家里，工业都有了空前发展，输入和输出都有了意想不到的扩大。在所有这些国家里，'完全限于有产阶级的财富和实力的增长'确实是'令人陶醉的'。"① 但由于人民的贫困与生产的过剩同时加深，使这个"令人陶醉的"时代"在世界编年史上留下的标志，就是被称为工商业危机的社会瘟疫日益频繁地重复发生，规模日益扩大，后果日益带有致命性"。②

直到大萧条爆发，这是资本达到国家垄断所有制形式后在既有生产力水平下内在冲突的最后一次爆发。而冲突首先是从流通领域开始的，信用规模远远地超过了流通和交换的界限，这一切得益于股票交易市场的发展。它既能够迅速地集中大量的分散资本投资于一项建设事业，也可以仅为投机的目的迅速聚集，使股票的价格远远地脱离实际所代表的资本的价值。制造出虚假繁荣的泡沫，一旦投机失败，泡沫破灭，引来的是整个资本体系的崩溃。因为这时的资本集中度已经如此之高，看似互不关联的资本通过股票市场建立了密切的联系。通过股票交易所，分散资本追逐利润的行为，最终演变为资本整体的疯狂。例如危机之前，尽管美国实际GDP只增加了13%，但从1925年1月到1929年8月纽约各银行的存款流通速度却增加了140%，1925~1929年美国交易所行市上升了215%。危机爆发后，美国工业生产下降了46.3%，企业倒闭了13万家以上，使美国工业生产倒退到1905~1906年的水平，失业率由1929年的3.2%上升到1933年的25%。危机也使当时的主要工业国家生产下降40%，世界贸易缩减2/3，整个资本主义世界工业生产倒退到1908~1909年的水平，其中英国倒退到1897年的水平③，而美国直到1937年也未能达到1929年的产出水平。资本体系的崩溃也造成市场的崩溃，所谓自我调节的市场一夜之间就不复存在了。

大萧条在造成经济崩溃的同时，也使人们对资本主义自由市场的信念发生了动摇，资本主义面临生死存亡的历史关头。面对一片凋敝的经济，唯有政府出面

---

①② 马克思，恩格斯. 马克思恩格斯选集（第2卷）[M]. 北京：人民出版社，1972：130-131.
③ 许崇温. 当代资本主义新变化[M]. 重庆：重庆出版社，2004：468-471.

来拯救,在美国罗斯福新政应时而出;在英国,在对大萧条原因总结的基础上,1936年凯恩斯出版了《就业、利息和货币通论》一书,为资本主义国家政府对市场经济的干预提供了全面系统的理论指导,也标志着凯恩斯主义的形成。大萧条之前,人们普遍相信市场自我调节的机制能够解决经济发展中存在的危机,因为按照萨伊定理,供给能够自动创造需求,市场供需调节和价格机制能够自动实现市场出清,从而不会发生生产过剩的危机。而此前的历次危机虽然造成了一定的影响,但是都没有真正触动到经济的根本,主要停留在流通和金融领域。而大萧条的爆发使生产全面过剩的危机成为现实,大批工厂倒闭、工人失业,传统的自由市场经济在实践中彻底破产了。凯恩斯认为大萧条的爆发是有效需求不足导致的,萨伊供给自动创造需求的理论是错误的,政府对于市场的运行并不是无能为力。因此他改变了自己以前所信奉的自由放任的市场经济,转而主张政府对私人经济进行干预和调节。他提出要解决有效需求不足,政府可以通过扩大财政支出、减税和发行国债等政策措施,达到刺激市场需求、扩大就业的目的。凯恩斯还重新拾起重商主义的政策,主张实现贸易顺差,通过扩大商品和资本输出,促进国内经济活动和国民收入的增长。凯恩斯主义的出现,为帮助资本主义经济最终走出萧条发挥了积极的作用。在国家对经济的大力干预下,借助"二战"爆发后需求的增长,美国经济最终得以恢复。而"二战"后的新技术革命更为美国经济的再次繁荣注入了新的活力。

但是我们也要看到,所谓凯恩斯革命实质上是资本主义国家适应资本所有制变化而对经济关系进行的调整。从私人资本到垄断资本,资本形式的变化反映的是随着社会化大生产的发展,凭借市场自身的力量已经不能满足资本生产规模不断扩大的要求。资本生产对自身内在界限的突破随着资本自身的发展一次比一次猛烈,危机也就一次比一次更大。大萧条是一个转折点,标志着自由放任市场经济在国家层面的终结。自此以后,资本主义国家政府对经济的干预就不断加深,政府不仅成为市场的保护者,更成为市场的直接参与者。例如,"在美国,通过政府调配的国民产值比例大约为10%或者在20世纪初期时甚至会更低一些,但是在1930年之后,这个比例开始增加。现在,对各级政府而言,这个百分比大约在35%到40%之间……现在,权利和其他财富的再分配计划均说明,在美国,大量资源是由政府控制的。这是绝大多数其他西方经济所采用的一般模式,其中,一些国家日前将其国民产值的大约60%通过政府转移到了财富再分配计划中"。① 由此可见发达资本主义国家政府干预之手已经深深地植入市场之中。

大萧条之前，资本主义机器大工业在工业国家的普遍建立，使工人的利益受到严重伤害，机器的应用一方面使大量的工人失业，另一方面加大了工人的劳动强度。工人为了自身的利益不断地和资本家进行斗争，他们毁坏机器，举行罢工。这样的结果是不仅个别资本的利益受到伤害，甚至整个资本主义经济都受到影响。大量的失业工人成为社会动荡的根源。为了缓和社会矛盾、增加就业，资本主义国家政府通过财政转移的手段调节财富的分配，建立社会福利体系。但是这样的福利制度根本的出发点是为了保证资本的利益不受损害。因此"在资本主义范围内，福利政策只有在能够确保资本的利润并实现一定经济增长时才有可能实施。这样，通过福利政策的展开，资本便可以把利害调整的任务托付给国家，以此实现利润与经济增长的长期挂钩"。②

另外，随着科学技术在生产中的作用日益重要，特别是"在第二次世界大战中，科学或许比它以往任何时候都更加显著地证明了它巨大的社会后果"。③ 同时"二战"后国家间在工业和军事领域的广泛竞争，也使政府认识到科学技术的重要性，各国政府纷纷投入巨额资金支持科学技术的发展。而且科学技术有投入大、周期长、风险和收益不确定的特点，私人资本往往不愿意过多投入，因此支持科学技术的发展也成为政府的一项重要职责。各国对科学技术的投入随着经济的发展和竞争的激烈而持续增长，并日益成为衡量一个国家科技实力的标志。与此同时，它反映出这些国家公营部门的规模与整个经济活动相比，持续地膨胀起来了。表3-1反映了经合组织成员国从20世纪60~80年代政府收支所占国内生产总值的比例，从这些数据可以看出20世纪60年代后这些国家的开支始终是超过收入的。

---

① 哈罗德·德姆塞茨. 产权理论：私人所有权与集体所有权之争 [J]. 经济社会体制比较，2005 (5)：79-90.
② 山口重克. 市场经济：历史·思想·现在 [M]. 北京：社会科学文献出版社，2007：75.
③ 伯纳德·巴伯. 科学与社会秩序 [M]. 北京：三联书店，1991：7.

表 3-1　经合组织成员国政府收支所占国内生产总值的比例　　单位:%

年份\项目	政府总开支	政府本期收入
1960	28.5	28.3
1970	32.4	31.2
1980	39.3	35.7
1981	40.0	36.0
1982	41.4	36.1
1983	41.5	35.8
1984	40.5	35.6
1985	40.7	36.0
1986	40.2	35.7

资料来源:《过分的倒退——经济理论和发展中国家的作用》[1]。

---

[1] 托尼·基利克. 过分的倒退——经济理论和发展中国家的作用[M]. 北京:企业管理出版社,1994:7.

第四章

私人资本的国际化路径:
　跨国联合与全球危机

第一节　新技术革命与生产分工的新发展

技术在引起生产方式改变的同时，也深化了分工、扩大了市场，同时市场扩大本身也促进分工和生产扩大，而分工与市场的相互作用又推动技术进步。技术的产生是标志性的，对分工和生产产生影响，但是技术的出现不是偶然的，它本身也是生产发展的结果。但革命性的技术一出现就是决定性的。它首先改变了人们的生活方式，进而引起观念的改变。新的技术产生于旧的生产方式，但它一出现就包含着新的生产方式的种子，随着它的普遍应用和发展，新的生产方式也将逐渐占据整个社会。

一、新技术革命的产生与发展

（一）新技术革命的产生

"资本主义生产方式不仅引起形式上的变化，而且使劳动过程的全部社会条件和工艺条件发生变革。"[1] 随着机器大工业的建立，自然力代替了人力，生产也要求以科学来代替经验。马克思说："资本的趋势是赋予生产以科学的性质。"[2] 资本主义的发展为"自然科学创造了进行研究、观察、实验的物质手段"，促进了自然科学的产生和发展。"随着资本主义生产的扩展，科学因素第一次被有意识地和广泛地加以发展、应用并体现在生活中，其规模是以往的时代根本想象不到的"。[3] 这一点在新技术革命发生后表现得更为突出。

技术革命不是指技术孤立的发展，而是技术出现对经济社会生活所带来的巨大影响。一万多年前的农业革命和两个多世纪前的产业革命都是如此。新技术的出现引起生产力的发展，进而推动生产关系的改变，为新的生产方式奠定了基础。以计算机为标志的新技术革命也深刻地改变了工业革命后形成的资本主义生

---

[1] 马克思，恩格斯.《马克思恩格斯全集》（第47卷）[M].北京：人民出版社，1979：567.
[2] 马克思，恩格斯.《马克思恩格斯全集》（46卷下册）[M].北京：人民出版社，1980：211.
[3] 马克思，恩格斯.《马克思恩格斯全集》（第47卷）[M].北京：人民出版社，1979：572.

产方式，引起了资本所有制在全球规模上的又一次演进。

新技术革命最根本的标志是从代替人体力劳动的机器转向代替人脑力劳动的计算机的出现[1]。马克思说："各种经济时代的区别，不在于生产什么，而在于怎样生产，用什么劳动资料生产。劳动资料不仅是人类劳动力发展的测量器，而且是劳动借以进行的社会关系的指示器。在劳动资料中，机械性的劳动资料（其总和可称为生产的骨骼系统和肌肉系统）比只是充当劳动对象的容器的劳动资料（……）更能显示一个社会生产时代的具有决定意义的特征。"[2] 如果机器的出现为现代生产创造了肢体，那么计算机的出现则为现代生产创造了大脑，计算机作为中枢系统可以指挥机器的生产，就如同人脑指挥人手的劳动一样。计算机首先是一个计算工具，进而发展演化为信息的接收和处理中心，它的中央处理器很大程度上代替了人脑的功能。它既是对人的脑力劳动的替代，也是人的脑力劳动的一种外延扩张。斯蒂芬·博丁顿也认为："计算机革命在于它是一种通用信息处理器。"[3] 但是他认为由于资本家主要购买的不是人的体力而是"作为信息处理器的一个人的大脑"，所以导致计算机对人脑的替代的观点是错误的。他认为，计算机虽然可以代替人脑的部分功能但是无法代替真正的人脑。

在大工业时期形成的大规模机器生产代替了人手的劳动，但是也在解放人的体力的同时排斥了人的体力劳动。与之相似，计算机的应用也在解放人的脑力的同时排斥着人的脑力劳动。我们可以发现，随着计算机的普及和发展，很多以前普通的脑力劳动越来越多地被计算机所代替。如果说以前的机器只是排斥体力劳动，以计算机为中央控制中枢的自动机器自然会同时排斥工人的体力和脑力劳动。因此，随着计算机在生产中的广泛应用，资本主义生产方式发生了巨大的改变。现代大型跨国公司的全球经营离开了计算机网络是不可想象的。计算机技术

---

[1] 新技术革命也被一些人看作是由一组新技术构成的，包括计算机、电子、生物、航天航空、新能源、信息通信、互联网等，但是笔者认为从根本上看，新技术革命最具决定意义的是计算机的出现。没有计算机对复杂数据的计算处理能力，包括生物、航空航天等技术的进步是不可想象的。计算机的最重要功能是强大的计算能力及衍生出的模拟功能，计算机的出现是人脑功能的外延，是对人脑力劳动的解放。它一方面替代了人脑的部分功能，另一反面极大地扩张了人脑的功能。正是计算机的出现才推动了包括它自身在内的所谓新技术革命的产生和发展。有人将微电子技术看作技术革命的关键，其实微电子技术和集成电路的发展主要是用以满足计算机小型化的需要的。

[2] 马克思. 资本论（第1卷）[M]. 北京：人民出版社，1975：204.
[3] 斯蒂芬·博丁顿. 计算机与社会主义 [M]. 北京：华夏出版社，1989：22.

的广泛应用打破了原有的生产和组织秩序，使大规模生产向柔性生产的转变有了可能。20世纪60年代，因特网的出现使新技术革命又一次产生了飞跃，也为后来互联网的形成奠定了基础①。信息的高速互联互通使得生产的组织方式发生了质的变化，企业内部生产和分工进一步重新组合，相应的社会分工的模式也在发生变化。生产发展使社会分工进一步加深和分化，但原来分开的分工又通过网络重新结合起来。企业内部分工由于计算机的应用更加彻底地丧失了专业性，从而为人的全面发展创造了条件。今天的互联网正在向实体与虚拟世界相结合的方向发展，用传感器连接起来的物联网成为新的网络形式②，将进一步改变整个世界的面貌。

马克思和马尔库赛、哈贝马斯、高兹等人的主要差别是，马克思不仅看到了技术对人的桎梏，而且将技术看作人实现自身解放的工具。在资本主义条件下，资本是有权选择追求利润最大化和对工人进行控制的技术，也可以选择有利于产品更新的技术以保证再生产的顺利进行。但是技术本身并没有改变性质，一种有利于人类发展和进步的技术也可能成为毁灭人类的技术，如核能和原子弹，技术有利与否关键在于使用技术的人，看这些技术由谁掌控和为谁服务。技术作为一个整体包括各种各样的具体技术，能成为标志性的技术常常是能够对技术整体的改变和社会生产生活方式产生革命性的影响的，如马克思所说的纺纱机和蒸汽机，及"二战"后出现的计算机。但是作为整体技术构成中的各个技术构成个体则不同，可以被选择性地使用。甚至技术整体本身也可以被利用，但是从技术整体本身来讲，就不能忽视它对社会生产生活产生的积极的作用和影响。技术的两面性在它从整体来看时表现得尤为突出。以计算机为例，计算机的发明和随之而来的信息技术革命，革命性地改变了整个人类的生产生活方式，因特网的应用

---

① 互联网革命一定程度上是由美国"信息高速公路"战略所引发。20世纪90年代，美国在克林顿政府时期提出建设信息高速公路，计划用20年时间，耗资2000亿~4000亿美元，建设美国国家信息基础结构。

② 物联网（The Internet of Things）的概念是在1999年提出的，它的定义很简单：把所有物品通过射频识别等信息传感设备与互联网连接起来，实现智能化识别和管理。因此物联网所要实现的是将现实物质世界与网络虚拟世界的完全连接。从技术发展上并没有革命性的变化，而是在现有技术基础上的进一步发展。关键是传感器技术的微型化和智能化。这点类似使计算机小型化的微电子技术的发展。借助的是现有的互联网络和计算机终端。2008年IBM首次提出"智慧的地球"的概念，这一概念就是依据物联网的实现而提出的。IBM希望"智慧的地球"策略能掀起"互联网"浪潮之后的又一次科技革命。相应的也必然会引起企业和社会分工的进一步演变。

则为这种技术的普及化和大众化提供了支持,从此信息的互联互通对于普通大众来说从梦想变为现实。信息技术对人类生产生活的全面渗入深刻地改变着现今人类的生活面貌。这种改变是不以某些人的意志为转移的,信息技术和互联网对人类生活最大的改变就是赋予了普通人掌控自己的力量,虽然这种力量还很弱小。因此从纯技术的角度出发,我们没有理由把人类的不幸和苦难怪罪于技术,而是应该改变生产关系,改变掌握技术的人,使技术真正从为资本服务转为为大众服务。

(二) 新技术革命与市场发展

新技术革命推动的通讯和交通运输工具的发展,使资本第一次真正具有了全球自由流动的能力,并开始了新一轮的全球扩张,这也是战后美国经济持续繁荣的根本原因。但由于"二战"导致了殖民体系的瓦解,战后一些独立的前殖民地半殖民地国家建立起社会主义制度。随着冷战的开始世界被分割为东西两大阵营,世界市场也随之被分割为资本主义和社会主义两部分。这种分割极大地限制了新技术推动下的资本的全球扩张,妨碍了资本的全球自由流动,与此同时资本的生产规模在新的技术和分工的推动下以比过去更加猛烈的速度开始扩张,客观上要求打破这种全球市场分割的局面,为资本的生产扩大提供广阔的市场。资本的内在的矛盾迫使它不断为满足生产去寻找新的市场,为此而奔走于世界各地。同时资本内在的逻辑发展也是世界性的,开拓世界市场,实现世界市场的统一和联合是它的天然使命。新技术只是为它完成这一使命提供了物质基础。借助于新技术的发展,资本开始在全球规模上组织生产和调配资源。以前的资本主要是在一国内部集中资源,现在它开始使生产资料、财产和人口在全球规模上聚集起来,集中在资本的手里。"由于机器和蒸汽的应用,分工的规模已使大工业脱离了本国基地的完全依赖于世界市场、国际交换和国际分工。"[①] 今天以计算机为代表的信息技术的广泛应用,使分工更加脱离本国工业而与世界融为一体。

新技术革命扩大了资本的生产规模,促进了分工和市场的发展,也引起企业、市场和政府组织结构的变革。有人认为"是技术的性质决定了调节体制的概貌和特征",因此与大规模生产技术导致的具有层级结构的集权调节体制不同,信息通信技术的发展被认为"会自然而然地走向最低限度中央控制的自我调节的

---

① 马克思,恩格斯. 马克思恩格斯选集(第1卷)[M]. 北京:人民出版社,1995:166.

网络"（克里斯·弗里曼，2007）。但是在实际上我们看到的可能刚好相反，这种计算机网络和信息通信技术的出现在减少管理层级的同时，也可以强化和增加中央控制能力，极大提高宏观管理的效率。同时，借助于这种网络，政府也可以极大地扩张管理的范围。

这种市场形态和规模的变化所产生的对政府干预的要求，绝不仅仅是市场失灵或市场缺陷能说明的，而是和生产的社会化和分工演进密不可分。生产社会化扩大了市场的范围，因为要求在更大范围内组织生产配置资源，分工的不断细化使这种扩张具有现实的物质基础，同时促进了社会生产力的进一步提高。这种分工不断展开和深化也影响了市场形态的变化，网络技术的出现为这种行业分工的进一步专业化发展提供了技术支持。大量国际资本的全球流动没有信息技术的支持是不可想象的。全球性生产销售网络为全球市场范围内的产品和资源的调配提供了技术保障和物质基础，代替原有的以地理和空间分布为基础的市场，新的超越地理边界和时空的虚拟市场网络通过全球信息网络联为一体。这种虚拟网络市场的出现对政府的管理提出了新的要求，因为它使社会经济生活的组织和联系方式产生了深刻的变化，突破了传统的地理边界和时空观念，实现了24小时即时交易和跨越时区、地域的瞬时交易。现实中复杂的市场行为在虚拟的市场中瞬时完成，这种瞬时性满足了资本逐利的本性，方便、快捷，从一个部门转到另一个部门，从一个行业转到另一个行业，从一个地区转到另一个地区，从一个国家转到另一个国家。同时它也增加了市场的不确定性，将现实市场的风险和不确定性转到虚拟市场中，并被不断放大。虚拟市场能够更方便、快捷、有效地配置资源，但是也使交易的风险和不确定性被累积放大。在资本掌握一切的条件下，它的风险性往往表现得更为突出，2008年的危机充分证明了这一点。

在资本主义私有制下，资本的发展是第一位的，市场的形态变化和规模扩张都是资本扩张的条件和结果，技术进步、分工演进为这种扩张提供了物质基础和现实的可行性，满足资本的这种扩张要求。西方发达国家的私有化和放松管制成为一种历史的必然。因为这种管制和干预，妨碍了资本从一国走向世界，在全球来回奔走的要求，成为阻断资本全球自由流动的藩篱。而在发展中国家推行私有化、自由化的主张，则为资本的全球扩张打开了大门，扩大了市场的范围。

二、生产与分工的新变化

（一）企业分工与生产的新发展

技术和企业分工的发展首先提高了个别企业的劳动生产率，进而降低成本，使个别资本在激烈的市场竞争中取得优势地位。随着竞争的发展，技术和分工向所有企业扩散，进而推动社会生产力整体的发展。从而提高整个社会的分工水平。计算机在机器上的应用，真正实现了机器的自动化控制，进而引起企业内分工的新变化。同时，信息技术的普遍应用也深深地影响和改变了社会分工和企业分工的发展。

马克思说："一旦工场手工业的生产扩展到某种商品的一个特殊的生产阶段，该商品的各个生产阶段就变成各种独立的行业。"[①] 在工场手工业时期，制针工场由于针的切削打磨技术的改进而提高了效率，相应地要求其他生产阶段也改进工艺和技术，才能跟上这种变化，这样其他各个不同生产阶段就可能发展出新的行业。当计算机由大型机发展到小型机和个人计算机时，中央处理器的微型化要求从晶体管发展为集成电路板，相应的显示器、鼠标、键盘、计算机外壳等都需要新的生产行业来生产，而这些在大型机时并没有完全的分化。这就是产品生产内部分工的结果，是随着产品自身的发展而引起的产业链条的不断增加。这种生产的产业链条在今天已经发展为产业网络，如计算机的生产，已经实现通过生产网络在全球生产不同的部分，最后进行组装。同时，同一种产品的更高级形式使生产日益复杂化，早期的汽车和现在的汽车就是典型的例子。原来由同一个行业生产的商品，现在由很多个行业来共同生产。以汽车为例，今天的汽车生产就需要钢铁、橡胶、塑料、玻璃、微电子等诸多行业的共同合作才能完成，而像飞机这样的产品则涉及得更加广泛。因此在今天的商品生产不仅跨行业，而且往往通过跨国合作来完成。

同时，由于"在制品是一个由局部产品纯粹机械地组合成的整体的地方，局部劳动又可以独立化为特殊的手工业。为了使工场手工业内部的分工更完善，同一个生产部门，根据其原料的不同，根据同一种原料可能具有的不同形式，而分

---

① 马克思. 资本论（第1卷）[M]. 北京：人民出版社，1975：391.

/第四章　私人资本的国际化路径：跨国联合与全球危机/

成不同的有时是崭新的工场手工业"。① 这是早期的生产外包，将产品的一部分生产分离出去，交给其他企业生产，有时根据这种需要成立新的企业。在今天典型的例子是设计和制造的分离。很多跨国公司在保留产品设计研发的同时将具体的生产分离出去，如中国沿海的很多来料加工企业；甚至有些将不重要的研发部门也分离出去，如微软、因特尔等公司在其他国家建立研发中心。这样产品分工就从原来的企业内分工发展为不同企业之间和行业之间的分工。分工的发展将产品生产日益分解为在不同的企业、行业和国家或地区来共同完成。交通和通信的发达使这种分工生产不仅局限于高级产品的生产，很多低级产品也实现了生产的分解，特别是设计和制造的分离。这种生产分工的发展对国际分工和贸易体系产生了重大的影响，也加速了全球经济的资本主义化。通过生产分工，全球经济日益紧密地被联系在一起，形成以发达国家私人资本国际垄断联合为主导的全球资本主义经济体系。

另外，作为资本主义早期企业分工的工场手工业分工由手工作坊发展而来，它的产生是两重的，它既以不同种的独立手工业的结合为出发点，又以同种手工业者的协作为出发点。这样的结果是，"一方面工场手工业在生产过程中引进了分工，或者进一步发展了分工，另一方面它又把过去分开的手工业结合在一起"。② 因此，在马克思看来分工并不是简单的一种将原有生产的分解，同时也是将原有分开的生产的结合。从这个角度认识分工的起源和发展对理解生产社会化的进行有着独特的意义。现在很多人研究分工往往都停留在将生产过程分解这样一种单向的认识上，而忽略了马克思所提到的分工形成的另一方面，即把过去分开的手工业结合起来。在今天，先进的网络技术已将不同的生产部门连接在一起，通过电子商务平台实现不同企业之间的结合，一方面将原来结合的生产通过外包的形式进行分解，另一方面将原来分开的生产进行新的结合，结合在同一个生产网络里，通过先进的信息传输和交通运输实现更广大范围的联合生产，这种联合生产可以是跨行业、跨地区和跨国界的。就企业而言，它的典型形式是跨国大型企业集团，它的附属企业和外部企业只是由于生产的需要而依附于它，从产业来看，体现为产业集群的发展。

---

① 马克思. 资本论（第1卷）[M]. 北京：人民出版社，1975：391.
② 马克思. 资本论（第1卷）[M]. 北京：人民出版社，1975：375.

有人认为马克思只关注了企业规模化，而忽视了分散化和小型化，认为新技术革命带来的企业生产的柔性化和企业组织的小型化说明了今天的生产规模是向着大型化和小型化两个方向在发展；而实际上柔性生产是产品由同质化到差异化，本身是为满足更大规模社会需求而产生的。在机器大工业的流水线生产实现以前，产品是很难同质的。大规模流水线生产解决了产品同质的问题，也造成了品种的单一。随着生产发展和消费的多样化，市场对产品的需要出现差异化趋势，这就要求生产过程做出改变，由原来的大规模流水线生产发展为柔性生产，以适应产品的差异化需要。但是这差异化并不是在缩小生产规模的基础上进行的，而是在更高水平更大规模生产的基础上实现的。所谓的小批量，是在同类产品大规模生产条件下不同品种的小规模生产。因此柔性生产和差异化是建立在大规模生产的基础上的，而不是生产规模的缩小。因此所谓小型化其实是生产在更大规模上的展开，如果只看到个别的企业生产，看不到整个产业的发展，则会被迷惑。

由于产品分工随着产品自身的高级化和复杂化，其原有生产阶段不断分化（马克思所谓生产阶段独立化）为不同产业和企业，反映出的是更大规模和更高级形态的社会分工网络与企业分工的相互融合。借助计算机和互联网，这种生产网络开始覆盖不同的企业、产业、行业和个人，相应企业分工的计划性也向外扩散，逐渐不断地侵蚀无计划的杂乱的社会分工（先有社会分工后有企业分工，因此先是无计划后有计划，先是企业内部计划，后是社会的计划。这种计划主要是用于协调、组织，和行政命令不同，是生产调节所需要的）。位于整个生产分工网络中心的是巨型的跨国企业集团，它成为生产网络的中枢，调动资源，安排生产，不管网络中的个人、企业、组织是否意识到，他们的生产生活其实都是事先被统一计划好的。各种资源包括人员、资本、产品、原料等都是根据事先的安排进行的。跨国公司面对的是全球的市场，这种全球规模的资源整合能力被私人资本的跨国联合所控制，这也是资本所有制形式在新的生产力水平下的新发展。表现为全球分工和全球市场、全球生产和全球消费。市场扩大使资本扩大了自己的生产界限，技术的进步使必要劳动界限也延长了。在机器代替人的体力劳动后，计算机开始逐渐代替人的部分脑力劳动。这本身是对人的一种解放，可是在雇佣劳动制度下，又成为对人的束缚。旧分工的发展不禁使人的体力劳动片面化，而且使人的脑力劳动片面化（如专业不断细分），但是物极必反，这种片面化发展到最后将会成为人的全面发展的起点,因为计算机控制生产不仅解放了人的体力也开始解放人的脑力,从而使人有更多的时间去发展自己(反面就是排斥体力劳动者和脑力劳动者)。而最后对此构成直接障碍的就是旧分工所依存的旧的所有制关系(生产已经足够大到满足人们的需要,但却仍被少数资本所控制)。

(二)两种分工的相互转化

企业分工随着产品的复杂程度不断提高,同一产品的不同部分越来越被分散到不同的企业和行业进行生产,原有的生产工序也随着生产链条的拉长而日益独立化,从而使企业内部分工呈现社会化的趋势。这种社会化的趋势使企业内部分工向外扩散,不断转化为社会分工,使企业分工外部化。与此同时,跨国公司的出现将原有不同的部门、行业、产业和地区的生产日益统一于一个企业集团内部,原有的社会分工转化为企业内部分工,使社会分工内部化。社会分工和企业分工在这两种转化中逐渐开始结合。

企业分工的外部化导致企业内部计划向外扩散。社会分工的内部化则使越来越多的社会生产纳入大企业的内部计划中,从而使企业计划控制的范围不断扩大,在挤压外部市场范围的同时,也将外部市场不断地纳入企业内部,这表现为跨国公司内部的市场化行为,但这种内部市场化行为性质已经发生了根本的改变,它是在大型企业内部计划协调的基础上进行的。企业分工的外部化使内部计划向外扩散,社会分工的内部化促使市场延伸进企业。但在这里,企业内部市场仅仅成了一种手段,它有价格和供需,但是不会超越企业计划的范围。这种趋势必须引起我们的重视,它最终的发展路径将对未来社会计划与市场的发展产生深远的影响。

现在很多人仍没有搞清楚两类分工的区别,常常将两类分工混同起来理解。例如,有人将社会分工的国际化程度提高看作协作范围的发展,认为"当代资本主义国家的社会分工已发展到部门内部的各种零部件和各工序之间的专业化分工"(于金富,2003)。笔者认为,这种观点没有明确社会分工和企业分工的关系,也没有理解两种分工的区别。社会分工以商品交换和流通为基础,而企业分工是商品生产的内部分工,与流通无关。协作范围的国际化是企业分工的外部化造成的。商品生产需要不同的工序,整体商品是由不同的部分构成,这些部分现在不一定在同一部门内完成。而且这种发展也不是社会分工发展的结果,而是技术进步和市场需求引发的企业分工本身的深化和细化。企业分工的细化,不仅表现在生产过程中具体的工艺方面，而且表现在生产与管理职能的分离。随着企业规模的不断扩大，相应的组织协调的职能也日趋复杂，重要性不断提高。随着生产过程的自动化，一方面是在操作过程中工人被排斥，另一方面从事协调组织的人员在增加。当然这种增减是严重不对称的。社会分工的国际化趋势加深，反映社会分工范围和规模扩大，表现为国际交往和国际贸易以空前的规模展开。

（三）生产、分工与人的发展

随着社会发展，社会分工越来越细化，人自身的发展随着专业化的发展越来越被限制在狭小的范围内。社会愈益强调专业和特长，人的发展就愈狭窄，对自己特长和专业之外的事物就显得愈加无知，马克思所说的职业的痴呆就愈严重。但马克思同时也认为这种由于社会分工发展所带来的职业的痴呆可以依靠自动工厂的发展来消除，因为自动工厂的分工在使劳动完全丧失了专业性质的同时，也使个人对全面发展的要求显露出来。但是现在看来，当时的自动机器并没有完全做到这点，相反社会分工更加细化，专业化和特长被更加突出地强调，同时职业痴呆也更加严重了。这种情况是马克思当时所不曾设想的，但这并没有改变马克思对这种分工趋势的分析，而是延长了发展的过程。这一切都归因于计算机为代表的新技术革命的发生，使劳动分工从体力向脑力延伸，从而使旧的社会分工得以在更大的深度和广度上发展。计算机出现以前的自动机器主要使人的体力劳动的专业划分趋于消失，但仍保留了劳动的智力划分。但是计算机（信息）技术在企业中的普遍应用，则开始消除人的脑力劳动的划分。越来越多的脑力劳动被计算机所代替。计算机控制技术与原有的自动机器的结合才产生了真正意义上的自动化工厂，不仅动力摆脱了人力，而且智力也开始摆脱人脑。劳动的专业性质不仅从体力而且从脑力上都完全丧失了。这种自动化企业的发展最终使人从生产中被彻底地排斥掉了。

而马克思所指出的社会分工所产生的职业痴呆的反面，即消除痴呆，只有在信息技术革命后才有了实现的可能。这种可能性到底有多大呢？信息技术在工厂中的广泛应用使操作技能日趋简单，并且越来越多地依靠机器本身来完成。不仅以前工人体力操作的功能被机器替代，而且越来越多的一部分脑力功能也被机器所代替，这种机器已不是马克思时代的纯粹的动力装置，而是具有了日益强大的中央控制能力的智能型机器，它的几乎全部的动作都由中央计算机控制，这种中央计算机就是人脑智力在直接生产过程中的延伸，这样不仅人在体力劳动中的技能逐渐丧失，而且智力在生产过程中的发展也逐渐丧失。如果说在马克思所处的时代只是体力劳动丧失专业的性质，那么现在一部分脑力劳动也已经开始彻底地丧失专业的性质。马克思说："但是，当一切专门发展一旦停止，个人对普遍性的要求以及全面发展的趋势就开始显露出来。自动工厂消除着专业和职业的痴呆。"[①] 信息技术的广泛应用是整个社会个人对普遍性的要求及全面发展的趋势的真正开始。

手工磨是人手的延伸，蒸汽磨是对人力的代替，而计算机磨是人脑的延伸和代替。马克思曾说过："手工磨产生了封建君主的社会，蒸汽磨则产生了工业资本主义社会。"那么以此类推，计算机的出现意味着信息化资本主义社会的产生。随着信息技术的发展，尤其是互联网技术的出现，使生产力的发展获得了倍增的力量。市场无论从规模还是形态都发生了巨大的变化，而资本也越来越脱离实际的生产，现代信息通信技术的不断更新，为资本的全球流动提供了发达的技术基础，也促使资本所有制形式发生了很大的改变，由一国内的资本联合发展为跨国的资本国际联合。资本在更高的水平和规模上实现了其自身形式的转变，与这种转变相伴随的是席卷世界的资本全球化和私有化的浪潮。新技术革命所带来的生产方式技术基础的改变为资本摆脱国家的束缚创造了条件，首先发端于英美等发达国家的私有化浪潮正是这一转变的具体表现。当资本冲出自身国家的界限而走向世界时，它的第一个任务就是摧毁发展中各国对资本自由流动的限制，并实现与发展中国家资本的联合，由此发展中国家的私有化也成为资本全球化的迫切需要。实现这一切仅有技术和私有化是不够的，必须有发达统一的全球市场，只有通过市场资本才能实现交换和流通，技术的发展使市场发生了根本的改变，无论从时间还是空间都得到了空前的扩展，也为资本的全球流动创造了条件。因此，自由化、私有化和市场化成为20世纪80年代后资本全球化的主要手段。新自由主义兴起正是迎合了资本所有制形式变化的这一趋势，成为资本全球化的理论武器。

三、生产演进与大企业的发展

(一) 大企业生产的新特点

如果说早期大型企业的发展把单一品种商品大规模生产推向最高点，那么在

---

① 马克思，恩格斯. 马克思恩格斯选集（第1卷）[M]. 北京：人民出版社，1995：169.

信息技术的带动下，新型网络化生产在应对单一品种大规模生产的基础上，在生产中实现了同类产品不同品种的及时变换，即多品种小批量的柔性生产，这种生产本质上是在更大规模基础上展开的。同时，有人所说的同一大企业生产组织网络中也生产不同类的产品，这本身并不矛盾，以前这些不同类的产品虽然从完成形态上看是不同的，但是基本上源于共同技术，或是产品生产的产业链条上的不同环节的独立化。而在今天，当企业本身成为商品时，同一生产网络中就不仅包括源于共同技术和产业链中间环节独立形成的新产业，而且可能包括具有完全不同的技术来源和产业环节的产品的生产，以及各种为生产服务的机构。这种新的大型企业的网络状组织构成反映的是资本在更高层次和更大规模上组织生产的能力，也是资本国际联合的具体表现。它表明资本所有制已经由一国内的垄断资本发展为私人垄断资本的国际联合。

笔者也看到另一种现象，即在大企业发展的同时中小企业也得到迅速发展，但在这一现象的背后是中小企业对大企业的依附性在不断加剧发展，中小企业围绕若干大企业的产业集聚或集群现象，就是具体的表现。因此一旦某一领域的大企业发生危机，与此有关的中小企业都将受到冲击。产业越发展，大企业的骨干和支柱作用也越明显。而且大企业内部分工的外部化，还可能对外部的中小企业产生内卷的作用，使中小企业虽然保持形式上的独立，但是在产业分工上深深地植入大企业的分工体系中。而社会分工的内部化，又使很多大企业外部的中小企业被并入大企业之中，使大企业的规模不断扩大，形成跨产业、跨行业、跨地区，甚至跨国的大型企业集团。

大型企业的出现和发展是资本主义发展到垄断阶段的重要标志，但这是否就改变了资本主义竞争的本质却有不同的认识。保罗·巴兰和斯威奇就认为大型垄断企业的广泛存在使垄断成为垄断资本主义时代的一般特征。他们认为以往的马克思主义者都忽略了这一点，对经济活动始终停留在竞争的假设上。即使列宁认识到了发达资本主义国家垄断所占的统治地位，但是也没有"企图去探究垄断统治对于作为其基础的资本主义经济的运转原理和'运动规律'所造成的后果"。[①]笔者认为，他们的认识存在问题，虽然现代资本主义经济由于大型企业的广泛存在使垄断成为一个普遍存在的现象，但是这并没有改变资本主义经济竞争的本

[①] 保罗·巴兰, 保罗·斯威奇. 垄断资本 [M]. 北京: 商务印书馆, 1977: 12.

质。现代资本主义经济和列宁所论述的资本主义垄断企业间竞争没有什么根本不同,现代资本主义仍然是竞争为主。但这种竞争已经由中小企业间的竞争为主发展为巨型公司间的竞争为主,竞争的主体发生了变化,但并不表明竞争本身改变了。这是斯威奇和巴兰认识混乱的地方,他们只看到了大型企业对一定部门和市场的垄断,而没有看到在不同大型企业之间的竞争并没有因此而有丝毫的减轻。

(二) 大企业与市场调节

钱德勒认为,之所以出现现代工商企业,即大型企业,是因为经济活动量达到了一定的程度,使管理上的协调更加重要,也使现代工商企业的内部管理协调比市场协调更加有效率和更有利可图。因此他认为,"现代工商企业在协调经济活动和分配资源方面已取代了亚当·斯密的所谓市场力量的无形的手。市场依旧是对商品和服务的需求的创造者,然而现代工商企业已接管了协调流经现有生产和分配过程的产品流量的功能,以及为未来的生产和分配分派资金和人员的功能"[1]。而"经济活动量的增加是与新技术和市场的扩大同时来到的。新技术使前所未有的产品的产出和转运成为可能。扩大的市场则是吸收此种产出所必不可少的。因此现代工商企业首先是在这样一些部门和工业中出现、成长并继续繁荣,这些部门和工业具有新的先进技术,而且具有不断扩大的市场"[2]。新技术出现、分工的深化和广化、市场的扩大,也使得生产社会化程度不断加深,范围不断扩大。笔者认为,钱德勒仅从企业之间的比较(传统企业和现代公司)和一般意义上技术与市场的扩大来理解企业内部管理协调对市场协调的逐步代替,没有从更宏观的层面和历史与制度的视角来理解这种现代公司内部管理协调作用的历史意义,他认为"这种新的经理式企业并没有取代市场而成为决定商品和服务生产的主要力量"。但是他也看到了"随着大企业的成长和对主要经济部门的支配,它们改变了这些部门乃至整个经济的基本结构"[3]。最初新兴的大企业取代市场的协调和连接职能的只是出现在"技术革新和市场扩大使产量高速度、大

---

[1] 小艾尔弗雷德·D. 钱德勒. 看得见的手——美国企业的管理革命 [M]. 北京:商务印书馆,1987:1.
[2] 小艾尔弗雷德·D. 钱德勒. 看得见的手——美国企业的管理革命 [M]. 北京:商务印书馆,1987:8.
[3] 小艾尔弗雷德·D. 钱德勒. 看得见的手——美国企业的管理革命 [M]. 北京:商务印书馆,1987:11.

幅度增长的少数经济部门或工业。但随着技术的发展和市场的扩大,通过管理进行的协调在越来越多的经济部门取代了市场的协调"。①

在新的全球市场的形成过程中,跨国公司的出现使企业的边界超出了原来的国家间的地理边界,同时公司对资源的调控也具有了全球的能力,而这种调节也打破了原有的一般意义上的原料和产品的调节,包括对公司内部和外部围绕公司存在的各种类型的企业的生产销售的直接和间接的调节。这种新的职能的出现,必然要求各国政府管理职能相应改变。从目前已经发生的来看,就是政府管制的放松和全球市场规模的形成和不断扩大。随着全球市场规模的扩大和全球竞争的加剧,资本流动也加剧了,但是相应的全球范围的管制和治理却远远滞后。

钱德勒认为,新技术的发展和扩大的市场引起了管理协调的必要性,而市场机制却由于生产和分配过程的复杂而不能有效地加以协调,大企业由于自身特殊的地位自然地担负这个职责,这样少数大型企业的内部管理协调就逐步代替了市场的调节功能,原属市场的调节功能越来越多地内部化为企业的内部管理协调功能。"现代工商企业在协调经济活动和分配资源方面已取代了亚当·斯密的所谓市场力量的无形的手。"② 笔者认为这是生产社会化所带来的必然结果,大型企业的发展和扩张本身就是生产社会化的一种形式,只是钱德勒没有意识到这点,但他也有意无意地看到了这种社会化大生产所带来的对社会生产进行协调的要求。只是他的这种协调仍然局限于少数大企业内部,他只看到了社会分工内部化所带来的对部分市场的替代,而没有看到企业内部分工外部化所产生的内部协调向外部协调的扩张,当这种内部协调的外部化达到一定的程度,也就是生产的社会化达到一定的程度,对整个社会生产的规划和协调就成为一种必然的要求,这才是真正的历史发展的规律性趋势。而钱德勒的经理层的崛起可以看作为未来实现整个社会生产的规划和协调提供人力和组织方面的准备,就这点来看,钱德勒的认识还是有意义的。

有人认为大企业的计划性已经引起了资本主义性质的改变。对此列宁曾经明确地说过:"尽管托拉斯有计划性,尽管资本大王们能预先考虑到一国范围内甚

---

① 小艾尔弗雷德·D. 钱德勒. 看得见的手——美国企业的管理革命 [M]. 北京:商务印书馆,1987:11.

② 小艾尔弗雷德·D. 钱德勒. 看得见的手——美国企业的管理革命 [M]. 北京:商务印书馆,1987:1.

至国际范围内的生产规模,尽管他们有计划地调节生产,我们还是处在资本主义下,虽然是在它的新阶段,但无疑还是处在资本主义下。"① 今天看来这个论断还是正确的。虽然资本主义对经济的干预和生产的计划性增强了,但是并不表明资本主义制度性质本身发生了改变。资本主义的这种干预和计划是事后的、被迫的。而大型跨国公司内部的计划性的增强是生产管理的现实需要,内部分工的细化和规模的扩大使公司内部的组织协调功能的要求提高了。外部竞争越激烈,公司内部的计划性就越加强。由于分工的相互转化和结合,公司内部计划向外溢出逐步侵占了外部市场无计划调节的范围,尽管是有意义的,但是只要私有制的基础不改变,资本所有制的性质就不会变,无论计划程度有多高,这种计划不过是资本用以调节自身生产的手段而已,是为资本的利益服务的,因此不会引起所有制性质的改变。

(三) 大企业与所有制的变化

大型企业的出现使资本所有制也发生了变化,大型企业往往都是股份制企业。这导致了企业所有权和控制权的分离,直接表现为企业管理层对企业的实际控制权加强,但这种分离是否影响和改变了资本所有制的性质也引起了广泛的争议。钱德勒与保罗·斯威奇和巴兰关于现代资本主义企业管理层的认识就不一样。钱德勒认为:"由于获得了原先为市场所执行的功能,现代工商企业已成为美国经济中最强大的机构,经理人员则已成为最有影响力的经济决策者集团。因此,在美国,随着现代工商企业的兴起,出现了所谓经理式的资本主义。"② 斯威奇和巴兰则持相反的看法,他们认为即使在这种所谓的经理式的资本主义时代,仍然是大股东真正地掌控着企业,和以前并没有发生根本的变化。他们认为从表面看由于所有权和控制权的分离使经理部门不受股东的控制,但在实际上,"经理们是在最大的所有主当中的;由于他们所处的战略地位,他们的作用是充当所有大规模财产的保护人和发言人。他们远远不是一个单独的阶级,而是实际上构成了有产阶级的领导阶层"。③

但是也有人认为,"操纵着国家最重要的经济资源和接受大部分政府慷慨赠

---

① 列宁. 国家与革命 [M]. 北京:人民出版社,2001:63.
② 小艾尔弗雷德·D. 钱德勒. 看得见的手——美国企业的管理革命 [M]. 北京:商务印书馆,1987:1.
③ 保罗·巴兰,保罗·斯威奇. 垄断资本 [M]. 北京:商务印书馆,1977:39-40.

予的美国巨型公司的总裁们，甚至对他们的股东都是不负责的"。① 生产社会化的扩展和大公司股权分散化导致所有权和经营权的分离，"因而劳动也已经完全同生产资料的所有权和剩余劳动的所有权相分离"。② 这样所谓资本主义自由竞争企业的私人所有权基础几乎不复存在，大公司往往成为高层经理人员所掌握，名义上的股东其实对公司经营构不成什么直接的干预。这种大公司两权分离的形式，成为"所有那些直到今天还和资本所有权结合在一起的再生产过程中的职能转化为联合起来的生产者的单纯职能，转化为社会职能的过渡点"。③

第二节 私人资本的国际联合与新自由主义的兴起

一、私人资本的国际联合与市场扩张

以前由于受到技术和市场规模、形态的限制，资本的全球流动非常有限，资本的扩张主要表现为商品输出和直接的资本输出，这种输出方式是建立在本国大工业生产的基础上，资本的对外扩张以寻找和扩大市场的直接消费需求为主要目标，殖民地的建立是主要的市场扩张手段。"二战"后，由于殖民体系的瓦解，原有的商品和资本输出方式已经无法满足资本生产扩张的需要。而以计算机技术为代表的信息技术在生产中的广泛采用使资本的生产规模以空前的速度增长，交通运输工具的改进、信息通信技术的发展极大地改变了全球市场的形态和规模。在资本输入地直接建设工厂可以方便地利用当地廉价的劳动力和资源，既解决了生产能力扩张的需要，也将生产与市场直接连接在一起，使生产的地理空间向全球延伸。与此同时，生产与需求的冲突也在全球范围内以更大的规模展开。在信息网络和通信技术的推动下，市场形态发生了革命性的变化，实现了从有形向无形市场的转化，这种转化使市场突破了空间和时间的限制，也为金融资本的全球

---

① 罗伯特·赖克. 国家的作用[M]. 上海：上海译文出版社，1994：39.
②③ 马克思. 资本论（第3卷）[M]. 北京：人民出版社，1975：494.

流动提供了广阔的空间。由此，资本扩张的形式发生了巨大的变化，由商品输出和资本输出发展到对外直接投资和金融资本输出。而这种新型的市场也为资本在全球范围展开竞争和联合提供了物质条件。资本间的竞争也从国内发展到在全球范围内展开。例如，美国两大通讯公司 BT 和 MCI 在全球市场争夺中是既联合又竞争，它们共同瓜分了南美市场，但是在欧洲市场却是一种激烈的竞争关系。[①]

世界市场的形成有赖于大工业的发展和与之相适应的生产条件的不断改善，包括工厂内分工的发展，机器制造业的普及，交通运输条件的改善等。因此"一旦与大工业相适应的一般生产条件形成起来，这种生产方式就获得一种弹力，一种突然地跳跃式地扩展的能力，只有原料和销售市场才是它的限制"。[②] 借助便宜的机器产品和先进的交通运输业，资本不断地扩张自己的范围，用"机器生产摧毁国外市场的手工业产品，迫使这些市场变成它的原料产地"，[③] 不断夺取国外市场。随着资本的扩张，"一种和机器生产中心相适应的新的国际分工产生了，它使地球的一部分成为主要从事农业的生产地区，以服务于另一部分主要从事工业的生产地区"。[④] 这绝不是所谓资源禀赋差异造成的分工，也不是比较优势发展的结果，而是资本主义生产规模不断扩大和狭隘的需求矛盾冲突的结果。它必须不断地去寻找新的市场，以满足自身生产不断扩大的需要，它只需要消费市场和原料产地，因此这种分工是最符合资本的要求的。

随着资本的发展，资本从生产领域脱离而成为独立的商业资本，商业资本进一步发展为借贷资本，最终独立为金融资本，金融资本不仅脱离了生产领域，也脱离了流通领域。而机器大工业时期的国际分工也已基本形成，金融资本是在更高级的层次上，在全球范围内组织生产、调配资源。如果说大工业时期的资本还主要是关注国内的生产，那么已经具有了世界眼光的资本，开始从全球范围的生产组织考虑问题了，因此必须有一种新的国际分工体系来代替旧的国际分工。在这种分工体系下，资本不再是生产的直接组织者，而成为资源的控制者，通过对原料、生产和市场的控制来获取利润。原来的资本通过控制生产来控制市场，今天新技术和分工发展导致产业链的拉长，使设计、研发等部门和生产分离，资本

---

① Aysar P. Sussan, Jong - geun O. H. Transnational strategic alliances in the telecommunications industry [J]. Computers ind, 1996, Engng31 (1/2): 41-44.
②③④ 马克思. 资本论（第1卷）[M]. 北京：人民出版社, 1975: 494-495.

通过控制技术来控制生产,并进而控制市场。

如果说在以前资本通过控制企业生产来实现利润,那么现在企业本身就是商品,直接投资就是输出企业。这种特殊的商品,今天已被资本输往世界各地,并被作为商品进行交易。特别是以私募基金为主的联合的私人资本,通过大量资本的流动转移,买卖公司本身来获利,使公司所有权经常发生迅速的改变。公司本身成了盈利的工具,成了交易的商品。这种所有权和经营权的分离所引起的所有权的频繁变更,导致所有者对公司长期经营能力的漠视,只看重短期效果,最主要的是通过股票、债券等资本市场进行投机操作,在短期内制造大量的资产泡沫,引发整个经济体系的不稳定。

二、新自由主义思想及其影响

(一)新自由主义产生的背景

新自由主义思想形成于 20 世纪二三十年代,代表人物是米塞斯、哈耶克和弗里德曼。新自由主义之为新,主要是针对古典自由主义而言的,新自由主义继承了古典自由主义的思想,坚持自由放任的市场原则,反对政府对经济的干预,但也同意政府对市场法治和规范的积极作用。新自由主义内部也有不同的派别,极端的新自由主义反对任何形式的政府干预。新自由主义本质上是改头换面的激进保守主义。说其激进,是因为它在用一种激进的方式推行保守主义的思想。它在意识形态上是保守的、反动的,但是在行动上是积极的、极富侵略性的。以极端的利己主义为价值形态的基础,以所谓的帕累托最优为判断依据,以效率为导向的成本收益原则为指导,归结起来就是个人利益的最大化。而这里的个人一旦为资本所附着,个人的利益最大化就表现为资本的利益最大化,个人的私利和资本的贪欲,两者在这里找到了共同点,实现了结合。

新自由主义出现后恰逢大萧条爆发,为拯救崩溃的资本主义经济,政府干预成为资本主义国家不得不采取的措施,罗斯福新政和凯恩斯主义都是这种背景下的产物,因此新自由主义出现后并没有受到重视。但是到 20 世纪 70 年代,石油危机的爆发使发达资本主义国家尤其是美国经济陷入以高通胀和高失业为标志的滞胀,从而导致了凯恩斯主义的破产。西方国家急需一种新的理论来指导摆脱滞胀,新自由主义终于受到了重视。在新自由主义理论的推动下,迎合私人资本全球扩张的需要,开始了一场长达数十年的席卷全球的私有化浪潮。直到 20 世纪

90年代，华盛顿共识的形成标志着为资本全球扩张服务的新自由主义理论的最后完成。此后自由化、市场化、私有化成为资本全球扩张的理论依据，资本在全球扩张的同时也演绎着一次次的危机。

私有化开端于英美等国，它反映的是现代资本主义发展的客观要求，即从资本国家垄断向国际垄断的转变，为国际间私人资本的垄断联合开辟道路。随着全球市场的形成和资本扩张，原有的政府管制也成为要建立世界市场和全球联系的资本的扩张所不能忍受的桎梏，因此新自由主义的兴起也是一种对现实资本主义发展的反映，它一方面是资本冲破本国（一般为发达国家）的限制，另一方面又使发展中国家打开市场大门，为全球市场的形成创造条件。发展中国家的私有化为跨国公司提供了新的机会，也为它们在全球范围内展开资本争夺创造了条件（Sussan，1996）。借助先进的技术，私人资本第一次开始了全球意义上的联合，首先通过私有化打破国内的限制，接着通过自由化和私有化打破外部的限制，从而实现全球的自由扩张，这才是问题的实质。

新自由主义推行的直接后果是，20世纪70年代以后，美国的实际工资持续下降，不平等程度不断扩大。而近些年这种现象也出现在欧洲和日本。"几乎在所有发达国家，都仅仅是一部分有钱人更加富裕，大多数人年复一年走向贫困。具有讽刺意义的是，在一些社会主义国家崩溃以后，似乎终于出现了马克思、恩格斯曾经在《共产党宣言》中所预言的不平等扩大和大多数人走向贫困化的现象。"[①] 同时在世界范围内，在自由放任的全球市场的形成中，资本的扩张使不同国家之间的经济发展差距越来越大，财富更迅速地流向发达国家，留给广大发展中国家的是贫穷和落后。

（二）哈耶克的思想

哈耶克与19世纪自由主义者的区别，按他自己的话来说，就是重视政府在法治方面和维护市场秩序与个人自由方面的作用。哈耶克认为，政府应制定明确的规划使人们能有所依据和判断，民主如果没有法治的环境很可能会导致极权。即使政府的行为符合法律的规定，但"特定的立法能够破坏法治"，[②] 因此关键不在立法，而在法治。如果政府能创造一个法治的环境，保证人民的经济自由，

[①] 山口重克. 市场经济：历史·思想·现在 [M]. 北京：社会科学文献出版社，2007：166.
[②] 弗里德里希·奥古斯特·哈耶克. 通往奴役之路 [M]. 北京：中国社会科学出版社，1997：83.

专政也可以产生民主。

哈耶克虽然强烈地支持市场自由原则，但是也试图说明自由主义并不反对政府干预，自由主义原则和政府的干预是不矛盾的。只要政府在生产方面制定的各种法律、规定的目的"在于使其成为永久性的规则，并且并不是用来偏袒或损害某些个人的时候，它们并不和自由主义原则发生矛盾"。① 他认为："'自由放任'一词是对于自由主义政策所依据原则的非常模糊不清的容易引起误解的描述。"② 政府对经济的干预是很正常的，问题的关键是"个人能否预见到政府的行动，并在制订自己的计划时，利用这种了解作为依据"。③ 因此一般地谈论市场自由与政府干预并不能看到问题的实质。哈耶克强调，"私有制是自由的最重要的保障，这不单是对有产者，而且对无产者也是一样"。④ 笔者认为私有制才是最关键的，但它对于有产者和无产者的作用是不一样的，资本的自由必然导致人民的不自由，而不是哈耶克所说的经济的不自由导致政治的不自由，因为在资本所有制下人民在经济上与资本相比从来是不自由的。但哈耶克也看到了生产资料所有制才是问题的关键，如果生产资料公有制，那么资本的自由就被剥夺了⑤。总体来看，笔者认为哈耶克鼓吹的依然是小资产私有者的狭隘的追求。自由生产和交换的权利不受政府的约束，这种说法在资本主义制度下是有意义的。哈耶克可以被看作小资产者的代言人，大垄断资本往往凭借国家的权力进行市场的控制，使中小资本的利益受到损害，因此哈耶克主张给予中小资本自由。哈耶克始终强调所谓的个人自由，他不考虑生产资料的所有制，而一般地谈个人自由，往往容易迷惑人。实质上资本主义制度内的个人自由，更多地表现为资本的自由，因为在生产资料占有不平等的条件下，不可能有真正的个人的自由。哈耶克所谓的自由只是给人们制造了一种幻觉，它就像麻醉剂一样麻醉人民的思想，维护资本的统治。

---

①②③ 弗里德里希·奥古斯特·哈耶克. 通往奴役之路 [M]. 北京：中国社会科学出版社，1997：81.

④ 弗里德里希·奥古斯特·哈耶克. 通往奴役之路 [M]. 北京：中国社会科学出版社，1997：101.

⑤ "只是由于生产资料掌握在许多个独立行动的人的手里，才没有人有控制我们的全权，我们才能够以个人的身份来决定我们要做的事情。如果所有的生产资料都落在一个人手里，不管它在名义上是属于整个'社会'的，还是属于独裁者的，谁行使这个管理权，谁就全权控制我们。"（哈耶克，《通往奴役之路》，101页，1997）这里的我们显然是资本的所有者。

哈耶克认为，计划经济使人们失去了选择职业的自由。但是他忽略了一点，人们除了选择职业的自由，还应该拥有参与管理和决策的权利和自由。这种权利和自由，在私有制下是无法真正实现的。同时他还认为计划需要单一目标，多目标造成的冲突不如没有计划，但是计划目标的统一可能产生极权。笔者认为，哈耶克持这种观点的原因在于他对计划的认识是有局限性的，他的计划仅停留在行政命令的层次上。这种资本主义国家政府对经济生活的干预马克思也是反对的。计划调节生产在马克思看来是一种生产方式自然演化的结果。社会计划是一种生产发展的产物，大生产的组织方式客观上要求对生产进行计划安排，要求国家对经济生活进行干预。这种趋势在一些发达的资本主义国家体现得更明显。例如，法国、日本等都有各种发展计划，美国也有产业政策的调节。对于落后的国家迅速改变面貌来说，无论哪种制度，计划都是必不可少的，东亚奇迹就是证明。新加坡、韩国、中国台湾等国家和地区一直有相应的发展计划。社会主义的计划是建立在社会主义公有制基础上的，更能激发人们的热情和干劲，因此社会主义国家施行计划在开始也都发挥了巨大的作用。

笔者认为，哈耶克关于自由的思想本身是矛盾的，他一方面继续赞扬个人的自由，另一方面又不得不面对现实对计划和政府作用的客观要求。他一方面鼓吹自由，另一方面又把自由寄托在政府的保护上。这种矛盾根源于他不承认资本的自由和人民的自由是不一样的，资本所有制下的自由只能是资本的自由，因此越强调经济自由的结果就是更多的资本自由。哈耶克也在追求一个自由的国家，这个国家给予它所保护的个人应有的自由，使个人在国家的保护下享有充分的经济自由选择的权利，国家不加以任何干涉，只有在需要的时候用法治加以调节。因此他一方面反对这个国家，另一方面又不得不乞求于这个国家，将希望寄托在政府的自律和法治上。而就自由本身来讲，哈耶克与马克思相比远不能称为一个真正彻底的自由主义者，因为他的自由很容易沦为资本的自由。他一方面批判国家对个人的强制，另一方面又不得不依靠国家的强制，用资产阶级国家反对它本身的做法是牵强的，因此最后他将自由寄托于人的道德。

笔者认为，哈耶克矛盾的关键是将国家资本主义和社会主义混为一谈。哈耶克真正的批判对象是纳粹德国的国家资本主义，这点可能连他自己都没有意识到。从他承认马克思主义中包含的自由主义思想成分可以看出，他并没有理解什么是真正的马克思主义。在某种意义上，马克思才是一个真正彻底的自由主者。但这种自由建立在阶级消灭和国家消亡的基础上,是一种真正彻底的个人的自由,和哈耶克所谓的个人自由有本质的区别。哈耶克的个人自由是建立在私有制基础上的,这就决定它不可能是人民的自由,而只能是资本的自由。哈耶克的个人自由首先是有阶级局限的,其次是不彻底的。他虽然通篇在讲自由,但没有真正地搞清自由的含义。同样,很多所谓的马克思主义者和社会主义者也没有理解这一点。他们只看到社会主义社会可能的组织形式,却忽视了社会主义是一种生产力、生产方式演进的自然结果,从而陷入哈耶克所说的可能的极权。单就这一点,纳粹德国和苏联也有本质的区别。纳粹虽然打着国家社会主义的旗号,本质上是资产阶级的国家专政,是一种国家资本主义,是垄断资本和国家政权的结合,因此它有发动大战的内在冲动;而苏联则是过于强调对规律的认识和人的主观能动性,而忽视或弱化经济规律的自我发展,虽取得巨大的成就,但也埋下了失败的祸根,它的问题和哈耶克所说控制经济自由导致极权和奴役完全不同。

(三)弗里德曼的思想

与哈耶克相比,弗里德曼强调更少的政府干预。他认为政府的存在是为了保护自由,但是权力集中于政府又是对自由最大的威胁,因此他主张限制政府的职责范围,分散政府的权力。弗里德曼认为有两种办法来协调千百万人的活动,一种方法是使用强制手段的中央指挥;另一种方法是通过市场,个人的自愿结合。这种自愿结合必须使经济交易的双方都可以从中获利,而且不带欺骗性。这样市场的交换就不用强制自动可以协调。这种"通过资源交换所组成的社会的一个发生作用的模型是一个自由的私人企业交换经济——即我们一向称之为竞争的资本主义"。[1] 在弗里德曼看来,这种竞争的资本主义"是一个经济自由的制度,并且是政治自由的一个必要条件"。[2] 弗里德曼确实说到了问题的实质,所谓竞争的资本主义的自由到底是谁的自由,这种自由不是所有人的自由,真正享有这种自由的是自由的私人企业,也就是资本家的自由。正如弗里德曼自己所承认的,"在一个有自由市场的社会里,有了资金便有了一切"。[3] 与其他新自由主义者相比较,弗里德曼确实很坦率。

---

[1] 米尔顿·弗里德曼. 资本主义与自由 [M]. 北京:商务印书馆,2004:17.
[2] 米尔顿·弗里德曼. 资本主义与自由 [M]. 北京:商务印书馆,2004:7.
[3] 米尔顿·弗里德曼. 资本主义与自由 [M]. 北京:商务印书馆,2004:23.

第四章 私人资本的国际化路径：跨国联合与全球危机

恩格斯曾经说："在自由竞争这种社会状况下，每一个人都有权经营任何一个工业部门，而且，除非缺乏必要的资本，什么也不能妨碍他的经营。这样，实行自由竞争就是公开宣布：从今以后，只是由于社会各成员的资本多寡不等，所以他们之间才不平等，资本成为决定性的力量。"① 在工业革命后，随着大工业代替了手工工场，自由竞争也代替以前的行会制度。随着技术和分工的发展，资本主义生产力获得极大的发展，相应的生产组织形式也已发生根本的改变，这在前面已有说明。"自由竞争在大工业发展初期之所以必要，是因为只有在这种社会状况下大工业才能成长起来。"② 但是弗里德曼的思想却始终停留在工业革命的早期阶段，把自由竞争看作资本主义永远不变的理想状态。

正是如此，弗里德曼认为竞争的资本主义"以它的简单形式而论，这种社会包含许多独立的家庭——好像是许多不同的鲁滨逊"。③ 这里的人与人之间的社会关系没有了，人都成了孤立的、脱离社会而存在的个人。弗里德曼和斯密、李嘉图一样把这种鲁滨逊式的个人看作"不是历史的结果，而是历史的起点"。④ "因为，按照他们关于人类天性的看法，合乎自然的个人并不是从历史中产生的，而是由自然造成的。"⑤ 笔者认为这是一种错觉，这种错觉从古典经济学到新古典经济学，从自由主义到新自由主义一直存在。就如马克思所说："这样的错觉是到现在为止的每个新时代所具有的。"⑥ 今天的"弗里德曼们"依然在重复着他们的前辈们所犯的时代错误⑦。不仅如此，今天的新自由主义更把这点推到了极端，孤立个人的存在不仅成为了历史发展的起点，更成为社会生产的基础。资本主义私人企业的生产在这里转变为每个个人的生产，每个人都为自己生产，除非有好处才去交换。"双方均能得到好处，交换才能发生。"⑧ 资本家为追求利润而生产也被转变为为了获利而交换，生产却不一定是为了交换，这就抹杀了商品生产的实质。关于鲁滨逊的问题马克思早已有清楚的说明，他说："人是最名副其实的社会动物，不仅是一种合群的动物，而且是只有在社会中才能独立的动

---

①② 马克思，恩格斯. 马克思恩格斯选集（第1卷）[M]. 北京：人民出版社，1972：215.
③⑧ 米尔顿·弗里德曼. 资本主义与自由 [M]. 北京：商务印书馆，2004：17.
④⑤⑥ 马克思，恩格斯. 马克思恩格斯选集（第2卷）[M]. 北京：人民出版社，1972：87.
⑦ 马克思曾经对此专门批判过李嘉图的错误，"他让原始的渔夫和原始的猎人一下子就以商品所有者的身份，按照物化在鱼和野味的交换价值中的劳动时间的比例交换鱼和野味。在这里他犯了时代错误，他竟让原始的渔夫和猎人在计算他们的劳动工具时去查看1817年伦敦交易所通用的年息表"（《资本论》第1卷，93页脚注，转引自《政治经济学批判》，1975）。

物。孤立的一个人在社会之外进行生产——这是罕见的事,偶然落到荒野中的已经内在地具有社会力量的文明人或许能做到——就像许多个人不在一起生活和彼此交谈而竟有语言发展一样,是不可思议的。"① 鲁滨逊在流落到荒岛的同时也把岛外的生产关系带到了岛上。他不是一个孤立的个人,而是一个已经具有了丰富的社会生产经验的社会人②,因此鲁滨逊的生产从一开始就具有社会生产的性质。

(四) 市场自由的逻辑

前面已经说明生产的社会化程度的不断提高,相应对生产的组织管理也不断提出新的要求,也就是计划性的加强,即企业内部生产组织计划的外溢,这是一个生产社会化带来的必然的结果。这种计划是自下而上自发形成的,和自上而下的计划有很大的不同,常常被人们所混淆。新自由主义者其实也看到了这点,但是他们不愿意,也没有勇气正视历史的现实。因为他们没有理解马克思关于新旧分工的区别,只看到旧分工对人的束缚,认为中央计划必然带来对个人自由的剥夺,提出经济自由是政治自由的手段,没有经济自由也就没有政治自由。这句话从表面看和马克思所说经济基础决定上层建筑似乎是很相似的,而实质上所说的是一种小私有制条件下的政治自由。笔者认为,哈耶克、弗里德曼始终生活在一种幻想中,即彻底的、小私有制构成的小农经济中,这是一种中国古代老子所说的"鸡犬之声相闻,老死不相往来"的田园诗般的自然的小农经济。在此基础上,自由主义又进了一步,就是除了"相闻",还要"往来",就是交换剩余产品,市场出现了,每个人都把产品拿到市场上去交换,然后拿着换到的产品回到个人的小天地去,继续这"不相往来"的田园生活(笔者看来,这种小农经济的乌托邦以前没有,以后也永远不会出现)。

由于市场信息的不完全,并不是每个人的产品都能够被交换。同样会有不同的人生产相同的产品,每个人都想把自己的产品和别人的产品进行交换,这样竞争就出现了。有了竞争就有激励,每个人为了换出自己的产品都会想办法,采用新技术,提高产品的质量,而随着相互之间交换的产品越来越多、越来越复杂,货币出现了,它成为一种媒介,每个人都可以用货币换取自己需要的任何东西,

---

① 马克思,恩格斯. 马克思恩格斯选集(第2卷)[M]. 北京:人民出版社,1972:87.
② 就如马克思所说,"我们这位从破船上抢救出来、账簿、墨水和笔的鲁滨逊,马上就作为一个道地的英国人开始记起账来。"(《资本论》第1卷,93页,1975)

这时对货币的追求代替了对产品的追求，但很快这种情况就随着分工协作的扩大被打破了，作坊出现了，因为有的产品一个人无法完成，只有和别人一起分工协作，共同来生产，产品越来越复杂，需求量越来越大，迫使分工协作范围进一步扩大，工场手工业出现，进一步机器大工业出现了。原来可以在家自由生产再到市场自由交换的自由的小私有农民现在大多数成为工厂的工人。自由交易的市场从此成为一个永远的梦，个人再也不能自由地交易产品了（当然他自己的劳动力还能交易，这也是他唯一可以交易的商品了），也不能自由地回家了，他必须服从工厂的纪律。当然他也可以自由地辞职回家，但除非他想饿死，否则这种情况很少出现。这时的曾经自由的小私有农民成为了严格遵守纪律的产业工人，关于他在成为工人前如何自由地与工场主签订合法的双方自愿契约，马克思在《资本论》第一卷已经分析得很透彻了，本书在前面也已做了简要的介绍。

终于伟大的信息时代和知识经济时代开始了，昔日站在机器旁操纵的蓝领工人，开始更多地进入办公室，通过计算机控制机器，工作条件有了很大改善。而此时，产品生产的分工协作仍在继续扩大，而且更为迅速和猛烈，产品的复杂程度也到了以前无法想象的程度。信息技术被广泛地采用，不仅在生产过程中，也体现在产品本身上。分工的不断细化使人们日益加剧地被固化在分工体系内，自由交易的梦想越来越远了。真正的市场自由的受益者始终是那些资本的拥有者。因此只要资本主义市场经济私有制的基础不改变，市场自由对于普通劳动者永远只能是一个梦。

三、资本自由化与全球市场的形成

（一）资本的全球扩张

资本主义为了获取更多的利润和利益，必然竭力扩大生产规模和市场范围。扩张的结果就是开创了"世界历史"。马克思、恩格斯在《共产党宣言》中指出："资产阶级，由于开创了世界市场，使一切国家的生产和消费都变成世界性的了。"[1] "资产阶级，由于一切生产工具的迅速改进，由于交通的极其便利，把一切民族甚至最野蛮的民族都卷到文明中来了。……它迫使一切民族——如果它不想灭亡的话——采用资产阶级的生产方式；它迫使它们在自己那里推行所谓的

---

[1] 马克思，恩格斯. 马克思恩格斯选集（第1卷）[M]. 北京：人民出版社，1995：276.

文明,即变成资产者。一句话,它按照自己的面貌创造出一个世界。"①

马克思曾指出:"资本创造绝对剩余价值——更多的物化劳动——要有一个条件,即流通范围要扩大,而且要不断扩大。……因此,以资本为基础的生产,其条件是创造一个不断扩大的流通范围,不管是直接扩大这个范围,还是在这个范围内把更多的地点创造为生产地点。"② 因此,当资本主义的生产方式在苏联的解体和东欧剧变后迅速向全球扩张时,首先的条件就要求创造一个全球的流通市场,也就是全球化的市场。这个市场可以满足资本全球扩张的需要。而这种资本的扩张,按照马克思的说法分为两种:一种是直接的销售市场,另一种是通过对外直接投资进行扩张。这段话有助于我们理解资本全球化所必需的市场条件。但是我们也应该看到,今天的市场和当年马克思面对的市场有了很大区别,资本的形式也发生了很大的变化:一是市场的范围已扩张到全球,市场的形态也从实体形式发展到实体与虚拟市场并存;二是资本的虚拟化也发展到了非常高的程度,在一定程度甚至和实体经济发生了分离。即使如此,这种资本和市场的相互关系仍没有脱离马克思当年的论述。

资本发展不仅是流通范围的扩大和生产地点的增加,马克思还认为:"如果说流通最初表现为既定的量,那么它在这里却表现为变动的量,并且是通过生产本身而不断扩大的量。就这一点来说,流通本身已经表现为生产的要素。"③ 也就是市场的规模已经成为影响资本主义生产的制约因素。紧接着马克思说,"因此,资本一方面具有创造越来越多的剩余劳动的趋势,同样,它也具有创造越来越多的交换地点的补充趋势;……从本质上来说,就是推广以资本为基础的生产或与资本相适应的生产方式。创造世界市场的趋势已经直接包含在资本的概念本身中。任何界限都表现为必须克服的限制。"④ 笔者认为,马克思的这一表述生动反映了资本所追求的自由的本质,就是追求剩余价值,进而将资本主义的生产方式向世界推广,也反映出资本为了这种追求必然要求突破一切妨碍其形成全球市场的限制。20世纪80年代以来新自由主义在全球推行,正是这种资本扩张诉求在意识形态上的直接反映。正如马克思所说,资本扩张的本性决定了必然要形

---

① 马克思,恩格斯.马克思恩格斯选集(第1卷)[M].北京:人民出版社,1995:276.
② 马克思,恩格斯.马克思恩格斯全集(46卷上册)[M].北京,人民出版社,1979:390.
③ 马克思,恩格斯 马克思恩格斯全集(46卷上册)[M] 北京:人民出版社,1979:390-391
④ 马克思,恩格斯.马克思恩格斯全集(46卷上册)[M].北京:人民出版社,1979:391.

成一个全球性的世界市场。东欧剧变可以说解除了妨碍资本全球扩张的最大的障碍。与此同时,"华盛顿共识"的出现既是新自由主义的理论总结和完成形式,也吹响了资本向全球扩张的号角,新自由主义的出现和传播成了资本全球扩张的理论前导。自此资本在全球高歌猛进的黄金时代开始了。资本的金融化和虚拟化更使资本的扩张达到了前所未有的程度和规模。而且虚拟化的金融资本已经不再局限去直接创造剩余价值和追寻更多的剩余劳动,虽然它的本质依然未变,通过虚拟的资本市场和资本的全球流动,它可以通过间接的、掠夺其他资本的形式更迅速地获得剩余价值,也可以在更加广大的范围里追逐剩余价值。资本就这样在追求越来越多的剩余劳动的同时,创造着自身的毁灭。尽管20世纪90年代的几次金融危机特别是东亚金融危机给资本的扩张敲响了警钟,但是并未使资本停止扩张,因为对资本而言停止扩张也就意味着死亡。与此相反,资本把这几次危机看作全球扩张道路上的小插曲,把它们看成了资本扩张的条件和障碍而不是扩张的结果,进一步加快了扩张的步伐,直到2008年总危机的爆发。与此相应,本应用来对资本扩张进行监督的世界银行和IMF(国际货币基金组织)等国际机构反倒成了资本扩张的得力助手。

(二)全球市场的形成

恩格斯说:"大工业便把世界各国人民互相联系起来,把所有地方性的小市场联合成为一个世界市场,到处为文明和进步做好了准备,使各文明国家里发生的一切必然影响到其余各国。"[①] 恩格斯当时指出的由大工业而形成的世界大市场,只是一个世界市场的初级形态,还受到很多因素的制约。限于当时的技术条件,虽然新发明的电报、轮船、铁路和后来的航空使世界市场日益紧密地联系起来,货物和资本的流动以前所未有的速度进行着,但距离真正的全球市场还很遥远。只有以计算机为代表的信息技术的出现,才真正地为世界市场的形成提供了基本的技术支持。互联网的出现为世界市场的运行第一次提供了能够自我调节的中枢系统(犹如给一个机器装上了大脑),使世界市场完成了从简单的无意识的原始形态向自我意识完成形态的转变。借助网络而展开的信息传输,为资本流动和扩张,为资本的虚拟化创造了无限的空间。一切都可以在瞬间完成,时空的概念在这里不存在了。借助技术,资本第一次拥有了在全球自由行动的能力。逐利

---

① 马克思,恩格斯. 马克思恩格斯选集(第1卷)[M]. 北京:人民出版社,1995:234.

的冲动,使资本迫切地需要冲破国家的边界,粉碎一切妨碍它为利润而自由追逐的力量。在发达国家,沉寂多年的资本自我冲动的力量由于滞胀的发生而再次被激活,刚开始出现的计算机网络技术为这种冲动提供了前所未有的机遇和动力。美英等国掀起的解除管制和私有化浪潮,其实质是为解除长久以来对资本的束缚,从而放纵资本到全球的市场去搏杀。苏联的解体使世界市场的大门第一次为西方的资本打开了,全球市场第一次有了实现的可能。

第三节 资本全球危机与治理

一、金融资本全球化

希法亭认为,金融资本就是"转化为产业资本的银行资本,即货币形式的资本","即归银行支配和由产业资本家使用的资本",① 希法亭看到股份公司的发展和工业的垄断使金融资本达到它的顶点,但认为金融资本是资本自身发展的最高阶段。虽然工业发展依赖于银行资本,但这并不意味着工业资本家对银行资本家的依赖。列宁则指出这正是希法亭所忽视的地方,生产和资本的集中导致了垄断,垄断的发展使银行资本和工业资本日益融合或长合在一起最终形成金融资本。工业家和银行家的结合产生了金融寡头。马克思也指出大型股份公司的发展使"它再生产出了一种新的金融贵族,一种新的寄生虫,——发起人、创业人和徒有其名的董事;并在创立公司、发行股票和进行股票交易方面再生产出了一整套投机和欺诈活动。这是一种没有私有财产控制的私人生产"。② 这些金融贵族通过信用制度获得了"在一定界限内绝对支配别人的资本,别人的财产,从而别人的劳动的权利"。③

信用制度作为"生产过剩和商业过度投机的主要杠杆"随着市场范围的扩大引发一次比一次规模更大的危机。从近 20 年的世界经济发展看,从 20 世纪 90

---

① 鲁道夫·希法亭. 金融资本 [M]. 北京:商务印书馆,1994:253.
②③ 马克思. 资本论(第3卷)[M]. 北京:人民出版社,1975:496.

年代早期的墨西哥比索危机,到1997年的东亚金融危机,再到2008年的全球金融危机,正是这种路径演化的真实写照。但是另一方面在马克思看来,"信用制度加速了生产力的物质上的发展和世界市场的形成;使这两者作为新生产形式的物质基础发展到一定的高度,是资本主义生产方式的历史使命"。① 信用制度加速了生产扩大和市场界限两者的矛盾冲突,引起危机的爆发,但同时也"加强了旧生产方式解体的各种因素"。② 信用制度既造成了投机欺诈,也为向新的生产方式过渡创造了条件。但在资本主义所有制下,在经济的繁荣阶段往往是前者占据主导。马克思说:"在现代各民族的经济生活中,甚至还有一些阶段,所有的人都患了一种不从事生产专谋利润的狂热病。"③ 信用制度的这种双重性也体现在资本的最高形式金融资本的身上。经济虚拟化与金融衍生工具的不断创新和发展将这种两重性不断推向前进,在引发全球金融危机的同时也为新的生产方式的出现创造着条件。

二、全球危机与治理

(一)资本的全球危机

在20世纪90年代,克林顿执政时期的美国劳工部长罗伯特·赖克认为世界正在经历一场变革,而这场变革将重新安排未来世界的政治和经济。他认为:"到那个时候,将不存在国家的产品或技术,不再有国家的公司和国家的工业。届时将不再有国家的经济,至少像我们所了解的那样的概念。在国家边界以内将剩下的只是构成一个国家的人民。每一个国家的基本资产将是它的公民的技能和见识。每一个国家的基本政治使命将是应付全球经济的离心力,这种力量正在拆散把公民联系在一起的纽带——把更多的财富给予具有高度技能和知识的人,而降低较少技能的人的生活水平。"④ 赖克看到经济全球化所带来的两极分化的迅速扩大,寄希望于国家来采取措施缩小这种差距,现实的发展证明他的认识是错的,资本主义国家不仅没有采取措施缩小这种差距,相反为资本的全球扩张大开方便之门,使全球的两极分化日趋严重。他所谓的不再有国家的经济,是一种

---

①② 马克思. 资本论(第3卷)[M]. 北京:人民出版社,1975:499.
③ 马克思,恩格斯. 马克思恩格斯选集(第1卷)[M]. 北京:人民出版社,1995:171.
④ 罗伯特·赖克. 国家的作用[M]. 上海:上海译文出版社,1994:1.

完全的新自由主义的观点。2008年的金融危机证明，正是这种大力宣扬的没有国家的经济，一种在公民自由掩盖下的资本的真正自由给当今的世界带来了沉重的危机。实践证明，危机之后国家的作用不是没有了，而是更强了。危机爆发后美国应对危机的一系列措施使国家对经济生活的干预更加深入了，这种经济发展的现实恰好说明了国家经济职能虚无的新自由主义观点的破产。正如伊曼·纽尔沃勒斯坦认为的："只要有众多的国家存在，资本主义就需要强化国家结构，不是像虚夸不实之词所说的那样，要削弱它。"①

但是也要看到，经过资本全球化的推进，现代以资本主义为主导的世界市场体系已经形成。在此之前，随着"二战"后前殖民地国家纷纷独立，尤其是中国等国建立了社会主义国家，原来的资本主义殖民体系崩溃了，在这个体系下建立的世界市场也随之瓦解。斯大林曾经说过："两个独立阵营存在之经济结果，就是统一的无所不包的世界市场瓦解了，因而现在就有了两个平行的也是互相对立的世界市场。"② 分离的世界市场使资本活动的时空大大缩小，但是技术和分工的发展又为资本扩大活动的时空提供了物质条件，这种物质条件成为资本扩张的有力手段。一有机会资本就会寻求打破制约的可能。苏联的解体为资本的全球扩张打开了通路，因为世界不可能永远停留在两个独立的市场并存的时代，无论使用什么样的方法和手段，资本都要实现全球市场的经济。这也部分印证了马克思和恩格斯在《共产党宣言》中所做的预言。

恩格斯说："一种社会活动，一系列社会过程，愈是越出人们的自觉控制，愈是越出他们支配的范围，愈是显得受纯粹的偶然性的摆布，它所固有的内在规律就愈是以自然的必然性在这种偶然性中为自己开辟道路。"③ "这些盲目的规律，以自发的力量，在周期性商业危机的风暴中起着自己的作用。"④ 新技术革命所引发的市场规模前所未有地扩大，这种盲目的规律作用的范围也前所未有地扩大。以前由于市场分割而各自独立的盲目起作用的规律，在形成中的全球市场

---

① 伊曼·纽尔沃勒斯坦在书中提到了关于国家在资本主义企业中的作用的几种不同的观点。"一种观点涉及其规模，第二种观点涉及其经济影响，第三种观点则涉及其阶级内容。并指出就第一种观点来看，虽然，人们对国家卷入19世纪世界经济的程度存在着相当大的分歧意见，但似乎普遍认为，现代世界体系的早期，即至少在16世纪初，并延续至18世纪，国家在欧洲世界经济体中起着经济中心的作用"（《现代世界体系》第一卷，173页，1998）。

② 斯大林. 苏联社会主义经济问题［M］. 北京：人民出版社，1952：27.

③④ 马克思，恩格斯. 马克思恩格斯选集（第4卷）［M］. 北京：人民出版社，1972：171.

中,汇集为一股前所未有的、强大的、自发作用的力量,这种力量如不加控制,本身就具有毁灭整个市场的能力。全球市场的形成使得经济活动在全球范围内展开,由于国家政治边界的限制,资本的全球运动实际上是没有控制的。加上金融自由化和普遍的放松管制,使得全球金融市场完全受到资本自身活动的摆布。2008年的金融危机,就是信用制度发展而来的金融衍生品交易在全球规模上超过生产的界限遭遇到的崩溃。这场席卷全球的国际金融危机又一次让人们体会到了这种盲目规律作用的力量。这次危机的爆发对全球经济产生严重冲击,其危害程度远超1929年大萧条造成的影响。这次金融危机造成的危害也引起了很多人的反思。1996年亚洲金融危机的始作俑者,世界著名投资银行家索罗斯也认为,"金融资本在国际范围完全自由地游动,已被证明是不稳定因素的一个来源,需要约束控制"(《金融时报》,2009年11月11日)。这次危机之后,资本主义所有制面临一次新的调整,由于世界发展并不同质,资本仍有很大的活动空间,因此,不可能希望资本所有制立刻发生根本的变化,但是私人资本国际联合的情况肯定会受到很大的限制。全球生产体系的国家间协调将会加强,这也是企业分工计划性在更高的社会分工层面的表现,同时国家对生产的控制也将加强。

(二)全球市场的监管与治理

在新技术革命的推动下,随着资本全球化,统一的全球市场已经形成。但是这样的市场和资本主义早期的市场一样,处于自由放任的状态。它使资本的自由竞争在更大规模和更高层次上展开,也使私人资本在全球竞争的同时形成了国际垄断和联合。尽管全球市场规模和范围的扩大为资本的全球扩张提供了条件,但是仍然无法满足资本生产迅猛扩张的需要。不合理的世界经济政治秩序,使广大发展中国家成为新一轮资本扩张的牺牲品。落后的经济严重地限制了发展中国家的市场需求,进一步制约了全球市场的需求。资本的全球生产扩张一旦试图突破这种生产的限制,生产过剩和崩溃就会发生。

资本的全球化和金融化进一步扩大了这种崩溃的规模。金融资本在全球的发展使其在世界范围内形成一股独立的势力。恩格斯说:"这个大工业在资产阶级中造成了这样一个阶级,它享有全部生产工具和生活资料的垄断权,但是在每一个狂热投机的时期和接踵而来的每次崩溃中,都表明它已经无力继续支配那越出了它的权力之外的生产力"①。金融资本一次次地制造投机狂潮,随着市场范围的扩大,投机的规模也越来越大,崩溃的后果越来越严重。以私募基金的形式出现的联合的私人资本,更是经常通过投机的方式进入投资领域,特别是金融投资市场。它们往来奔走,极大地干扰和破坏了金融市场的正常运行,导致投机泡沫和危机的频频爆发。20世纪90年代的历次重大金融危机和2008年的全球金融危机都有它们的身影。私人资本内在的矛盾造成,对剩余价值的追求使资本不断地去打破市场的界限,引起一次比一次巨大的市场和生产的崩溃,因此只要资本仍控制在私人手中,这个问题就无法根本解决。相反,它将随着市场的扩张向全球扩散,它走到哪里就会把不稳定、剥削和不平等带到哪里。当然它也带去了机会、就业、收入的增长,但这些与它最终产生的破坏相比是很小的。当私人资本从实体经济中脱离出来成为一种完全的生息资本,在金融市场里"翻云覆雨"时,它的破坏性就暴露无遗。

  2008年的金融危机使世界各国认识到,自由放任的全球市场只是为资本的自由流动和投机创造了条件。私人资本在全球竞争的结果是形成了新的垄断联合,这种联合不仅通过控制全球的市场和资源实现利润,而且通过全球的金融市场进行疯狂的投机,在全球金融泡沫的膨胀中获取利益。借助网络通信技术和发达的交通工具,金融资本能够迅速地从一个部门到另一个部门,从一地到另一地,从一国到另一国快速流动,以获取高额利润。在目前世界资本主义占主导的政治经济格局下,要改变这种局面就只能对全球金融市场进行监管,加强世界各国的合作与协调,建立全球性法规和相应的监管机构。但是仅仅如此也并不能解决根本问题,因为这种全球资本所有制本身的存在就决定了危机的存在。不合理的国际经济政治秩序本身就极大地妨碍了全球市场的监管。目前的私人国际垄断资本主要是发达资本主义国家间资本的垄断联合,这种不合理的全球秩序正是符合它们的要求的。因此要防止危机的再次发生,首先应该改变这种不合理的国际经济政治秩序,使发展中国家能够平等地享有经济发展的权利;其次是在条件成熟的时候改变这种不合理的所有制,只有到那时才可能根本上避免危机的发生。

---

① 马克思,恩格斯. 马克思恩格斯选集(第3卷)[M]. 北京:人民出版社,1972:197.

/第四章　私人资本的国际化路径：跨国联合与全球危机/

第四节　资本所有制与市场的未来

随着生产力的发展和生产社会化程度的不断提高，新的分工将会出现。资本所有制终将被一种新的制度所代替。资本主义创造的生产力将成为未来新的社会制度的基础。资本主义市场经济和国家管理的外壳将被保留下来为新的社会服务。

一、旧分工的消灭与市场

分工和所有制密切联系，不同的分工阶段有不同的所有制。"要消灭关系对个人的独立化、个性对偶然性的屈从、个人的私人关系对共同的阶级关系的屈从等等，归根到底都取决于分工的消灭……分工的消灭取决于交往和生产力的发展达到这样普遍的程度，以致私有制和分工变成了它们发展的桎梏。""私有制和分工的消灭同时也就是个人在现代生产力和世界交往所建立的基础上的联合。"[①]人类分工的发展所引致的交换直接产生的是产品对人的支配，也就是人对人的支配，因此"分工和私有制是相等的表达方式"。[②] 只是一个是指活动，而另一个是指活动的产品。这里讲的分工实际是指旧分工。由于这种旧分工"还不是出于自愿，而是自然形成的，那么人本身的活动对人来说就成为一种异己的、同他对立的力量，这种力量压迫着人，而不是人驾驭着这种力量"。[③] 因此，要将这种压迫人的力量改变为由人所控制，就必须消灭旧的分工用新的分工来代替。

有人看到在现有生产力水平下分工的进一步发展，认为马克思所说的消灭分工是错误的；也有一些人把马克思提出的消灭旧分工的思想，歪曲为简单的消灭分工。有人说，"马克思很看重分工的消极方面，甚至提出了消灭分工的设想"（杨永华，2005）。也有人说，"马克思误把机器生产发展之初的某些现象当成了

---

① 马克思，恩格斯. 德意志意识形态节选本 [M]. 北京：人民出版社，2003：99-100.
② 马克思，恩格斯. 德意志意识形态节选本 [M]. 北京：人民出版社，2003：28.
③ 马克思，恩格斯. 德意志意识形态节选本 [M]. 北京：人民出版社，2003：29.

分工将要消灭的征兆"（邱虹，2006）。还有人根据马克思所说人类分工最早是性的分工，说共产主义阶段分工就将被消灭，而仅剩下性的分工（马文保，2002）。与上述观点不同，笔者认为，未来的社会不是没有分工，或者说只有性的分工。在共产主义社会，虽然旧分工将被消灭，但是不同人从事不同的活动的分工仍然是存在的，只是消灭了个人被强制地固定地终生从事某一种职业。这种分工的新的表现形式被马克思举例为上午打猎、下午捕鱼、晚饭后讨论，这里所说的是一种比喻。马克思所比喻的新的分工和旧的分工的最大的区别就是人摆脱了旧分工的束缚，从而可以自由地从事自己想做的事情，但绝不是没有分工，更不是说只有性的分工。

分工不仅仅是斯密等所说的可以提高劳动生产率，也不只是弗里德曼等所宣扬的是市场交换的必要前提。旧的分工是自然形成的，而非出于人们的自愿，分工的发展使人本身的活动反倒成了和人自身相对立。分工的出现将人固定在一个狭小的范围内，分工越发展，人自身的活动范围越狭窄。在旧的分工体系下，"受分工制约的不同个人的共同活动产生了一种社会力量，即扩大了的生产力。由于共同活动本身不是自愿地而是自发地形成的，因此这种社会力量在这些个人看来就不是他们自身的联合力量，而是某种异己的、在他们之外的权力。"[1] 因此这种生产力愈发展，旧的分工也愈发展，专业化的划分也就愈细，人的发展就愈狭窄。生产力的发展使人的发展更加的片面化，并使人与人相互对立。正是旧的分工产生了私有制并推动其不断发展，因此私有制和旧分工本质上是一样的。马克思说："所有制是对他人劳动力的支配。"[2] 这里的所有制指包括资本所有制在内的一切私有制。因此旧分工的发展就是私有制的发展，也是对他人劳动支配形式的发展。旧分工消失的前提是消灭私有制，它消失的一个重要的标志就是劳动的劳动者自主。当最终废除私有制后，旧分工所包含的资本主义生产关系将完全消失，但是作为生产力的形式，旧分工还将存在一个较长的时期。

马克思和恩格斯认为，要改变旧分工造成的人的活动和自身的对立，只有消灭旧分工。但是旧分工的消灭只有到共产主义社会才能真正实现，共产主义就是将自然支配人改变为人支配自然，这里的自然不仅是指自然界，更是人们之间在

---

[1] 马克思,恩格斯.马克思恩格斯全集（第3卷）[M].北京：人民出版社,1960：38-39.
[2] 马克思,恩格斯.德意志意识形态节选本[M].北京：人民出版社,2003：28.

/第四章 私人资本的国际化路径：跨国联合与全球危机/

生产活动中自然形成的生产关系。人将不再受那只"看不见的手"的支配，自发的供求关系的调节将让位于社会有意识的计划协调。市场作为商品交换和资源调配手段的使命也将结束，仅留下一个外壳、一个交换的网络，这个网络可以成为新的根据社会需要按计划调节的基础和起点，而不再通过价格来调节。"随着私有制的消灭，随着对生产实行共产主义的调节以及这种调节所带来的人们对自己产品的异己关系的消灭，供求关系的威力也将消失，人们将使交换、生产及他们发生相互关系的方式重新受自己的支配。"① 这时商品交换关系将消失，市场机制的调节作用将被整个社会的有计划的协调所代替。原来发挥市场机制作用的网络将被保留下来作为新的调节方式的基础。由企业内分工发展而成的计划调节代替市场成为社会生产的调节方式，结束了社会生产的混乱。"随着社会生产的无政府状态的消失，国家的政治权威也将消失。人终于成为自己的社会结合的主人，从而也就成为自然界的主人，成为自己本身的主人——自由的人。"② 这时阶级和国家将会消亡，政府也将消亡，现在政府管理经济的职能将被未来的社会机构所代替。这种社会机构将对整个社会的生产、交换、分配起着协调的作用，但这种调节与行政命令式的计划完全不同，它不是强制的，而是建立在自由的个人共同协商和自愿的基础上的。

资本主义的发展是建立在生产社会化程度不断提高的基础上的，它最终的发展将是对现有资本主义所有制的否定。马克思认为从资本所有制向共产主义的转换比"以个人自己劳动为基础的分散的私有制转化为资本主义私有制"要容易得多。笔者认为虽然这一观点还有待进一步验证，但是技术和分工带来的社会化大生产的高度发展是一个不争的事实，历史的趋势是确定的，只是经历的路径和长短有待检验。

马克思和恩格斯对旧分工的分析实际也有助于我们认识社会主义初级阶段所有制形态的变化。在社会主义初级阶段，生产力的不发达使旧分工不是要被消灭，而是必须获得进一步的发展，从而为最终消灭它做准备。由于旧分工在现阶段的普遍的存在，旧分工的作用仍要借助于旧的生产关系来实现，决定了私有制在现阶段是不可能被彻底消灭的，相应的市场的调节也不能人为地消灭。这也说

---

① 马克思，恩格斯. 德意志意识形态节选本 [M]. 北京：人民出版社，2003：31.
② 马克思，恩格斯. 马克思恩格斯选集（第3卷）[M]. 北京：人民出版社，1972：443.

明了，社会主义初级阶段发展多种所有制和实行社会主义市场经济的历史必然性。

二、私有制的消灭和人的全面发展

人类社会发展至今的一切所有制关系都经历了经常的历史更替。奴隶所有制被封建土地所有制代替，封建土地所有制被资本所有制代替。资本所有制也终将被一种新的所有制代替。资本主义私有制是建立在社会生产的基础上的，是对以前个体劳动为基础的小私有制的否定。随着生产的发展资本主义私有制也将产生对自身的否定，与以往不同，"这种否定不是重新建立私有制，而是在资本主义时代的成就的基础上，也就是说，在协作和对土地及靠劳动本身生产的生产资料的共同占有的基础上，重新建立个人所有制"。① 笔者认为，马克思所说的重建个人所有制既不是一些人所说的资本的个人所有制，也不是把个人的财产变为集体的财产，而是联合起来的个人共同占有生产资料。在未来的共产主义社会，"把资本变为属于社会全体成员的公共财产，这并不是把个人财产变为社会财产。这里所改变的只是财产的社会性质。它将失掉它的阶级性质"。② 有人说：资本"是资本主义制度的生命线，是发展、前进的基础。"③ 他没有看到另一面，资本也是推动资本主义走向灭亡，并被新的制度代替的动力。"资本不是一种个人力量，而是一种社会力量"④。当资本的阶级性质被抽掉时，资本作为一种生产关系也将消失。

有人提出所谓民主公司作为未来社会的主要构成形式，认为建立在以民主公司为基础的经济民主社会制度最终恢复了劳动者对自己劳动成果的所有权（吴宇晖等，2009）。但却认为这种民主公司与私有制是不矛盾的，它不仅没有侵犯私有产权，且恢复了私有产权的合理本源和占有方式，这种民主公司是完全建立在私有制的基础上的。也有人认为马克思忽视了人的发展，将人看作物和工具，将生产本身看作了历史发展的目的（Lebedev，1993）。笔者认为这种说法是对马克思关于生产力发展推动社会进步发展观点的错误理解，马克思不仅没有把人作为

---

① 马克思. 资本论（第1卷）[M]. 北京：人民出版社，1975：832.
②④ 马克思，恩格斯. 马克思恩格斯选集（第1卷）[M]. 北京：人民出版社，1972：266.
③ 赫尔南多·德·索托. 资本的秘密 [M]. 南京：江苏人民出版社，2005：4.

物,而且是有史以来最重视人的发展的理论家,马克思理论的核心就是人的发展,但是马克思不同于以往的理论家将人的发展寄希望于他人的同情心和统治者的良心,而是从生产发展和所有制变革的历史角度,说明了人的解放和发展在于废除私有制,具体就是废除资本所有制。之所以"现代的个人必须消灭私有制,因为生产力和交往形式已经发展到这样的程度,以致它们在私有制的统治下竟成了破坏力量"。但是"私有制只有在个人得到全面发展的条件下才能消灭,因为现存的交往和现存的生产力是全面的,而只有全面发展的个人才可能占有它们"。① 因此,私有制的消灭和人的全面发展是在同一个过程中进行的,前者是人全面发展实现的必经阶段。

资本所有制被废除后,建立在社会生产基础上的生产资料个人联合所有制通过集体赋予个人驾驭社会生产力的力量,使个人能够借助这种力量来消灭旧分工,并实现个人自由全面的发展。但这种集体不是以前那些作为某种独立的东西与人对立的虚构的集体。在那样的集体里只有统治阶级范围内的人才有自由,对于被支配的阶级来说,它不仅是完全虚幻的,而且是一种桎梏。而未来的集体是一种建立在生产资料共同占有基础上的真实的集体。"在真实的集体的条件下,各个个人在自己的联合中并通过这种联合获得自由"。② 因此"只有在集体中,个人才能获得全面发展其才能的手段,也就是说,只有在集体中才可能有个人自由"。③ 同时,"用整个社会的力量来共同经营生产和由此而引起的生产的新发展,也需要一种全新的人,并将创造出这种新人来"。④ 这种新人各方面都有能力,并通晓整个生产系统。笔者认为要做到这一点主要靠教育,教育可以使年轻人很快熟悉生产系统,并摆脱旧分工给每个人造成的片面性。旧分工的消灭也使个人职业发展的局限性和他对分工的依赖被打破了。"在共产主义社会里,没有画家,至多存在着既从事其他工作而又作画的人"⑤。

因此,"共产主义的特征并不是要废除一般的所有制,而是要废除资产阶级的所有制。"⑥ 在笔者看来共产主义社会仍然存在所有制,但那时的所有制是生

---

① 马克思,恩格斯. 德意志意识形态节选本 [M]. 北京:人民出版社,2003:100.
②③ 马克思,恩格斯. 马克思恩格斯选集(第1卷)[M]. 北京:人民出版社,1972:82.
④ 马克思,恩格斯. 马克思恩格斯选集(第1卷)[M]. 北京:人民出版社,1972:222-223.
⑤ 马克思,恩格斯. 德意志意识形态节选本 [M]. 北京:人民出版社,2003:102.
⑥ 马克思,恩格斯. 马克思恩格斯选集(第1卷)[M]. 北京:人民出版社,1972:265.

产资料的公有制,每个人都是全社会生产资料的主人。在对生产资料共同占有的基础上,个人从事着自己喜欢的工作,劳动对于那时的人们就从一种异己的、压迫人的力量,转变为一种愉悦的行为。"在共产主义社会里,任何人都没有特殊的活动范围,而是都可以在任何部门内发展,社会调节着整个生产,因而是我有可能随自己的兴趣今天干这事,明天干那事,上午打猎,下午捕鱼,傍晚从事畜牧,晚饭后从事批判,这样就不会使我老是一个猎人、渔夫、牧人或批判者。"[1]这时旧分工对人的束缚被新分工对人的发展所代替,人进入真正自由全面发展的新阶段,人类社会也将进入一个新的发展阶段。

---

[1] 马克思,恩格斯. 德意志意识形态节选本[M]. 北京:人民出版社,2003:29.

// 第五章 //

社会主义公有制的建立与发展

/ 第五章　社会主义公有制的建立与发展 /

第一节　社会主义公有制与科学发展

恩格斯说："新的生产力已经超过了这种生产力的资产阶级利用形式；生产力和生产方式之间的这种冲突，并不是象人的原罪和神的正义的冲突那样产生于人的头脑中，而是实际地、客观地、在我们之外、甚至不依赖于引起这种冲突的那些人的意志或行动而存在着。现代社会主义不过是这种实际冲突在思想上的反映，是它在头脑中、首先是在那个直接吃到它的苦头的阶级即工人阶级的头脑中的观念的反映。"[①]

一、技术分工决定的所有制演进的趋势

马克思说："无论哪一个社会形态，在它们所能容纳的全部生产力发挥出来以前，是决不会灭亡的；更新的更高的生产关系，在它存在的物质条件在旧社会的胎胞里成熟以前，是决不会出现的。"[②] 有人据此认为社会主义制度的建立是一个错误，违背了生产力决定生产关系的规律。笔者认为，如果只从一国内部来考察，似乎这种说法是有道理的，但是社会主义作为一种运动从一开始就是世界性的，因此考察社会主义制度的产生就不能只局限于一国内部，而要从世界社会主义整体的发展去理解。由于世界发展的不平衡，尽管一国内部的生产力可能不够发达，但是先进国家的生产力发展所揭示的生产关系的变革趋势，为落后国家摆脱贫穷指出了方向，使落后国家有可能在生产力不发达的状况下实现生产关系的跨越，通过建立新型的所有制关系来改变生产力落后的面貌。这种新型的所有制在发达的资本主义国家内部虽然出现萌芽，但是强大的资本的力量往往顽固地阻碍它的产生，因此在生产发展的要求下不得不经常做出调整和退让。而且，随着技术进步资本的力量仍然在发展，因此即使在今天，在先进资本主义国家建立社会主义制度仍面临着巨大的阻碍。相反，在那些当时落后的国家，资本所有制

---

① 马克思，恩格斯. 马克思恩格斯选集（第3卷）[M]. 北京：人民出版社，1972：308.
② 马克思，恩格斯. 马克思恩格斯选集（第2卷）[M]. 北京：人民出版社，1972：83.

并未建立起来，落后的小农生产决定了这些国家的所有制关系是由已经彻底腐朽的封建土地所有制为主导的私有制。这种以农业生产为主的小私有制成为落后国家发展的最大障碍。而在落后国家由于受到这种落后所有制阻碍和先进资本主义国家的压迫，尽管工业有了一定的发展，但是资本所有制仍然无法建立起来，从而使社会主义公有制这种更先进的所有制关系的建立出现了可能。

马克思和恩格斯也说过："一切历史冲突都根源于生产力和交往形式之间的矛盾。此外，不一定非要等到这种矛盾在某一国家发展到极端尖锐的地步，才导致这个国家内发生冲突。由广泛的国际交往所引起的同工业比较发达的国家的竞争，就足以使工业化较不发达的国家内产生类似的矛盾。"[①] 因此，尽管当时俄国和中国的工人阶级的力量还很弱小，但是在同先进工业国家的交往和竞争中，也逐渐开始显示出自己的力量，使它们有可能成为领导社会主义革命的领导力量。与此同时，马克思主义的诞生为世界社会主义革命和建设提供了理论指导，成为工人阶级领导社会主义革命的指导思想。因此先进国家生产力发展的趋势，国际经济发展的不平衡，充满剥削和压迫的旧的世界殖民体系，落后国家腐朽的生产关系，和弱小但先进的领导力量及先进的指导思想，共同促成了社会主义革命的胜利，和社会主义公有制在一国的建立。

社会主义公有制之所以能够建立，是因为社会主义公有制是符合社会化大生产需要的，符合生产力发展的历史趋势的。前面已经分析，技术和分工的发展使社会化生产和调节成为资本主义所有制发展的趋势。社会化生产要求生产资料的社会占有，但是资本的发展在使生产资料与劳动者分离的同时，使生产资料日益集中在少数资本所有者的手中。资本内在的矛盾使生产和市场的冲突频繁爆发，在早期资本主义缺乏有效国家干预的情况下常常引起经济的巨大动荡。改变这种状况最根本的出路就是消灭资本主义私有制，建立社会主义公有制。

马克思所设想的资本主义向社会主义的过渡，是在正常的社会发展的过程中，当私有制的发展演变作为一种自然史的过程时所经历的，是通过生产力的发展推动生产关系的改变。而落后国家的社会主义制度的建立是一种打破常规的发展，通过改变生产关系来推动生产力的发展。从历史的实践看，当俄国和中国这样当时尚属落后的国家社会主义革命成功后，社会主义制度和公有制的建立迅速

---

① 马克思，恩格斯. 德意志意识形态节选本 [M]. 北京：人民出版社，2003：60.

地改变了这些国家的面貌,通过国家的指导和调节,很快就实现了初步工业化,也从实践证明了生产关系对生产力也可以起到推动作用。

二、社会主义是实现科学发展的制度基础

马克思在1864年的《国际工人协会成立宣言》中讲到资产阶级政治经济学和工人阶级政治经济学之间的争论时指出,这个争论即"构成资产阶级政治经济学实质的供求规律的盲目统治和构成工人阶级政治经济学实质的由社会预见指导社会生产"。① 恩格斯也说过:"一旦社会占有了生产资料,商品生产就将被消除,而产品对生产者的统治也将随之消除。社会内部的无政府状态将为有计划的自觉的组织所代替。"② 因此笔者认为,社会主义生产与资本主义生产的根本区别,就是用自觉的有预见的指导代替了社会内部盲目的无政府的生产,从而使社会生产实现科学发展。

"在资本主义社会,社会的理智总是事后才起作用,因此可能并且必然会不断发生巨大的紊乱。"③ 与生产资料私有制导致的整个社会生产的盲目性不同,在生产资料公有制条件下,人们有可能自觉地按照科学原则组织生产。列宁也说过:"只有社会主义才可能根据科学的见解来广泛地推行和真正支配产品的社会生产和分配。"④

科学发展本身是人们在对客观经济规律认识的基础上的一种自觉的、有意识的活动。科学发展强调对自然、社会、经济发展内在规律的认识和总结,是在揭示发展客观规律的基础上总结经验,指导人们的行动。科学发展是人们的自觉的有计划的发展观念,它只有在社会主义公有制基础上才能产生。在社会主义公有制中,个人劳动通过共同占有生产资料成为社会的劳动,生产、分配和交换不用借助商品交换来完成,社会通过个人付出劳动量的多少决定不同产品的分配,这样社会就可能根据不同劳动量的多少得到生产的预见,从而指导社会生产。

社会主义与科学发展的目的是一致的。社会主义是实现科学发展的制度基础,目标是实现人的全面发展。在社会主义公有制下,生产资料由人民共同占

---

① 马克思,恩格斯. 马克思恩格斯选集(第2卷)[M]. 北京:人民出版社,1972:132.
② 马克思,恩格斯. 马克思恩格斯选集(第2卷)[M]. 北京:人民出版社,1972:323.
③ 马克思. 资本论(第2卷)[M]. 北京:人民出版社,1975:350.
④ 列宁. 列宁全集(第27卷)[M]. 北京:人民出版社,1958:385.

有，生产发展的目的就是人的发展。在资本主义私有制下，生产资料被资本所拥有，生产发展始终是为资本的利益服务的，人的发展和资本的发展存在冲突，实现人的发展必然会影响到资本的发展，这是资本不能接受的。

有人认为社会主义公有制就是要把社会变为一个工厂，然后用中央计划来进行管理，笔者认为这是一种误解和对社会主义的歪曲。生产资料的社会占有必然引起社会生产的有组织协调，但这种协调并不等于中央计划。马克思说："资产阶级意识一方面把工场手工业分工，把工人终生固定从事某种局部操作，把局部工人绝对服从资本，歌颂为提高劳动生产力的劳动组织，同时又同样高声地责骂对社会生产过程的任何有意识的社会监督和调节，把这些说成是侵犯资本家个人的不可侵犯的财产权、自由和自决的'独创性'。工厂制度的热心的辩护士们在斥责社会劳动的任何一种普遍组织时，只会说这种组织将把整个社会变成一座工厂，这一点是很能说明问题的。"① 笔者认为，从这一表述中可以看出，资本家既要维持他拥有的企业内部的专制的权利，又要拥有外部的平等自由竞争的权利，而所谓社会主义将社会变为工厂，其实是社会的组织协调剥夺了资本家的权利，侵犯了资本家个人的财产权和自由决定权，因此只要资本主义私有制不改变，社会就无法实现科学发展。

第二节　社会主义的生产调节

一、社会主义的计划调节

马克思说："在一个集体的、以共同占有生产资料为基础的社会里，生产者并不交换自己的产品；耗费在产品生产上的劳动，在这里也不表现为这些产品的价值，不表现为它们所具有的某种物的属性，因为这时和资本主义社会相反，个人的劳动不再经过迂回曲折的道路，而是直接地作为总劳动的构成部分存在

---

① 马克思. 资本论（第1卷）[M]. 北京：人民出版社，1975：395.

着。"① 因此，在未来的共产主义社会没有商品交换关系，以商品交换为其核心内容的市场经济自然也将消失，但是由市场经济所发展起来的交换网络将保留下来，成为未来社会计划调节的基础。一定意义上说，这种社会计划调节本身就是市场经济高度发展的结果，它是企业分工和社会分工相互交融的产物，是生产社会化高度发展的要求。唯一不同的是生产资料占有关系的不同，即由少数资本所有者占有转变为由自由的劳动者共同占有。商品的价值属性消失了，商品交换关系也就不存在了。但是产品的生产、分配、交换和消费的关系依然存在，以前我们讨论未来共产主义的产品分配总是局限于强调马克思所说的"个人的劳动不再经过迂回曲折的道路"，而是直接作为总劳动的一部分。虽然也谈到生产力的高度发达，但是这种发达在理论和人们的头脑中表现为一种产品的堆积，而忽视了产品的丰富多样和人们需求的不断变化。正是这样，马克思才说未来的计划是在协商的基础上进行的，而这个协商的机制和计划借以实行的网络只能是市场经济高度发达后所形成的，因此这里的计划和传统社会主义的计划是有根本区别的。

社会主义制度建立后，用什么样的方式组织生产成为当务之急。根据对社会主义经济的认识，早期的社会主义国家都采取了中央计划的生产组织方式，即传统的计划经济模式。这种模式在经济发展的早期对恢复经济，建立初步的工业体系发挥了重要的作用。传统的计划经济初步实现了技术发展所要求的对社会生产的有计划调节，改变了以前以分散落后的小生产为主的经济模式，通过集中资源有计划地建立起适应社会化大生产的国民经济体系，使社会生产从以落后的小农经济为主的农业生产逐步转向工业化发展的道路。从实践的发展看，无论是苏联还是中国都通过计划经济迅速建立起了较健全的初步的工业化体系，国民经济发生了质的变化。正是在这种工业化的基础上，苏联才取得了卫国战争的胜利，而且在"二战"后一跃成为世界第二大工业强国，而中国通过计划经济建立起来的初步工业化体系成功拥有了两弹一星，也为后来的改革开放和工业化发展奠定了基础。但随着经济的发展，这种中央计划的管理模式也暴露出了严重的弊端。

计划制订者对于经济规律和生产组织认识不充分，妨碍了计划制订的科学性和适用性；由于没有经过市场的充分发展，缺少市场发展所形成的网络，只能借

---

① 马克思，恩格斯. 马克思恩格斯选集（第3卷）[M]. 北京：人民出版社，1972：10.

助行政命令的方式进行计划调节，使经济缺乏活力；计划制订得过细、过死，计划体系缺乏动态调整的技术支撑；计划制订过程缺乏民主协商，使计划目标经常与实际相脱节。计划制订过程的民主协商是计划可靠性的基础和前提。苏联计划经济模式失败的一个重要的原因和计划制订缺乏民主协商有直接的关系，缺乏民主协商的计划很容易就成为命令和控制经济，对这种计划的强制执行也容易导致经济僵化和丧失活力。

二、社会主义初级阶段的生产调节

未来的共产主义社会已经摆脱了商品货币关系，使劳动价值的实现省略了货币作为中介的过程，由迂回转为直接实现。如果从广义的交换来定义市场，而不是从商品货币的交换关系来定义市场，那么等量劳动的互换也可以看作一个市场。只是这时的市场仅仅保留了原有市场交换的形式，但交换的内容和主体都已发生本质的改变。市场交换的主体不是商品的生产者而是自由全面发展的个人，交换的对象不是商品和货币而是劳动，在交换中起协调作用的不是价格机制而是等量劳动的互换机制。这样保留的是市场的外壳，改变的是市场交换的内容。因此笔者认为它显然不是现代意义的市场经济了，也不是中央计划的计划经济了，到那时整个社会的生产组织是由社会计划来实现的。

在笔者看来，这种社会计划和传统计划经济的国家计划是根本不同的。这种计划是由人民自己协商制订和执行的，计划的制订是协商的结果，因此计划目标能较好地反映生产和消费的实际状况。计算机和信息网络的广泛应用为计划在执行中动态调整提供了技术基础，因此共产主义的计划将是充满活力和高效的。但是在社会主义初级阶段，多种所有制共同发展和商品交换关系的广泛存在，决定了现阶段社会主义的调节方式是市场与计划相结合。在市场发挥基础调节作用的同时，通过国家规划和经济政策对宏观经济进行调节，保障经济的平稳健康运行。

市场与计划作为调节经济的手段，两者的区别在于它们的作用范围和作用对象各不相同。市场主要作用于微观层面，通过价格机制和供求关系的调整，对资源配置起基础性调节作用。市场虽然对于优化资源配置，调动各方面生产积极性有着巨大的作用。但由于市场机制的自发性和盲目性，微观主体的逐利性和对市场全局性信息的缺乏，市场的调节常常是微观的、眼前的、局部的，这就导致对于宏观的、长远的和全局性的调节往往无能为力，也无法满足整个社会生产与消费比例协调地进行。而计划调节的目的性和导向性可以有效地校正市场的上述缺陷。宏观计划可以对社会生产进行事前的、主动的调节，从而避免市场调节的滞后性和被动性。但国家对市场的干预不是以前计划经济下的直接干预，而是主要通过价格机制和各种宏观经济政策进行规范和引导。同时，社会主义公有制的主体地位也为计划调节提供了强大的物质基础。

第三节 新技术革命与社会主义

一、新技术分工与社会主义所有制

资本主义所有制的产生和发展始终是与旧分工相伴随的，共产主义产生的标志是旧分工的消灭。但在社会主义初级阶段到共产主义社会之间的发展阶段，旧分工虽然不会被消灭，而且随着技术的进步还会进一步的发展，但是在一定阶段上总的趋势还是人的发展随着技术的进步而日益全面。在这个阶段旧分工的发展仍将推动生产力继续前进，直到旧分工的发展最终成为生产力发展的桎梏。社会主义革命和公有制的建立首先是生产关系的变革，推翻了不适应世界产业革命后工业化发展要求的封建制度残余的束缚。1949年以前的中国与十月革命以前的俄国都是这样的国家。社会主义革命为这些国家真正走向工业化开辟了通路。在资本主义制度占主导的世界秩序中，没有独立和主权的国家只能沦为发达国家的殖民地和半殖民地，也不可能有真正自主意义上的工业化。社会主义制度建立后早期的集中计划为经济的恢复和初步工业化起到了至关重要的作用。社会主义公有制是符合未来新分工的所有制形式，但是在现阶段生产力发展水平决定了旧分工仍然广泛而普遍地存在。新技术革命虽然带来分工的发展，但是并没有改变旧分工本身。相反，随着技术的发展，旧分工仍将进一步发展（更加的专业化和细化，对人的全面发展的限制也越来越强，每个人都只掌握很窄的领域的知识）。旧分工的发展就是使劳动者与生产资料分离，旧分工愈发展，劳动与生产资料的分离愈严重，生产资料就愈集中到少数资本所有者的手中。因此虽然旧分工导致资本所有制发生了很大变化，但是生产资料的占有形式仍然是以资本占有为主。社会主义公有制虽然建立，但仍处于初级阶段，生产力水平还很低，表现为生产资料数量少、质量低和技术水平低。初级阶段落后的生产力水平决定了目前的社会主义分工仍然以旧分工为主。同时这种落后的生产力水平也决定了社会主义初级阶段很难实行完全的公有制，而必须允许非公有制经济的存在和发展。从实际上看，新技术革命虽然引起了分工的变化，推动资本主义所有制形式向着更高级的阶段演进，但并没有消灭旧分工，反而加快了它的发展，加速了全球范围内劳动与生产资料的分离。这也是资本统治上升为全球统治的重要标志。国际金融资本在全球的运动，反映的是生产资料从世界范围来看越来越集中到少数国际金融资本的手中。这也是资本实现全球扩张和建立统一世界市场的历史任务。社会主义国家如果不能适应这种变化，拘泥于固有的所有制形式不放，看不到工业化初步完成、经济发展步入正常后生产力对生产关系的要求，不能对此及时做出适当的调整，就无法跟上生产力发展的要求，就有被淘汰的危险。

旧分工的存在和发展，决定了社会主义初级阶段将是两种所有制形式长期存在，即社会主义公有制和非公有制形式并存，旧分工对这两种所有制形式的影响是决定未来社会主义社会发展方向的关键。这点马克思和恩格斯并没有说明，笔者认为原因在于马克思和恩格斯所设想的社会演进是一种抽象的理想化的演进路径，唯有如此才能清晰地说明人类社会的发展脉络和私有制的最终消亡，这就如同新古典经济学将一切研究都放到均衡、最优的框架下来分析。马克思主义的范式也是在一个理想的框架下来分析，只不过马克思主义的分析对象是人类社会的历史发展，它包括了哲学、经济学、社会学、政治学、人类学等内容，而新古典经济学就研究范围来讲，无论从时间还是空间上看都是非常有限的。所有制的变迁是马克思研究的核心内容。虽然社会主义两种所有制并存的现象是马克思所没有研究的，而旧分工对两种所有制的不同影响所导致的两者的变化也是马克思所没有研究的，但是笔者认为不能因此就说马克思的研究不成熟或者不准确，因为无论两种所有制是否并存，分工对所有制演进的原理是一样的，旧分工的发展必然影响到私有制形式的变化，导致它最终向公有制转变，这才是问题的关键。

从目前来看，新技术革命所带来的信息技术的普遍运用和因特网的普及，使原有的分工形式发生了巨大的变化。跨国公司的兴起，使社会分工出现向企业内分工发展的内卷化趋势，即社会分工的内部化，而企业内分工由于现代物流技术和外包服务的发展向社会分工转化（大量的自由职业者的出现，不隶属于任何一家企业，而是凭借自己的知识专长为企业和社会提供服务。一般以设计、研发、营销等知识密集型部门居多），形成企业内分工的外溢趋势，即企业分工的外部化。笔者在前文已经分析了这两种现象使分工出现结合的趋势，企业内部的有组织生产逐步向外扩散替代外部无政府状态的社会生产。这种社会生产有组织进行的趋势最终将会要求改变生产资料的资本主义私人占有，否则资本内在的矛盾将在无政府的社会生产中不断地突破自身的界限，造成生产的崩溃。在今天，当资本演进为国际金融资本后，这种矛盾冲突更在世界规模上展开。社会主义公有制作为一种先进的所有制形式，实行生产资料的社会占有，只是在现阶段借助于国家所有制的形式，社会主义公有制相比资本主义所有制重新实现了生产资料与劳动者的直接结合，虽然在初级阶段这种结合的范围还很有限，但是因为这种先进的所有制形式是符合生产力发展的要求的，它为实现社会生产的有组织进行创造了条件。同时在两种所有制并存的情况下，公有制的主体地位也消除了资本内在冲突可能引起的生产崩溃，因此随着生产的发展社会主义公有制将会越来越壮大。

二、社会主义的未来

马克思在将德国与英国的资本主义发展进行比较时，认为当时的德国虽然建立起资本主义生产，但是由于没有相关的制度约束，致使人民遭受着双重的苦难，"不仅苦于资本主义生产的发展，而且苦于资本主义生产的不发展"。① 按照笔者的理解，马克思这样认为是因为除了资本主义生产方式带来的苦难外，"古老的陈旧的生产方式以及伴随着它们的过时的社会关系和政治关系还在苟延残喘。不仅活人使我们受苦，而且死人也使我们受苦。死人抓住活人！"②

社会主义经过社会主义革命和社会主义改造消灭了过时的社会关系和政治关系，也建立起了初步的社会主义公有制，但是还不发达的生产力决定了以往的生产方式仍会以各种各样的方式存在，它们影响人们的生活和思维。因为这些生产方式的思维存在本身就是生产力不够发达的产物，解决的办法只有大力发展生产

---

① 马克思. 资本论（第1卷）[M]. 北京：人民出版社，1975：8.
② 马克思. 资本论（第1卷）[M]. 北京：人民出版社，1975：11.

力，除此别无他途。这也是坚持改革开放、把发展生产力放在第一位的重要原因。这些不发达生产方式及与之相伴随的各种思想只有先进的生产力才能消灭。这也是社会主义改革面临的最主要的挑战，尽管社会主义制度建立后通过强制手段在表面上消灭了这些落后的生产关系，促进了生产力的发展，但是无法从根本上改变生产力不发达的现实。社会主义建立了先进的生产关系，可是却没有足够强大的物质基础，在现有的生产力水平下这种超越了实际生产力状况的生产关系反倒成了生产发展的障碍，这是社会主义改革的真正原因。

一些人常引用马克思关于先进的制度必然要诞生于先进的生产力的基础上，来试图否定包括中国在内的落后国家进行社会主义革命的必要性。笔者认为，这些研究者都忘记了一个重要的问题，固然当时中国本身的生产力非常落后，不足以产生社会主义的物质基础，但是世界范围的社会主义运动的发展使我们有可能看到理论的威力，先进生产力由此产生的技术基础和引起的生产关系变革的方向使我们有可能实现跨越，而不用亦步亦趋地永远落后。中国特色社会主义取得的伟大成绩也充分地证明了这一点。马克思说："正象各种不同的地质层系相继更迭一样，在各种不同的社会经济形态的形成上，不应该相信各个时期是突然出现的，相互截然分开的。"① 确实从人类发展的历史看，包括社会主义在内的每一种社会经济形态的出现都不是偶然和孤立的，但笔者看来，马克思这里所说的应该放到整个人类社会发展的大背景下去理解，而不是局限于一国内部的发展。中国的社会主义革命和建设只有放到人类经济社会发展的大背景下才能够得到合理的解释。发达资本主义国家的先进技术和思想在不发达国家的运用，本身就说明了人类的发展是一个整体。因此从这个意义上说，笔者认为中国的社会主义建设不仅是中国的也是世界的。因为生产力的相对落后，发展中国家建设社会主义的难度要远远大于发达国家，社会主义建立后如何建设社会主义也是一个巨大的挑战，因此中国建设社会主义的经验将具有深远的世界意义。

社会主义公有制是符合更高级生产力阶段的发展要求的，资本主义生产方式的内部矛盾运动决定了私人资本所有制终将会被社会主义公有制所代替。正如马克思所说，这是资本主义生产的自然规律在以"铁的必然性发生作用"，并且正在实现着的趋势。工业革命后大机器工业的建立相伴形成了以体力劳动为主的工

---

① 马克思，恩格斯．马克思恩格斯全集（第47卷）[M]．北京：人民出版社，1979：472．

人阶级，而以计算机为标志的现代信息技术革命已经和正在形成以体力和脑力劳动共同构成的工人阶级，工人阶级的范围事实上无论从数量还是涵盖的领域都比以前更大，而不是像一些人说的工人阶级的人数变少了，看不到由于技术改变而带来的工人阶级构成的变化，就会无法看清这个现实。这种变化也使社会主义实现的可能性增加了，而不是像有人说的减小了。同时，发达资本主义国家内部由于技术进步和分工演进所带来的生产的发展正在为发达资本主义国家实现这一跨越准备着越来越充分的物质基础。因此从生产发展的趋势看，社会主义作为一种先进的所有制，具有光明的前途。

// 第六章 //

所有制结构调整与社会主义市场经济的建立

/第六章 所有制结构调整与社会主义市场经济的建立/

第一节 所有制结构调整的不同路径

社会主义国家自建立之后,为了加快经济的发展进行了不同程度的改革和调整,由于对所有制关系的不同认识导致了不同的调整路径,最终决定了社会主义国家的不同走向。

一、强化所有制约束,不断提高公有制程度

恩格斯曾说过:"所谓'社会主义社会'不是一种一成不变的东西,而应当和任何其他社会制度一样,把它看成是经常变化和改革的社会。它同现存制度的具有决定意义的差别当然在于,在实行全部生产资料公有制(先是单个国家实行)的基础上组织生产。"[1] 笔者认为,在这里恩格斯虽然认为社会主义社会也应该是经常变化和改革的社会,但并未考虑所有制本身发生变化,这是因为恩格斯所指的社会主义是生产力高度发达的成熟的社会主义,成熟的社会主义公有制已经成为唯一的所有制形式,因此不需要考虑发展非公有制的问题。但恩格斯的看法在很大程度上影响到了后来社会主义国家的发展和改革。社会主义国家普遍忽视了自身处在生产力不发达的社会主义阶段,将公有制确定为唯一的所有制形式,使改革始终在公有制的范围内进行。

一方面,直到中国实行改革开放以前,包括中国在内的社会主义国家的改革基本都遵循的是一条公有制程度不断提高的路径。有人认为这是斯大林政治经济学研究对象中关于生产资料所有制形式定义的错误造成的,认为斯大林将社会主义公有制看作社会主义所有制的高级形式,是比其他所有制更高效的,形成了所谓斯大林"所有制教条"[2]。与这一观点不同,笔者认为斯大林政治经济学研究对象本身是没有问题的,马克思认为不能从资产阶级法权的定义去观念地理解所

---

[1] 马克思,恩格斯.马克思恩格斯全集(第37卷)[M].北京:人民出版社,1971:443.
[2] 也有人将公有制形式单一论和国家所有制优越论看作"斯大林教条"。(王祖强.社会主义所有制理论的创新与发展[M].北京:中国经济出版社,2005.)

有权和所有制,而应从实际的财产的拥有,或占有、使用、支配的现实生产关系去理解所有权或所有制,这点和斯大林的生产资料所有制形式并无根本的冲突。从斯大林在《苏联社会主义经济问题》中的定义并不能看出是一种观念上的所有制关系。生产资料所有权是各种所有权中最主要的、最根本的因素,是斯大林所有制定义的核心,这也并没有违背马克思的原意。至于认为公有化程度越高越好和急于过渡到社会主义乃至共产主义,这和所有制本身的定义没有直接的关系。过渡时间的长短快慢和具体的形式是由当时的生产力水平的现实条件决定的。如果忽视现实存在的环境和客观物质条件,任何理论都可能成为教条,这和理论本身往往没有直接的联系。

笔者认为,将斯大林所有制理论解释为生产资料占有形式决定论和公有制优越论,不仅片面而且无助于对斯大林真正错误的认识。斯大林的错误并不在于把生产资料的占有看作所有制的根本原因,或是将公有制看作更加高效。他真正的错误是违反了生产关系要适应生产力发展的基本原理,将适合未来社会的更高级的所有制形式生硬地套在现有的不是很发达的生产力基础上,试图通过更高级的所有制形式实现生产力的发展。在社会主义建立的初期利用公有制能够集中资源,迅速有效地组织生产的优势,确实实现了生产力的巨大飞跃,这个成绩也是不能抹杀的。但由于受观念的制约,认为公有制就意味着公平和高效,因此认为只要所有制形式不断提高生产力就能发展也是有失偏颇的。虽然公有制经济是适应社会化大生产的未来形式,但是在生产力没有达到一定程度的时候,企图用公有制彻底代替其他的所有制形式,结果必定是要失败的。这种失败不仅导致这种片面公有化体制的失败,也导致了私有化的回头。

另外,笔者认为斯大林在解决生产关系和生产力矛盾时也存在错误,这直接导致所有制调整方向的错误。斯大林曾批评雅罗申柯认为社会主义制度下不存在生产关系和生产力的任何矛盾的错误观点,指出社会主义社会仍然存在生产关系和生产力的矛盾,笔者认为这是正确的。但是关于生产力的作用,他认为"生产力是生产中最活跃、最革命的力量。这种力量,就在社会主义制度下,也无可争辩的是走在生产关系前面的。生产关系只是经过一些时候,才会被改造得适合于生产力的性质。"[①] 因此,他认为社会主义社会生产关系和生产力的矛盾主要表

---

① 斯大林. 苏联社会主义经济问题 [M]. 北京: 人民出版社, 1952: 45-46.

现为"生产关系的发展是落后于并且将来也会落后于生产力的发展"。① 而随着生产力的发展集体农庄集团所有制和商品流通就从对生产力发展有益的"现象"转变为生产力的阻碍。他说:"无疑地,它们在最近的将来也将带来利益。但同时这些现象已开始阻碍我国生产力的强大发展,因为它们正在阻碍这种由国家计划来完全包括全部国民经济、特别是包括农业的事业……所以,任务就在于要逐渐把集体农庄所有制转为全民所有制以及也是逐渐用产品交换制代替商品流通,这样来消灭这些矛盾。"② 在这里斯大林把集体农庄集团所有制和商品流通看作了通向"各取所需"的共产主义社会的障碍。笔者认为,从后来的实践看,斯大林对这种矛盾产生原因的解释是不正确的,苏联社会主义模式走向彻底的僵化和他这种错误的认识是直接有关的。斯大林虽然看到了社会主义生产关系与生产力的矛盾,但是将矛盾的关系搞颠倒了。这主要是由于他只是就苏联社会主义建设的纵向发展来看这两者的关系,而没有从世界范围内,从与资本主义经济的横向比较中来看生产力的发展。实际上,苏联是在远低于资本主义发达国家生产力水平的基础上开始建设社会主义的,虽然经过努力经济取得了巨大的发展,但是与发达资本主义国家相比仍然是落后的。因此,当时苏联面临的问题不是先进的生产力和落后的生产关系的矛盾,恰恰相反,它面对的是虽然已经有了巨大发展但是仍较落后的生产力和超前的生产关系的矛盾。随着经济的发展和规模的扩大,在现有条件下,不是要缩小和取消商品流通的范围;相反,是要随着生产力的发展进一步扩大商品流通的范围。因为生产力的发展不仅不能取消商品流通;相反,需要借助商品流通范围的扩大进一步获得更大的发展。只有生产力发展到足够高的水平才可能不需要商品流通的形式继续存在。

因此苏联的解体归根结底还是违背了经济发展的规律造成的。恩格斯在《反杜林论》中的话对我们有很大的启示。他说:"在政治权力对社会独立起来并且从公仆变为主人以后,它可以朝两个方向起作用……或者违反经济发展而起作用,在这种情况下,除去少数例外,它照例总是在经济发展的压力下陷于崩溃。"③ 他又说:"当某一个国家内部的国家政权同它的经济发展处于对立地位的

---

① 斯大林. 苏联社会主义经济问题 [M]. 北京:人民出版社,1952:60.
② 斯大林. 苏联社会主义经济问题 [M]. 北京:人民出版社,1952:61.
③ 恩格斯. 马克思恩格斯选集(第3卷)[M]. 北京:人民出版社,1972:222.

时候……斗争每次总是以政治权利被推翻而告终。"[①] 因为"经济发展总是无例外地和无情地为自己开辟道路"[②]。苏联最终的解体是长期违反经济规律的恶果，结局令人痛惜。但也有人认为苏联的解体只表明了斯大林主义的失败，"社会主义没有失败，因为它从来就没有被尝试过"（Justin Schwartz，1991）。虽然苏联由于斯大林的错误为后来的解体埋下了隐患，但是将苏联社会主义的探索和成就彻底抹杀也是不正确的。苏联用它的建立为世界社会主义革命树立了榜样，提供了借鉴。同样，它也用它的解体为世界社会主义运动提供了无尽的教训。

二、放松所有制约束，允许鼓励非公有制经济发展

由于国民经济整体落后，试图仅依靠公有制经济已经无法承担起经济发展的全部责任。相比较苏联和中国前 30 年公有制不断提高的所有制调整路径，中国的改革开放破除了立即实行单一公有制的简单想法，即放松了所有制约束，在坚持公有制主体地位的同时，鼓励支持非公有制经济发展。客观地承认了社会主义初级阶段生产力的落后和不发达，摆脱了苏联那种试图通过拔苗助长式的，用不断提高公有化程度来跟上和推动生产力发展的思想制约，提出用生产力标准作为调整生产关系的依据，大胆调整所有制结构，放松了公有制的制度约束，既使社会力量的生产积极性被极大地调动了起来，也使国家能够集中力量控制关系国民经济安全稳定的重大产业。由此中国经济走上了迅速发展的道路。

但是有人从单纯的效率出发，将所有制改革归结为混合所有制比单一的公有制更有效率，所以要改革这种落后的单一的所有制形式，认为"正是生产力的发展、生产社会化程度的提高，导致了企业产权制度的不断变化，其变化的基本轨迹就是企业的产权制度由单一所有制向混合所有制转变"（顾钰民，2006）。笔者认为这种观点是不全面的，公有制作为一种更高级的社会生产组织形式，是符合社会化大生产发展要求的，发展混合所有制并不是因为混合所有制比公有制更有效率，或者更符合生产社会化提高的要求，而是由于认识到我们的生产力不发达，生产社会化程度还很低，与不发达的生产力和不高的生产社会化程度相比较，混合所有制在现阶段更符合现实的发展要求。在笔者看来，这种认为混合所

[①] 马克思，恩格斯. 马克思恩格斯选集（第3卷）[M]. 北京：人民出版社，1972：222.
[②] 马克思，恩格斯. 马克思恩格斯选集（第3卷）[M]. 北京：人民出版社，1972：222-223.

有制比单一公有制有效率的观点和公有制效率论、私有制效率论一样都是片面的。所有制的结构归根结底是由生产力发展的水平决定的，符合生产力发展要求的所有制关系就是有效率的，否则就会成为生产力发展的阻碍。而且就单个企业来讲，所有权的分散化和两权分离是发展的趋势，而不是简单由单一所有向混合所有的转化。

第二节　社会主义市场改革的实践和探索

一、列宁的新经济政策

十月革命胜利后新建立的社会主义俄国在革命后不久就面临严重的经济困难，为了摆脱这种局面，列宁改变了战时共产主义政策，提出通过实行新经济政策的办法振兴经济。新经济政策的实行虽然持续时间很短，但取得了显著效果。新经济政策主要是指恢复商业和自由贸易，与资本主义国家进行商业往来。列宁认为："如果不以恢复自由贸易和自由工业做拐棍，我们就不能迅速提高大工业的生产率以满足农民的需要。"[1] 新经济政策最早始于对外国资本的租让政策和对内以实物税代替余粮收集制。为了解决当时的生产生活资料匮乏的问题，列宁提出向外国垄断资本实行租让政策，通过租让俄国的油田等资源换取外国资本提供生产生活资料。在列宁看来，外国垄断资本开展租让的原因在于，当时的资本主义世界自由市场经济已经不存在了，而是被辛迪加、卡特尔和托拉斯占据了[2]，因此一切的政策都要以此为依据来制定。

列宁在《在莫斯科省第七次党代表会议上关于新经济政策的报告》[3] 中详细说明了苏联实行新经济政策的历史必然性，是由各种各样的社会经济条件决定

---

[1]　列宁. 列宁论新经济政策 [M]. 北京：人民出版社，2001：18.
[2]　列宁在谈到为什么要实行租让政策时，他说："现在，即使我们有偿付能力，在国际市场上也买不到这些东西。即便你有通货，比方说有黄金，也不应该忘记自由市场已经没有了，整个市场，或者说几乎整个市场，都被辛迪加、卡特尔和托拉斯占据了"（《列宁论新经济政策》，22 页，2001）。
[3]　列宁. 列宁论新经济政策 [M]. 北京：人民出版社，2001：117-140.

的,是不得不采取的措施。列宁在论述新经济政策时提到苏维埃经济的退却,从国家资本主义退到国家调节商业,谈到退到哪里为止时,列宁说新经济政策"就是在很大程度上转而恢复资本主义。究竟到什么程度,我们不知道"①。笔者认为,列宁所说的"不知道"退到哪里,是现实的经济发展所迫使的,不以人的意志为转移。从后来的社会主义改革的实践看还应该再后退,后退到充分发挥市场的调节作用。在列宁看来,新经济政策的退却不仅是必要的而且是关乎共产党的生死存亡的。他说:"如果我们不能实行退却,即把任务限制在较容易完成的范围内,那我们就有灭亡的危险。"② 因此列宁认为新经济政策的实行对拯救当时的俄国经济是必需的。开始实行新经济政策的主要目标是为了尽快恢复大工业,但是随着经济的发展对商业经济的需求越来越多,列宁说道:"我们应当认识到,我们还退得不够,必须再退,再后退,从国家资本主义转到由国家调节买卖和货币流通。"③ "既然我们还不能实现从小生产到社会主义的直接过渡,所以作为小生产和交换的自然产物的资本主义,在一定范围内是不可避免的,所以我们应该利用资本主义特别是要把它引导到国家资本主义的轨道上去作为小生产和社会主义之间的中间环节,作为提高生产力的手段、道路、方法和方式。"④ 当然这种退却有产生发展资本占有关系的风险,但是为了实现向共产主义过渡的物质基础,这又是不可逾越的。

在当时针对退向哪里进行争论时,列宁说:"谈论我们到底退到什么时候为止是谈不出好办法来的。我们为什么要瞎想一些得不出任何结果的方案呢?我们倒是应该去做具体的工作。"⑤ 他还说:"我认为,实践比世界上所有理论争论都更为重要。"⑥ 笔者认为,这和改革开放后邓小平同志所主张的不争论道理是一样的。列宁认为之所以退却,是经济建设和商业问题成为当时党的实际的问题,经济建设的迫切性向党提出如何管理商业和货币流通的任务,因此他认为"我们应该学习。应该学习由国家调节商业关系"⑦,除此没有别的办法。列宁认识到

---

① 列宁. 列宁论新经济政策 [M]. 北京:人民出版社,2001:100.
② 列宁. 列宁论新经济政策 [M]. 北京:人民出版社,2001:230.
③ 列宁. 列宁论新经济政策 [M]. 北京:人民出版社,2001:129.
④ 列宁. 列宁论新经济政策 [M]. 北京:人民出版社,2001:68.
⑤ 列宁. 列宁论新经济政策 [M]. 北京:人民出版社,2001:139.
⑥ 列宁. 列宁论新经济政策 [M]. 北京:人民出版社,2001:231-232.
⑦ 列宁. 列宁论新经济政策 [M]. 北京:人民出版社,2001:138.

了这种退却源于社会主义经济的极端不成熟，无法在当时条件下实现自我发展，新兴的苏维埃共和国急需摆脱贫穷落后的现状，但是他没有完全认识到作为商品经济最高阶段的市场经济对社会主义经济建设的作用，当然这也是受到当时的现实环境制约的。在列宁看来，社会主义就等于计划，"没有建筑在现代科学最新成就基础上的大资本主义技术，没有一个使千百万人在产品的生产和分配中严格遵守统一标准的有计划的国家组织，社会主义就无从设想"。① 在这里，列宁虽然看到了资本主义科学技术的重要性，但是并没有认识到市场作为一种资源组织方法社会主义也是可以利用的。因此列宁当时虽然提出新经济政策，提出向资本主义的退却，但是他始终认为公有制和计划是社会主义的本质特征。同时，新经济政策只是一个短期的政策调整，并没有作为一个长远的目标，这也影响到了后来的社会主义改革的走向。

二、社会主义改革的理论探索

苏联社会主义制度建立后，关于社会主义的中央计划的有效性就成为争论的焦点。很多人怀疑社会主义计划能否实现。围绕社会主义计划问题展开了一系列的争论。最早有兰格和米塞斯、哈耶克关于社会主义的计算问题的争论。米塞斯和哈耶克等认为中央计划无法对复杂的市场供需情况进行计算，因此无法形成有效的市场价格，进而扭曲了资源的配置，同时中央计划剥夺了个人的经济自由，导致政治上的极权统治。而兰格认为社会主义中央计划可以通过模拟市场和价格试错确定市场价格，以解决米塞斯等提出的社会主义无法进行市场计算的问题。虽然哈耶克等坚持用新古典的分析方法来否定中央计划，但斯蒂格利茨认为新古典本质上和中央计划是一样的。如果新古典是正确的，中央计划也能成功。

随着社会主义经济的发展，以指令性计划为特征的中央计划的弊端逐渐暴露。以东欧前社会主义国家学者为代表，很多学者提出了各种社会主义经济运行模式的改革方案。这些模式通常被称为市场社会主义。在这些模式中，波兰经济学家布鲁斯等的设想具有代表性。布鲁斯提出宏观决策由中央做出，常规决策由企业做出，个人消费决策由家庭做出的分权模式；捷克经济学家奥塔·锡克则认为中央宏观调控的重点应放在总量分配的计划上，微观经济活动则应该完全由企

---

① 列宁. 列宁论新经济政策 [M]. 北京：人民出版社，2001：51.

业自行决定；匈牙利经济学家科尔内从经济协调的角度提出了宏观间接调控下的自由市场模式。① 笔者认为，这些改革设想的共同点是都未触及所有制问题，都是在公有制的范围内进行的，而且价格形成还是靠中央计划来实现，并没有真正地实行市场调节。正如斯蒂格利茨所说："在市场社会主义和市场经济之间存在的主要差异是定价机制不同以及资本的所有权不同。"② 没有市场对价格的调节，这种市场改革自然无法真正地实现。与此同时，因为没有非公有制经济的发展，市场环境也不能真正地形成，习惯了计划调节的国有企业之间也无法建立起真正的商品交换关系，市场的作用将受到极大的限制。因此，非公有制经济的发展使商品交换的范围极大规模地扩展了，对于市场经济的形成发挥了非常重要的作用。也正因为缺乏这些条件，东欧社会主义市场改革注定是要失败的。但这些国家却将改革的失败归结于公有制是低效率的，最终走向了私有化。

计划经济在中国的实行也很快显露出弊端，毛泽东同志在1956年的《论十大关系》中就说："我们不能象苏联那样，把什么都集中到中央，把地方卡得死死的，一点机动权也没有。"③ 他主张给予地方和企业一定自主的权利。但在笔者看来，这种调整始终是局限在公有制的范围内的，在所有制结构上并没有突破。这种调整仅仅是计划的范围和规模的调整，虽然也强调价值规律的重要性，但并没有考虑引入市场机制；再加上在认识上把市场等同于资本主义，彻底取消了市场。因此，虽然试图放松中央计划调节的范围和程度，但是由于没有市场机制来代替，造成了一放就乱的局面。

第三节　社会主义市场经济的形成和发展

前面已经分析了技术分工的发展推动了生产力水平的不断提高，扩大了社会化大生产的规模，客观上要求对社会生产进行计划调节。但是在资本主义所有制

---

① 李玉峰. 关于公有制与市场经济能否结合的历史争鸣评述［J］. 学术论坛，2001（2）：53－56.
② 约瑟夫·E. 斯蒂格利茨. 社会主义向何处去［M］. 长春：吉林人民出版社，1998：10.
③ 毛泽东. 毛泽东选集（第5卷）［M］. 北京：人民出版社，1977：275.

下，私有制基础决定了社会生产总体上处于无序的状态。社会主义制度的建立是适应生产力发展要求的唯一选择。社会主义公有制的建立，为在全社会范围内有计划地配置资源创立了根本的制度基础，也为国民经济按社会预见发展提供了现实可能性。正是这点，保证最初的社会主义国家高速度地推进了社会生产力的发展。但随着经济的发展，传统的计划经济模式已不能适应生产力发展的需要，客观上要求社会主义国家进行改革和调整。

一、所有制改革与市场认识的深化

长期以来，市场经济被看作资本主义所特有的，但是商品交换关系被认为是可以在社会主义中存在的。例如，斯大林说过："不能把商品生产和资本主义生产看成一样的。这是两种不同的东西。"① "决不能把商品生产看作某种不依赖周围经济条件而独立自在的东西。商品生产比资本主义生产更老些。"② 他还进一步提出："为什么商品生产就不能在一定时期内同样地为我国社会主义社会服务而并不引导到资本主义呢？"③ 笔者认为，斯大林承认社会主义也存在商品货币关系，也存在价值规律的作用，这对后来社会主义发展商品经济是有积极意义的。但是斯大林所指的商品生产和交换仅限于国家的全民所有制企业与集体农庄之间进行，不包括其他所有制形式，在所有制上苏联绝对排斥非公有制经济的发展。而且斯大林把这些关系的存在也仅仅看成了一个短期的，可以通过所有制关系向高级化发展迅速取消的"现象"，这样市场经济也就被从社会主义排除了。

这种认识上的对立一直主导着社会主义的改革和发展。新中国成立后，通过土地改革及农业、手工业和资本主义工商业的社会主义改造，建立了社会主义经济基础。"但是在建立社会主义经济基础以后，多年来没有制定出为发展生产力创造良好条件的政策。社会生产力发展缓慢，人民的物质和文化生活条件得不到理想的改善，国家也无法摆脱贫穷落后的状态。"④ 生产力落后的状况迫使中国将所有制调整的方向从原来的公有化程度不断提高转向了放松所有制约束，允许各种非公有制经济和公有制经济一起发展。

从改革的实践看，改革经历了先农村后城市的过程，从农村土地承包制，发

---

①②③ 斯大林. 苏联社会主义经济问题 [M]. 北京：人民出版社，1952：12.
④ 邓小平. 邓小平文选（第3卷）[M]. 北京：人民出版社，1993：134.

展乡镇企业，到国有企业放权让利，允许发展个体、私营经济，逐渐形成了多种所有制共同发展的局面。随着所有制结构的调整，不同所有制形式内部和相互之间的商品交换关系也发展了起来，市场逐渐形成。实践的发展需要理论的创新，首先打破市场与社会主义对立的是邓小平。他说："为什么一谈市场就说是资本主义，只有计划才是社会主义呢？计划和市场都是方法嘛。只要对发展生产力有好处，就可以利用。它为社会主义服务，就是社会主义的；为资本主义服务，就是资本主义的。"[①]"计划多一点还是市场多一点，不是社会主义与资本主义的本质区别。计划经济不等于社会主义，资本主义也有计划；市场经济不等于资本主义，社会主义也有市场。计划和市场都是经济手段。"[②] 这些真知灼见突破了传统思想的束缚，打破了意识形态对市场认识的禁锢，将市场与资本主义相分离，作为一种生产调节的手段与社会主义相结合，为最终建立社会主义市场经济提供了理论指导，也使社会主义走出了以往改革的困境。

有人认为中国的改革过程交织着政府选择外部规则和社会成员选择内部规则的双重秩序演化路径。所谓中国市场化的本质，是政府逐步退出直接的制度创新领域及外部规则逐步缩减作用范围，和内部规则的逐步发育和强大的过程（周业安，2000）。笔者认为，这种从一般日常行为规范来认识改革的过程，显然是不够的。因为中国最终确立市场经济趋向的改革目标的根本原因是生产力发展对所有制要求使然，所有制约束的放松自然会引起整个经济环境的改变。因为商品交易的广泛实行，无论政府、企业还是个人的行为都会相应地发生改变。适应这种新型的所有制结构必然要求建立新型的经济社会秩序。这是一个结果，而不是原因。

二、社会主义市场经济的建立

（一）社会主义与市场经济的结合

所有制结构的调整和制度约束的放松，使商品流通自然地发展起来。商品交换的普遍发展和市场的产生，一方面迫切需要创新的理论来指导现实的经济发展，另一方面迫切需要从制度上规范和完善在现实经济中已经广泛存在和迅速发

---

① 邓小平. 邓小平文选（第3卷）[M]. 北京：人民出版社，1993：203.
② 邓小平. 邓小平文选（第3卷）[M]. 北京：人民出版社，1993：373.

展的市场，社会主义市场经济的提出是一个理论上的创举，也是对人类文明所做出的巨大贡献。社会主义市场经济也可以看作对列宁新经济政策的进一步发展，在放松所有制约束后，从国家调节商业和流通到在国家宏观调控的基础上完全由市场来自主调节，从而为建设社会主义开辟了新的广阔的空间。中国改革开放的实践证明，这种结合是正确的，是符合不发达社会主义国家生产力发展的现实的。

有人认为马克思《1861-1863年经济学手稿》里关于分工是从两种分工相互促进的角度来说明的，这和恩格斯把两种分工对立来看不同；而恩格斯在《反杜林论》里提出的"个别工厂中的生产组织性和整个社会中生产的无政府状态之间的对立"对于后来社会主义反对市场产生了深远的影响。研究进而认为，"如果今天我们还坚持这类传统观点不变的话，那就等于默认，马克思主义政治经济学无法提供一个合理的理论，以解释发展市场经济的必要性"（孟捷，2004）。笔者认为，这种观点是值得商榷的。两种分工的相互促进和相互对立本身就是同时存在的，企业内部分工和社会分工既是相互促进的，也会相互转化。本书前面已经详细地论述了两种分工的转化与结合。这种转化和结合在所有制基础不改变的前提下只能在一定程度上发展。从资本所有制的发展来看，对立是根本的，靠分工自身的发展是无法消除的，因为所有制的基础将分工本身也束缚在无政府状态支配下。从专业化生产来看，分工演进的结果是高度的片面化（专业化）和高度的社会化并存，反映到组织形式上，就是企业内部组织的高度计划性和整个社会的无计划的冲突更加剧烈。虽然跨国公司的出现使得企业范围从时空两方面呈现远超过以往的扩大，但是这种扩大是随着市场规模的扩大而展开的。也就是说，当企业内部分工随着企业规模的扩大将一部分社会生产卷入企业，而使计划的范围随着企业规模扩大而扩大时，市场的规模也在扩大，从实际来看，这种市场规模的扩大要远超过企业规模扩大的速度。同时，技术的发展所引起的产品高级化和生产过程的复杂化，也使一部分原有的企业内部分工外化为社会分工。由产品生产分离引起的企业或行业分化和生产外包，形成产品生产的网络化和产业集群，当这种生产在一个大型企业的主导下进行时，企业内分工的计划性将向外溢出，但是在资本所有制主导下，随着生产扩张所带来的市场规模的扩大，整个市场无序性的规模也在扩大。2008年的金融危机，就是生产与市场在世界范围矛盾冲突的爆发。

至于说是由于恩格斯的论断错误造成了社会主义无法和市场相结合，笔者觉得这是没有找到问题的根本。社会主义发展市场经济，还是应该从生产力的发展状况，以及适应生产力发展要求而进行的所有制关系调整的前提出发来考察。如果抛开所有制不看，仅从分工的角度当然无法解释清楚社会主义初级阶段实行市场经济的必要性。我们发展市场经济不仅不能回避市场经济内在的缺陷和问题，反而应该在恩格斯理论的指导下完善社会主义市场经济体制。社会主义市场经济与资本主义市场经济最大的区别就是事先的计划调节，这也是社会主义的优势所在。不能因为要发展市场就回避这一矛盾，那样并不利于社会主义市场经济的完善。

（二）市场经济的两面性

在利用市场发展生产力时，对于市场可能带来的正反两方面的作用也应该有正确的认识。如果说改革开放之初，我们对于市场的了解更多的是观念上的和想象中的，那么今天我们对市场已经有了几十年的感性认识和切身体会，更应该有助于我们保持清醒的认识。马克思曾经鉴于当时德国的落后，认为当时的德国不仅苦于资本主义生产的发展，而且苦于资本主义生产的不发展。我们今天依然不仅苦于市场的发展，而且苦于市场的不发展。笔者认为这也是在今天的中国有很多看似矛盾的现象大量存在的原因。

在市场逐渐形成的基础上，社会主义市场经济的提出和实行，进一步释放了生产发展的巨大潜力，国有企业之间商品关系的发展，非公有制经济的迅速发展，各种所有制通过在市场中的相互竞争促进整个社会生产向前发展，取得的成绩举世瞩目。但与此同时，很多问题也随着市场的发展相伴而来。市场在满足资源有效配置的同时，也为交易主体实现各自的利益最大化提供了条件，但这种对利益的追逐如果没有限制就会产生一系列的社会问题。因此市场体系的形成，自然就面临如何完善的问题。例如，市场怎么规范，怎么保障交易的公平，如何防止腐败和权力寻租，处理竞争和垄断的关系，市场发展的公平与效率等一系列的问题，都需要在市场逐步发展完善的过程中加以解决。但我们发展市场经济，就应有承受其负面痛苦的准备。市场经济毕竟是在资本主义生产方式的基础上发展起来的，社会主义发展市场经济自然要借鉴资本主义市场经济有益的方法和经验，这就使其不可避免地带有资本主义的印记，这是不用刻意回避的，否则就不符合实事求是的态度。而且也只有认识到这点才能避免盲目迷信市场的作用，做到趋利避害。同时，也要认识到我们的市场经济还是不发达的市场经济，这种不发达的市场经济使"过时"和"落后"的生产关系有机会再次出现，这些"落后"的生产关系此前虽从表面上被消灭，但是它在社会观念中实际上是一直存在的，只要有合适的土壤马上就会复活。

建立和完善社会主义市场经济面临的最主要的就是这两个问题。笔者认为，现在来看，解决的办法只有一个，就是强化社会主义公有制的主导作用和在这一主导下大力发展生产力。随着生产力的发展，落后陈旧的生产方式在商品经济大潮的席卷下最终会走向彻底的解体，这点是毋庸置疑的。发达资本主义国家走过的道路已经给了我们最好的答案。"工业较发达的国家向工业较不发达的国家所显示的，只是后者未来的景象。"① 同时，只要在社会主义市场经济的发展中，始终坚持社会主义公有制的主体地位不动摇，就可以避免走向资本主义。

三、两种改革路径分析

改革目的不同，改革的路径和方式自然也就不同。因此脱离开改革的目的和方向，单纯地谈论改革的方法是不合适的，很容易混淆这两种本质不同的事物。资本主义生产的目的是为资本获取利润。与此相反，社会主义生产的目的是一切为了人民，满足人民的需要。因此，社会主义改革的目的也是为了广大人民的利益。改革只是改变原有的不适应社会主义生产力发展要求的经济体制和所有制形式，建立适应社会主义初级阶段生产力发展要求的所有制形式和经济体制。改革不是否定社会主义制度本身，改革是社会主义制度的自我完善，试图通过改革寻找到一条能够为社会主义生产力的发展创造良好条件的经济模式，主要的标志是社会主义的改革始终是在坚持社会主义公有制的主体地位和国有经济主导作用的前提下进行的。中国的社会主义市场经济的建立就是始终遵循这样的原则，而苏联和东欧地区的社会主义改革随着社会主义制度的消失就已经不存在了，后来的所谓改革实际是向资本主义的转向，而不仅仅是市场化的问题。因此这些地区向资本主义转变的第一步就是私有化而不是市场。

有人说俄罗斯和中国经济改革最主要的区别要根据两者不同的国家制度和文化去理解（Trevor Buck, Igor Filatotchev, 2000）。而笔者认为，两者的区别是改

---

① 马克思. 资本论（第1卷）[M]. 北京：人民出版社，1975：8.

革的指导思想和根本目标的不同。俄罗斯改革的出发点和指导思想是公有制不如私有制优越，私有制更有效，目标是资本主义市场经济。按照传统社会主义理论，要消灭一切非公有制形式，所有制上实行纯粹的公有，并实行完全的计划调节，因此就不能有市场的存在，更不可能存在市场经济。苏联解体前的改革起初以市场为目标，但是没有考虑到市场经济运行首先要建立起广泛的商品交换关系，在此基础上才能够形成价格机制，而是直接放开了价格，结果是不仅无法形成有效的市场，而且搞乱了原有的经济运行体制，必然导致经济运行的混乱和通货膨胀。在这种改革失败后，独立后的俄罗斯虽然认识到原有的所有制基础是不适合市场经济的，但并没有在坚持社会主义制度和公有制主体地位的前提下，进一步寻找改革的出路，而是放弃了社会主义制度。随着社会主义制度的瓦解，向资本主义的转向客观上要求尽快摧毁原有的社会主义公有制基础，建立起资本主义私有制。在笔者看来这是一个分水岭，从这时起俄罗斯的改革和中国的改革走上了不同的道路。俄罗斯向怎样尽快地建立起资本主义市场经济的方向发展，而中国致力于社会主义公有制度的自我完善，把市场经济作为一种发展生产力的手段加以利用，并在原有改革的基础上明确了建立社会主义市场经济体制的改革目标。虽然坚持走社会主义道路的中国的改革还有很多问题，但取得的成就举世公认。布热津斯基在《大失败》一书中虽然从仇视共产主义的立场来论述共产主义的必然失败，但是在谈到中国的改革时，他也不得不承认中国并没有教条地照搬苏联模式和教条地理解马克思主义，而是走了一条完全不同的自主的道路。在2008年席卷全球的国际金融危机面前，中国应对危机的能力再次让世界瞩目。"中国模式"也成为世界谈论的焦点①。这一切充分证明，坚持社会主义方向的市场经济改革是正确的，是能够经得起实践检验的。

四、国有企业私有化的逻辑分析

笔者在前文已经阐述，西方产权理论认为产权包括使用权、用益权、决策权

---

① 关于"中国模式"的思考最早始于雷默提出的"北京共识"，现在关于"中国模式"的思考和讨论已经越来越超越了中国本身，而日益具有世界性的意义，因为"中国模式"的出现和初步成功对于广大发展中国家具有非常强的借鉴意义。"中国模式"目前仍然没有真正地成熟，但这不妨碍它成为落后国家追寻独立自主的发展道路的楷模。从这个角度来理解，"中国模式"是否像西方模式一样向外输出并不重要，重要的是它告诉世界，除了西方所谓民主、自由的市场经济模式以外，每个国家也可以追寻属于自己的独特的发展道路。

和让渡权等，有人也将其简化为使用权、收入的独享权和转让权。有人认为，"国有企业的产权不明晰，就是指这'三权'没有落实到个人"，认为国有企业明晰产权，就是要把这"三权"落实到个人。与之不同，笔者认为这种私有化的结果只能是少数人受益，因为企业作为一个整体不可能让每一个人都具体地拥有对它的使用权，而且从整体上也无法实现个人的转让权和收入的独享权。也就是说从企业整体来看，是无法分割的。虽然我们现在实行的是股份制，将企业的资产化为许多的小股份，也就是说将上述这三权划分为无数的小的权利，从而可能具体地落实到每一个人。但是，假使我们把产权按股划分，首先使用权还是无法分割的，因为无法把机器设备的使用权落实到每一个具体持股人的头上，因为设备作为一个整体是无法分割的，它必须作为一个整体来使用，而能决定它的使用的自然就不可能是一个具体的一般意义上的持股人，而应该是一个总体的代表或者少数起决定作用的股东。

其次，从收入的独享权来看似乎是可以划分的，持有股份的股东不论大小似乎都可以拥有一份属于自己的收益独享的权利，但是小股东往往是没有收益分配的决定权的，决定权控制在那些大股东的手里，这样的结果就是小股东的收益独享权名存实亡。

再次，关于转让权，当国有企业股权私有化后，只要有合适的资本市场存在，自然就可以实现对个人所拥有的股权的转让，理论上当企业经营不好或者个人不愿意持有时都可以进行转让。如果每个拥有股份的个人都不转让自己的股份，大家按股领取收益，这样自然很好，但因为国有资产是全体人民的共有财产，如果将资产按股划分给所有的人，那么每个人按股领取收益在实际上是不可行的。即使让一部分人拥有股份，如果股份的持有人和企业的职工不相吻合，那么生产的动力和激励依然是分离的。而且在股权高度分散化的情况下，广大的中小股份持有者是无法实现对企业的管理监督的。动力和激励的分离，所有权和管理权的分离，使得现代股份公司依然无法摆脱被少数人控制的结果。股权可转让的结果往往是股权的集中和被少数人所控制，导致市场内部人控制，这已为俄罗斯私有化的实践所证明。即使在如美国这样的成熟的市场经济国家，股权高度分散后往往还导致另一种控制，即企业内部人控制，如安然丑闻。在资本主义国家无论对于市场内部人控制还是企业内部人控制，目前都没有好的解决办法。市场内部人和企业内部人使股权高度分散化的资本主义股份制公司面临严重的挑战。

因此试图用所谓股份私有化来解决国有企业的产权，在实践上也是很难实行的。

最后，从所有制来看，国有企业是公有制性质的，生产资料归全体人民共同所有，但在现阶段采取国家所有制的形式，从使用权上由国家委托企业经营者代为经营。企业收入也应归全体人民所有。虽然可以借鉴股份制的形式，但这种形式必须在国有资产的主导下，如果实行私有化，只能是**或者像俄罗斯**全体人民的财产被一少部分人所瓜分，或者企业收益被少部分人所控制，这些人可能是少数大股东，也可能是股份公司的经理人员。因此，私有化的结果不仅不会使上述三种权利落实到个人，反而可能使本来由国家代表人民行使的权利落到一少部分人的手中，进而导致广大人民的利益被剥夺和少部分人的发财致富。

第七章

社会主义市场经济中市场与政府关系的构建和完善

/第七章 社会主义市场经济中市场与政府关系的构建和完善/

第一节 市场化的界限和政府作用

一、商品的判断标准和市场化的界限

(一) 商品的判断标准

什么是商品,马克思说:"商品首先是一个外界的对象,一个靠自己的属性来满足人的某种需要的物。"① 因此商品首先应是物,这种物包括物质和精神产品两部分,其次它可以满足人的需要。按照笔者的理解,如果从物的属性出发判断什么可以成为商品,权利、自由、民主、权力等就都不能成为商品,因为这些对象都不具备物的属性,如果这些对象成为商品,就会使社会充斥腐败和权钱交易。例如,官员将自己手中的权力看作商品出让,产生所谓的权力寻租和腐败;在选举中花钱买选票是典型的把选票和人民的权利作为商品,通过购买选票购买人民的权利,相比较事后的权力寻租,这是一种事前的权利交易。除此以外,道德、商誉、良心等也不具备物的性质,也不能成为商品,如果这些对象成为商品将使社会道德沦丧,充满欺诈。但是在市场经济中,商品关系的固有特征很容易使这些东西成为商品,成为进入市场交易的对象。贪污腐败、权力寻租日益蔓延正是一些人将手中的权力转化为了可交易的商品,将权力市场化了。这样的市场关系是商品关系在意识方面的反映。

前面已经介绍,现代西方经济学不反对这些东西成为商品,并且将这些对象纳入了市场交换的研究,将其与普通商品混同来研究。奥尔森还将沉默看作商品,用成本收益的方法来分析。交易费用理论很大程度上被用于这种研究。笔者认为,这反映出西方经济学本身具有商品拜物教的特性。我们即使需要了解这些对象的作用过程,也应以如何防止交易为出发点,而不是将这些对象的交易作为一种正常的市场的形式来看待。研究的方法和出发点决定了研究的结果,因此建设社会主义市场经济首先要明确是否具有物的属性是判断能否成为商品的基本要

---

① 马克思. 资本论(第1卷)[M]. 北京:人民出版社,1975:47.

求，除此以外任何对象都不能成为商品。

同时，笔者认为在利用商品关系、价值规律时也应注意不能影响和损害广大人民的利益。在市场经济中，价值规律的作用要求商品必须遵循等价交换原则，但是在具体的交易中受到各种因素的影响也会出现价格和价值相背离的情况，即出现价格的波动。价格波动是价值规律发生作用的现实方式和实现机制，没有价格波动就不会有价值规律调节生产的作用。但价格的波动如果超出了市场的承受能力就会对市场的正常运行产生消极影响，并损害广大人民的利益。在资本主义私有制下，资本的利益高于一切，而资本作为市场的主导力量常常利用供需关系的不平衡使商品价格与价值经常性地出现偏离，从而为自己谋取利益。炒买炒卖、囤积居奇是资本经常的做法。这样的结果是资本获取暴利，而人民的利益受到严重损害。社会主义市场经济是公有制为主体的，人民的利益高于一切，资本的利益应该服从于人民的利益。相应地，任何市场行为都应以此作为判断的依据。因此，如炒地皮、炒房价，哄抬物价等行为应该坚决地取缔，这些行为严重伤害了人民的利益，违背了社会主义人民利益高于一切的市场原则，也违背了商品等价交换的原则，扰乱了正常的市场秩序。

（二）市场化及其界限

社会主义改革首先是所有制的调整。与计划同样，市场也仅是发展经济的一种手段而已，并不像很多人所说的那样的神圣。市场经济的形成有其自身发展的规律，它既有积极的一面也有消极的一面。从市场发展的实际看，规范和完善市场应是目前进一步改革的重点。以前一些人迷信计划的作用，现在又有一些人迷信市场的作用，本质上都是形而上学的教条主义思维。客观上看，目前很多的问题本身就是盲目实行市场化引起的，如环境污染、两极分化等，笔者认为，因此，实行市场化应该有一个界限。

有交易就有市场，这是市场最基本的内容，也是市场经济的核心要义。没有交易，也就自然不会有市场；但有市场却可能没有交易，这种市场往往是一种形式的东西。但是有交易肯定就有市场，不论它的规模大小，而且可以有各种各样的市场：合法的、非法的、地上的、地下的。因此，笔者认为笼统地用推行市场化来说明改革的方向，往往使人无所适从，因为市场形式多种多样，无法明确应该往哪种方向推进。如果将其理解为一切都用市场来解决，那就意味着一切都可以成为商品进入市场交易，前面所说商品拜物教的各种现象就会出现。另外，涉及人民利益的各项基本服务事业也将成为交易的对象，成为少数人获益的工具。因此如果不能正视市场存在的问题，简单地宣扬市场化，这样的市场化就可能成为一些既得利益者和集团借以谋取私利的工具和借口。

有些人说，市场化就是把该由市场做的交给市场调节。市场经济是通过价格机制进行供需调节的经济运行方式，交给市场就是交给价格杠杆和供需调节。笔者认为，要如此，首先就要把调节的对象转化为商品，这是任何对象进入市场的唯一身份。这就明确了，能交给市场的就应该是哪些能成为商品的、可以交易的对象，否则就不能进入市场。这也应是我们今天市场化的第一个界限，哪些对象能市场化，哪些不能市场化，关键看这些进入市场的对象能不能作为商品出现。市场化的第二个界限是看是否有利于人民的利益。只有利于人民利益的市场化才是真正的市场化。因此建立和完善社会主义市场经济，就必须在这两个界限的规范和引导下进行，使市场向着有利于生产力发展，有利于人民生活水平提高，有利于社会主义制度的"三个有利于"的方向去发展。

二、社会主义市场经济中的政府作用

（一）明确市场交易对象，制定交易规则

市场并不是一种完美的自我调节的机制。市场就是市场，它只是一个用于交换和流通的网络，它可以是自发形成的，也可以是借助外力（政府）建成的。但不管这个网络有多大，是真实的，还是虚拟的，只是一个交易的网络而已，真正在其中起作用的是进行交换和流通的各类商品，及由此形成的供需和价格机制。因此不管什么进入市场后都要转化为商品才能交易，商品是市场交易中的唯一对象。

前面已经分析，不是什么都可以作为商品进入市场进行交易的，同时市场交易的范围即市场化程度是有其界限的。这些标准和界限的确定靠市场自身是不行的，只能由政府来进行。不同性质的市场和不同的政府决定了标准和界限的不同。资本主义市场经济一切以资本的利益为第一位，资本追求利润希望市场的彻底自由或者最小的政府干预。社会主义市场经济是一切以人为本，将人民的利益放在第一位，在市场交易中维护人民的利益是政府的主要职责。因此首先保证进入市场交易的商品是符合正常的商品标准的，对于权力等对象应该制定相应的制度，防止其商品化和进行市场交易，从制度上杜绝权力寻租和腐败的发生。坚决

打击假冒伪劣东西成为商品进入市场交易，保障人民的利益不受伤害。为了保障人民的利益，也不能简单地把一切交给市场去自动调节，政府必须界定市场化的范围和界限，市场化进行应有利于人民而不是有害于人民，应避免涉及人民基本利益的公共事业出现市场化。

同时，即使交易的对象符合商品的要求，也应保证其交易遵循等价交换的原则，防止哄抬价格、商业欺诈等现象的发生。这些现象的杜绝仅靠市场自身是无法解决的，只有政府制定严格的市场交易规则，才能够保证市场交易的公平和自由，保护交易双方的利益不受损害。因此，政府目前一个重要的作用就是完善市场，制定和落实有利于市场完善的法律、法规。

（二）价格指导和宏观调控

市场调节的核心是价格机制，供求的状况通过价格的变化可以反映出来，同时通过价格杠杆也可以影响供求的调整。在资本主义市场经济中，价格的变化是完全由市场自发形成和决定的。私人企业对价格的制定只是考虑竞争和利润。而大型垄断企业为了自身的利益经常制定有利于自己的价格，当这种价格成为市场价格时，不仅对消费者不利，而且常常扭曲了市场的供求关系。当这种垄断企业经营的是粮食、石油、电力、自来水等关系民生的行业时，企业自行定价将会严重损害人民的利益。社会主义市场经济是服务于全体人民的，关系民生的行业的价格制定自然要从人民的整体利益来考虑，而不是从某一个企业的局部利益出发。因此这些行业的价格应该由政府根据市场供需引导定价，而不能完全交由某一企业自行制定价格。

虽然市场机制通过价格来调节供求，但由于价格传导的时滞和价格刚性的作用，使市场价格经常无法立刻反映出供求的变化，对生产和市场整体构成威胁，造成不稳定。因为价格波动和生产的脱离造成的农业生产的不稳定是非常典型的例子。同样，由于缺乏市场信息，企业和个人常常无法做出准确的市场判断，经常导致决策的失败和生产的盲目性。这时就需要政府对生产进行宏观调控。相应地，由于政府能掌握较全面的市场信息，及时了解市场变化，使其能够较早地发现市场的波动，通过向社会提供及时的市场信息，可以减少和避免企业和个人决策的盲目性。

资本主义市场经济中的政府在为资本服务的同时，也承担一定的社会责任。例如，保持宏观经济稳定，充分就业，提供社会保障等，因为稳定的宏观经济环境和充分就业有利于资本的竞争。政府提供社会保障既可以解除资本竞争的后顾之忧，提供源源不断的劳动力，又能为资本竞争提供稳定的社会环境。社会主义市场经济中的政府是为人民服务的政府，保持宏观经济稳定和充分就业，为人民提供良好的社会保障体系，是社会主义政府应尽的义务。社会主义市场经济要求市场发挥对资源配置的决定性作用，同时更好地发挥政府的作用。但从我国发展的实际看，发展市场经济的体制性障碍还未完全消除，因此一方面，要最大限度减少政府对市场资源的直接配置，最大限度减少政府对市场活动的直接干预，提高资源配置效率和公平性，激发各类市场主体活力。另一方面，要强化制定国家发展战略、统一规划体系的职能，更好地发挥国家战略、规划导向作用；完善宏观调控体系，创新调控方式，构建发展规划、财政、金融等政策协调和工作协同机制；要按照2018年2月28日中共十九届三中全会通过的《中共中央关于深化党和国家机构改革的决定》加快转变政府职能，"要坚决破除制约使市场在资源配置中起决定性作用、更好地发挥政府作用的体制机制弊端，围绕推动高质量发展，建设现代化经济体系，加强和完善政府经济调节、市场监管、社会管理、公共服务、生态环境保护职能，调整优化政府机构职能，全面提高政府效能，建设人民满意的服务型政府"。[①]

第二节　构建市场与政府关系的前提和基础

一、坚持社会主义基本制度

资本主义的根本目的是资本的发展，社会主义的根本目的是人的发展。发展目的不同决定了两者性质的不同，也决定了在两种所有制基础上发展起来的市场经济的性质是不同的。因此，完善社会主义市场经济、构建市场与政府关系的基本前提是必须坚持社会主义基本制度，这是区分社会主义市场经济和资本主义市

[①] 2018年2月28日，中国共产党第十九届中央委员会第三次全体会议通过《中共中央关于深化党和国家机构改革的决定》。

场经济的关键。同样，政府职能的好坏首先看政府代表的是谁的利益，是人民的利益还是少数既得利益者的利益，资本主义国家的政府代表资本家的利益，社会主义国家的政府是人民利益的代表，政府的一切行为都应以人民是否满意为衡量标准。

但是，在实际中，容易忽视社会主义**市场经济的社会主义**性质，导致搞不清楚社会主义市场经济中市场与政府的关系，**搞不清楚**资本主义市场经济和社会主义市场经济的区别。笔者认为，如果不区分社会主义国家和资本主义国家所有制性质的区别，而以一般的国家的形式看待社会主义国家和政府，那么公权就极可能转变为私权。从一般保护私人财产的角度来看政府作用，政府就可能沦为一小部分富人手中的工具，而大多数普通人和穷人则成为政府所保护的私人财产的对立面。因此，国家性质决定了政府的行为，决定了政府与市场的关系。

社会主义市场经济的前提和基础是社会主义，这是任何时候都要明确的。这也是社会主义市场经济和资本主义市场经济的根本区别。资本主义市场经济是以私人资本的发展为中心的，根本目的是私人资本的发展，发展的结果就是资本对利润的积累和人的发展的片面化，以及与之相伴的整个社会的两极分化。社会主义国家是为人民利益服务的，生产发展是为了人民。

社会主义市场经济的发展过程也伴随着资本的发展，在一定的时期甚至需要资本的大力发展，因为我们需要通过资本的发展推动生产力的发展，但绝不是为了资本的发展代替或者牺牲人民的利益。如果国有企业不从人民利益出发，不从社会主义公有制所应肩负的责任出发，而从一己的私利出发，从本企业利润最大化的目标出发，那么就可能改变国有企业的性质，成为垄断专营的化身，从人民利益的维护者倒向人民利益的损害者，甚至给人民带来祸害。所以如果不坚持社会主义基本制度，那么人民的利益就无法得到保障，以人民为中心的发展思想也就无法落实。因此完善社会主义市场经济，构建市场与政府关系，就必须坚持社会主义基本制度，只有这样才能使社会主义市场经济的完善和市场与政府关系的构建向着服务于人民的方向迈进。

从生产力的发展看，以人民为中心的发展是社会主义市场经济发展到一定阶段的必然要求，是化解当前诸多矛盾的根本出路。在资本主义制度下，以资本为中心的发展总是让生产力的发展陷入与生产关系的矛盾冲突中，资本对利润的追求引起市场规模与生产扩张的矛盾，只能通过危机寻找出路，结果却为未来更大的危机创造着条件。究其根源，这是和资本主义发展对人的忽视和牺牲分不开的。从我国社会主义市场经济发展的历史实践来看，借助资本来发展生产力是早期社会主义经济建设的迫切需要，但生产力发展到现阶段，如果还只是重视生产而忽视人，为追求利润而生产，而不去考虑生产满足的对象，就必然会产生产能过剩的问题。所以现阶段，必须在坚持社会主义基本制度的前提下，切实以人民为中心，使生产以满足人民的需求为目的，加快调整生产关系中与生产力发展不相适应的部分。同时，要充分认识到人是生产力中最积极、最活跃的因素，发挥好人民的主观能动性、创造性，激发人民创新创业的热情，使人民成为社会主义市场经济发展的最大动力。只有这样，才能为社会主义市场经济中市场与政府关系的调整和完善指明方向。

二、坚持社会主义公有制的主体地位

（一）坚持公有制的主体地位不动摇

在资本主义条件下，由于生产资料的私人资本占有，生产的发展直接表现为资本的发展。在资本主义市场经济中，尽管市场这只"看不见的手"通过价值规律和供求调节试图保持生产的平衡，但是资本内在矛盾却总是打破这种平衡，并引发生产过剩的危机。在社会主义初级阶段的市场经济中，所有制基础是公有制占主体的多种所有制构成的，但公有制的主体地位决定了整个所有制的社会主义性质，也决定了社会主义市场经济的性质。马克思指出："在资本主义生产占统治地位的社会内，非资本主义的生产者也受资本主义观念的支配。"[①] 那么在社会主义生产占统治地位的社会内，非社会主义的生产者也要受到社会主义观念的支配。社会主义市场经济是多种所有制共同发展，但社会主义公有制的主体地位决定了整个社会生产方式的社会主义性质，也决定了社会主义市场经济的目的是人的发展而不是资本的发展。

在社会主义市场经济条件下，资本与市场同时存在，但都是为社会主义发展服务的。我们既要利用好它们的优势，也要防止出现资本主义条件下的生产过剩危机。这就要求我们必须坚持公有制的主体地位不动摇。公有制的主体地位是社会主义市场经济保持社会主义性质的所有制基础，是人民作为社会主义生产目的

---

① 马克思. 资本论（第3卷）[M]. 北京：人民出版社，1975：47.

的根本保证，保证其主体地位可以使社会主义性质保持不变，使人民在社会主义市场经济发展中的地位和作用保持不变。

在私有制存在的前提下，恩格斯说："即使我们排除任何掠夺、任何暴力和任何欺骗的可能性，即使假定一切私有财产起初都基于占有者自己的劳动，而且在往后的全部进程中，都只是相等的价值和相等的价值进行交换，那末，在生产和交换的进一步发展中也必然要产生现代资本主义的生产方式。"[①] 从而出现雇佣劳动的剥削关系。因此在私有制下即使市场交换的起始是公平的，发展的结果生产资料也将被一部分人所占有。这是资本主义市场经济发展的必然，是由资本主义私有制性质决定的。笔者认为从恩格斯的这段话中可以看到，市场经济的产生来源于私有制所引起的交换关系的发展，而不是相反的。市场经济是在资本主义所有制基础上发展起来的，随着资本主义生产方式的发展而发展。市场经济虽然是由私有制发展而成，但到未来共产主义社会，去掉私有制内核的市场经济的外壳将会保留下来，成为未来社会计划调节的基础。

在实际中，市场作为一种生产组织方式，它的性质归根结底是由这个社会的所有制基础决定的。在社会主义初级阶段的市场经济中，所有制基础是公有制占主体的多种所有制构成的，公有制的主体地位决定了整个社会的社会主义性质，也决定了社会主义市场经济的性质。社会主义发展的不同所有制阶段有不同的市场经济，社会主义初级阶段的市场经济就是建立在以公有制为主体，多种所有制共同发展的基础上的。适应生产力的发展，公有制比重必然将经历一个先下降后上升的过程，但是只要始终坚持公有制的主体地位和国有经济的主导作用，就不会影响社会主义市场经济的性质发生改变，就能保证社会主义市场经济始终将人的发展放在第一位，这就是为什么我们要坚持社会主义公有制的主体地位不动摇。

社会主义初级阶段的目标是人们物质生活水平的提高和本身的发展，它的长期目标是人的自由全面的发展。因此有了社会主义公有制的主体地位，就可以把非公有制经济在市场交换中可能会产生的雇佣劳动关系限制在一定的范围内。使其受整个社会的社会主义生产的制约，从而使社会主义为了人的发展的目标服务。因此在现阶段，只有坚持公有制的主体地位，才能保证人民的经济自由，进

---

① 马克思，恩格斯. 马克思恩格斯选集（第3卷）[M]. 北京：人民出版社，1972：203.

第七章 社会主义市场经济中市场与政府关系的构建和完善

而保证人民的民主政治权利的自由。

在资本主义私有制中,尽管市场这只"看不见的手"通过价值规律和供求调节试图保持生产的平衡,但是资本内在矛盾却总是打破这种平衡,并引发生产过剩的危机。笔者认为,我们既然利用市场,就必须明白这个道理,预防这种危机的最有效办法就是坚持公有制的主体地位和国有经济的主导作用。在现代经济条件下,大工业是国民经济的主导力量,国有经济是建立在社会化大生产基础上的,它代表着最先进的生产力,是新的生产力的创造者,这就决定了它在生产力的发展中起主导作用。经过改革的国有企业已经经历了从旧的机器大工业向新型信息技术工业的转变,从而使社会主义生产达到了更高级的企业分工和社会分工水平,适应了生产力的发展,使其能够更好地发挥生产力发展的主导力量的作用。社会主义国有经济通过它的主导作用,引领整个国民经济沿着社会主义方向前进,并通过贯彻落实国家的各项经济发展和调整决策,成为国家宏观调控政策实施的重要保障,从而可以有效保证市场平稳发展,引导整体国民经济较快增长。在2008年应对全球金融危机的过程中,中国的国有经济发挥了中流砥柱的作用,再一次证明了社会主义公有制的优越性。随着技术进步和生产的发展,公有经济和国有企业将会不断地发展壮大,这是历史发展的趋势。

因此,在实践中,对于当前产能过剩引起的供给侧问题,笔者认为不仅不能按有些人说的通过取消公有制的主体地位和将国有经济私有化来解决,而是要更加坚定公有制的主体地位不动摇,积极发挥好公有资本的主导作用,尤其要发挥好国有资本的引导作用,充分体现国有资本的社会属性,将生产发展与人民需要相结合,通过宏观调控和产业政策的指导,利用产业基金、货币基金、股权众筹、融资融券等多种金融形式,大力发展多层次资本市场,引导社会资本加快产业升级和结构调整,减少无效和低端供给,增加高端和有效供给,有效化解过剩产能,实现社会生产的可持续发展。

同时,虽然我们强调国有经济的主导作用,但也反对将国有企业等同于垄断的说法。有人说,"我们反对行政性的垄断,而不反对一般性的垄断",并希望国有企业实现从行政性垄断到市场垄断的转变(夏禹龙、袁恩祯,2008)。笔者认为,这个观点是需要商榷的。发展国有企业和希望发挥国有企业主导作用的愿望是好的,但是这种做法却是不值得提倡的。首先,在社会主义市场经济条件下,国有企业不应被简单地看作行政垄断。其次,国有企业的主导作用体现在竞争力上，而不是靠垄断，何况有些行业本身就属于自然垄断。国有企业的发展是由其自身具有的二重属性决定，即盈利性和公益性。现实中，国有企业不仅存在于服务与公用事业部门，大量的国有企业也存在于其他竞争性行业。因此将所有的国有企业都认为是行政垄断本身就不符合实际。最后，国有企业真正的功能是服务于社会，服务于人民。因此，国有企业改革的目的并不是单纯为了国有企业自身的发展，目前在国企改革上出现的问题不是是否垄断的问题，而是是否将人民的利益放在第一位来考虑。

（二）按照生产力标准优化调整所有制结构

社会主义初级阶段以公有制为主、多种所有制共同发展的所有制形式是由现阶段的生产力发展水平决定的，即由现阶段的技术和分工水平决定的。另外，目前生产力发展水平的不均衡不充分的矛盾，也决定了多种所有制形式将会长期存在。

生产力水平要求存在与其相适应的所有制结构，笔者认为随着所有制的调整和市场的形成发展，公有经济比重的减少是必然的，其中主要是国有经济的减少，直到减少到与生产力发展相适应的程度。而这个选择和调整的过程，只能通过市场来进行，通过市场竞争使一部分国企被淘汰，而保留下来的将会在市场中发展壮大，因此所有制结构的优化调整关键是要遵循生产力的标准，即在坚持社会主义公有制主体地位的基础上，所有制结构中各部分的比例多少应根据生产力发展的要求来确定，随着生产力的发展和认识的加深，逐渐调整到一个合适的比例[①]。

一种所有制形式，当它能为社会提供日益增多的财富，推动生产力发展，它就必然会存在。当它已经不能促进生产力发展了，它就会被淘汰。国有经济是符合现代化大生产的要求的，因此笔者认为经过改革调整的国有企业必然会随着生产力的发展不断壮大，国有经济比重减少的趋势最终一定会扭转。在此基础上，政府对市场的主导作用也会拥有越来越强大的物质基础，从而使市场更好地为社会主义建设服务。

---

① 毛泽东同志曾经在《关于正确处理人民内部矛盾的问题》中谈道，社会主义建立后，"在各经济部门中的生产和交换的相互关系，还在按照社会主义的原则逐步建立，逐步寻找比较适当的形式。"（《毛泽东选集》第5卷，374页，1977）这种认识对社会主义初级阶段所有制结构的调整是很有指导意义的。

第三节 坚持以人民为中心调整和完善市场与政府的关系

一、树立正确的发展观和坚持以人民为中心的发展理念

要调整和完善社会主义市场经济中市场和政府的关系，首先要树立正确的发展观。社会主义是生产发展要满足人民的需要，这是和资本主义以资本为中心的发展理念根本不同的地方。2015年10月29日，中国共产党第十八届中央委员会第五次全体会议通过的《中共中央关于制定国民经济和社会发展第十三个五年规划的建议》提出，"必须坚持以人民为中心的发展思想，把增进人民福祉、促进人的全面发展作为发展的出发点和落脚点"。2017年10月召开的中共十九大更进一步"明确新时代我国社会主要矛盾是人民日益增长的美好生活需要和不平衡不充分的发展之间的矛盾，必须坚持以人民为中心的发展思想，不断促进人的全面发展、全体人民共同富裕"。坚持以人民为中心发展理念的提出，是对马克思主义人的自由全面发展理念的复归，也为新时代的社会主义实践打开了广阔的天地。

正是因为资本主义经济发展的目的是满足资本的需要，是人依附于资本，为资本的增值服务，马克思通过对资本主义生产方式的分析总结，才提出人的自由全面发展是未来共产主义社会的标志。人作为社会发展的主体力量，是发展目的和动力的统一，只有以满足人民需要为目的的发展才能是可持续的发展，否则即使取得短期的发展也要付出惨痛的代价，如资本主义以资本为中心的发展所带来的周期性的经济金融危机，社会主义初级阶段唯生产力发展所引发的产能过剩、环境污染等问题。因此，坚持以人民为中心的发展理念就是马克思主义政治经济学人的自由全面发展思想在实践中的具体运用，充分体现了马克思主义政治经济学在社会主义市场经济发展中的实践价值。同时，对于树立正确的发展观，扭转经济发展中存在的各种错误倾向也有着非常重要的作用。

针对我们国家经济发展长期积累的矛盾和问题，党中央提出用供给侧改革解

决长期积累的产能过剩的矛盾,提高经济发展的质量和效率,实现经济的转型发展。习近平总书记指出:"从政治经济学的角度看,供给侧结构性改革的根本,是使我国供给能力更好满足广大人民日益增长、不断升级和个性化的物质文化和生态环境需要,从而实现社会主义生产目的。"这里的社会主义生产目的就是满足人民自身发展的需要,而不是资本或者其他需要。

笔者认为,从我国发展的现实看,目前的产能过剩、结构失衡等问题都和资本的过度扩张和市场的无序发展密不可分,这其中政府监管缺位和行政目标错位加重了矛盾的产生。资本的问题还得靠资本来解决,房地产库存、过剩产能和高杠杆融资都是与资本的过度扩张紧密联系的,这些问题归根结底是资本追逐利润的结果,是企业生产与社会生产脱节的结果,是单个资本生产与社会化大生产矛盾的表现。单个资本对利润的追求,使其在短期内无视社会需求而盲目地扩大投资和生产。而在我国地方政府的政绩考量下,在地方保护主义的推动下,又对这样的生产扩大推波助澜,使产能过剩的矛盾更加突出。因此,按照马克思主义政治经济学的观点,供给侧改革所反映出来的供给与需求的矛盾本质上是社会生产与消费的矛盾,供给侧改革就是要正确处理好生产与消费的关系、政府与市场的关系,重新明确生产的目的,将一切唯利润导向转到生产切实满足人民群众的消费需求上来,重新理顺政府与市场的关系,使政府职能归位,行政目标去资本化,在充分发挥市场基础性调节作用的同时,加强政府对社会生产的调节能力,关注民生发展,优化产业结构,合理配置资源,使社会生产按比例协调发展。

二、以马克思主义政治经济学为指导正确认识市场规律

十九大报告指出,要使市场在资源配置中起决定性作用,但要使市场在资源配置中发挥决定性作用,首先要正确认识市场规律,学习和运用市场规律,只有这样才能趋利避害,使市场更好地为社会主义建设服务。也只有这样才能真正建立起符合社会主义市场经济发展要求的体制和机制。要正确认识市场规律,坚持马克思主义政治经济学的理论指导是根本。马克思在《资本论》中对商品生产和价值规律的证明,对商品拜物教和资本逐利性的深刻分析,对于我们正确认识社会主义市场经济的市场运行规律,正确处理好市场与政府的关系具有重大现实意义和实践价值。从马克思对资本所有制演进的分析出发,市场更多还是政府更多,最根本的决定因素是当前社会制度下的所有制关系,而不是非此即彼的简单

第七章 社会主义市场经济中市场与政府关系的构建和完善

对比,在资本主义市场经济中市场与政府的关系的变化是与资本所有制的发展演变紧密联系、不可分割的。由于中国现在正处在社会主义初级阶段,研究的主体自然是社会主义初级阶段的社会,而不是别的社会。因此社会主义市场经济的性质首先是由社会主义初级阶段的所有制结构决定的,这也是我们在研究市场与政府关系时应该时刻把握的。如果不考虑这点,一般地谈市场和政府,就无法说清楚社会主义制度下两者的关系。

恩格斯在《共产党宣言》序言中说:"每一历史时代的经济生产以及必然由此产生的社会结构,是该时代政治的和精神的历史的基础"。[①] 在资本主义制度下,是资本的私人所有制起决定的作用,资本主义市场经济中市场与政府的关系是由这种所有制性质及其发展演进的历史阶段决定的。同样对于社会主义市场经济中市场与政府的关系如何处理,也要由现阶段社会主义市场经济中不同所有制的关系和所处的地位来决定。中国特色社会主义市场经济是建立在社会主义公有制为主体的多种所有制共同发展的基础上的,而不是以资本所有制为基础,这就决定了社会主义市场和政府关系的构建也要以社会主义所有制结构为基础。因此在笔者看来,研究社会主义市场经济中市场和政府的关系就不能简单地套用西方经济学的研究范式,而必须以马克思主义政治经济学所有制理论为出发点,但在具体方法和工具选择上可借鉴西方经济学有益的研究成果,只有这样才能为社会主义市场经济中市场和政府关系的构建和完善提供有益的帮助。

从社会主义市场经济中市场与政府的关系来看,既要发挥市场在配置资源中的基础地位,也要更好地发挥政府的作用,要如此唯有坚持运用马克思主义政治经济学的理论指导。由于资本主义私人资本所有制所固有的生产社会化和生产资料私人占有的内在矛盾,资本扩大生产的同时也不断遭遇市场的限制,频繁发生经济金融危机,迫使资本主义国家不断加深政府对市场的干预,但是在资本主义市场经济,这种干预只能属于从属的地位,资本逐利的本性决定了社会生产的无序是一种常态。从而使资本主义国家的计划和干预往往是事后的和被迫的。但是社会主义市场经济的社会主义性质和一切为了人民的生产目的,以及公有制的主体地位,决定了政府的宏观调控既有实施的要求,也有实施的物质条件。因此,社会主义市场经济中国家对市场的干预和资本主义国家被动的、迫不得已的做法

---

① 马克思,恩格斯. 马克思恩格斯选集(第1卷)[M]. 北京:人民出版社,1995:252.

不同，国家通过集中掌握生产资料可以积极地、主动地对经济活动进行调节，从而减少和避免市场无序生产造成的负面影响。

关于市场经济的改革，邓小平同志在1978年就指出过："这场革命既要大幅度地改变目前落后的生产力，就必然要多方面地改变生产关系，改变上层建筑，改变工农业企业的管理方式和国家对工农业企业的管理方式，使之适应于现代化大经济的需要。"[1] 党的十七大报告指出："要深化对社会主义市场经济规律的认识，从制度上更好发挥市场在资源配置中的基础性作用，形成有利于科学发展的宏观调控体系。"[2] 党的十八大报告进一步指出："经济体制改革的核心问题是处理好政府和市场的关系，必须更加尊重市场规律，更好发挥政府作用。"并提出要在"更大程度更广范围发挥市场在资源配置中的基础性作用，完善宏观调控体系，完善开放型经济体系，推动经济更有效率、更加公平、更可持续发展"。[3] 十九大报告提出要"坚持社会主义市场经济改革方向，推动经济持续健康发展"，并指出"必须坚持和完善中国特色社会主义制度，不断推进国家治理体系和治理能力现代化，坚决破除一切不合时宜的思想观念和体制机制弊端，突破利益固化的藩篱，吸收人类文明有益成果，构建系统完备、科学规范、运行有效的制度体系，充分发挥我国社会主义制度优越性"。[4] 因此，适应社会主义市场经济发展的要求建立新型的政府管理模式，就成为完善社会主义市场经济中市场与政府关系的一项重要内容。

与传统计划经济相比较，社会主义市场经济的实行对政府管理提出了完全不同的要求。列宁在推行新经济政策时，就曾提到对商业的学习，认为这是实行新经济政策的基本要求，他说："我们应该学习。应该学习由国家调节商业关系。"[5] 社会主义国家实行市场经济更应该进行学习，这有助于完善社会主义市场经济中市场与政府的关系，通过学习来认识市场、了解市场，转换思想和管理

---

[1] 邓小平. 邓小平文选（第2卷）[M]. 北京：人民出版社，1994：135–136.
[2] 胡锦涛. 高举中国特色社会主义伟大旗帜 为夺取全面建设小康社会新胜利而奋斗 [M]. 北京：人民出版社，2007：21.
[3] 胡锦涛. 坚定不移沿着中国特色社会主义道路前进 为全面建成小康社会而奋斗——在中国共产党第十八次全国代表大会上的报告 [J]. 当代江西，2012，28（11）：6–26.
[4] 习近平. 决胜全面建成小康社会 夺取新时代中国特色社会主义伟大胜利——在中国共产党第十九次全国代表大会上的报告 [J]. 学理论，2017，No.773（11）：15–34.
[5] 列宁. 列宁论新经济政策 [M]. 北京：人民出版社，2001：138.

方式。这包括学习市场的运行,学习如何处理多种所有制关系,学习如何在市场经济中进行宏观调控和对市场进行监督管理,而学习的最直接的办法就是参与市场的过程,通过参与市场活动来学习市场运行的各种规律。

以对价格机制的学习和对价格杠杆的运用为例,价格机制一直以来被看作市场经济的核心,价格作为一种市场交易的信号,一方面反映了资源的稀缺程度,另一方面也可以作为一种对市场交易进行调节的杠杆。这种杠杆完全可以成为政府调节市场的有效经济手段。但在实践中,政府对价格杠杆的利用远远不够。例如,政府由于对市场信息的掌握要远远大于普通的生产者和消费者,通过政府来制定合理的市场指导价,可以极大地缓解由于信息缺乏而造成的市场交易的不公平现象,也有利于维护市场的正常秩序。但是在现实中,政府却缺乏应有的价格调节能力,政府在价格调节上的不作为对某些市场交易秩序的混乱负有不可推卸的责任。以住房商品价格为例,政府完全可以根据住房商品的生产情况,根据掌握的市场信息,制定合理的市场指导价格,来引导房地产市场的有序发展,而不是任由其随意浮动,既扭曲了市场供求,也容易产生资产泡沫,结果不仅损害了人民的利益,也对宏观经济稳定造成了危害。2007年美国房地产市场次贷资产泡沫的破灭,正是源于美国政府对房地产价格上涨的放任,这个教训是很值得吸取的。

现在有人仍然把政府的价格调节看作计划经济下的价格管制,片面强调价格机制的自动调节;也有人在价格上一味强调和国际接轨,忽略了国内经济社会发展的现实。笔者认为,符合了国际市场的价格不一定就符合国内市场的实际,因为两种市场的差异是无法通过价格的一致消除的。这里不是简单的价格统一的问题,而是如何用价格杠杆调节生产以满足人民需要的问题。要利用好价格杠杆,就要加快形成能够有效反映市场供求关系、资源稀缺程度、环境损害成本的包括生产要素和资源在内的各类价格形成机制,从而更好地为经济发展服务。

在加强利用经济手段调节市场的同时,也要强调把经济手段与行政手段相结合。从实际看,目前有些问题正是市场机制作用造成的缺陷,如现在普遍存在的产能过剩、落后企业难以淘汰等问题,仅靠经济手段已不能解决,必须与行政手段相结合来解决。另外,转变经济发展方式、产业结构升级、传统产业信息化改造等,也要通过两种手段的结合使用才可以较快地见效。而长期存在的内需不足的问题,仅靠经济手段也是不够的,必须与行政手段相配合。例如,建设保障性安居工程,加快医疗卫生、文化教育事业发展,提高城乡居民收入,加快农村基础设施建设等,这些措施的实施对于改善人民生活、扩大国内需求、促进经济发展都有着积极的意义。

三、提高政府宏观调控的科学性和预见性

中共十九大报告中提出,"使市场在资源配置中起决定性作用,更好发挥政府作用"。但是如何更好地发挥政府作用,是需要认真思考的。前面已经分析了分工在企业内部的发展所产生的计划向社会生产的扩散效应,这种扩散效应和频繁发生的危机虽然也迫使资本主义国家不断加深对市场的干预,但是在资本主义市场经济,这种计划调节只能处于从属的地位,资本追逐利润的本性决定了社会生产的无序是一种常态,从而使资本主义国家的计划和干预往往是事后的和被迫的。

但是社会主义性质和生产的目的,以及公有制的主体地位,决定了政府的宏观调控既有实施的要求,也有实施的物质条件,也使社会主义国家对市场经济的干预和资本主义国家被动的、迫不得已的做法不同,国家通过集中掌握生产资料可以积极主动地对经济活动进行调节,从而减少和避免市场无序生产造成的负面影响。而且随着社会主义公有制经济的发展,国家的宏观调控也有了日益增加的物质基础。

社会生产按比例协调发展是马克思主义政治经济学的重要理论原则,但是近年来随着我国经济的发展,在生产发展的同时,市场的规模和运行也日益庞大和复杂,大量各类资本的存在和对生产扩张及利润的渴望使社会生产比例不协调的问题日趋严重。目前广泛存在的供给侧结构性问题,突出表现为产能过剩和房地产库存过剩,但从深层次看主要是与这些年生产的资本化倾向和由此引起的结构性的资本过剩有直接关系。而这种资本化的倾向随着市场化程度的提高日益普遍,在促进生产发展的同时,也带来生产比例失调的负面效应。这些都对政府的宏观调控提出了更高的要求,迫使政府不断提高宏观调控的能力和水平,否则将无法应对复杂经济环境的变化。

笔者认为,要应对这种变化,就需要在尊重市场、认识市场的同时,按照马克思主义政治经济学社会生产比例协调发展的理论指导,提高政府宏观调控的科学性和预见性,加快解决社会生产比例不协调的问题。首先,宏观调控政策要根

据生产发展的实际和社会经济发展的要求来制定,并根据经济发展实际及时进行调整。政策的制定过程中应在尽可能的条件下充分进行民主协商,自觉地对经济社会发展各个方面进行统筹兼顾,提高政策的适用性和科学性。最根本的是政策制定必须坚持以人民为中心的基本原则,将宏观调控与市场发展和人民的利益有机地统一在一起。其次,要加强对市场运行机制和各种规律的研究和学习,市场经济有其运行规律,调控政策必须在遵循市场规律的基础上制定,根据市场变化及时调整,只有这样才可能提高政策制定的预见性和可行性。最后,在提高政府宏观调控的科学性和预见性的基础上,要进一步完善国家规划体系,更好地发挥国家发展规划、计划、产业政策在宏观调控中的导向作用,综合运用财政、货币政策,提高宏观调控水平。

四、经济发展与人民的发展相统一

马克思曾经指出:"因为资本的目的不是满足需求,而是生产利润,因为资本达到这个目的所用的方法,是按照生产的规模来决定生产量,而不是相反,所以,在立足于资本主义基础的有限的消费范围和不断地力图突破自己固有的这种限制的生产之间,必然会不断发生冲突。"[1] 在资本主义私有制下,生产资料与劳动者是分离的,生产资料被少数资本的拥有者所占有。技术和分工的发展使劳动者与生产资料愈来愈分离,以计算机为代表的新技术革命的发生不仅推动生产和市场以前所未有的规模发展,也使生产资料被少数资本所控制的情况更加严重,资本扩张和市场界限的冲突最终爆发了全球性的金融危机。这种以资本的发展为目的的生产方式又一次用危机证明了自己的不合理。但由于世界发展的不平衡,资本仍然有很大的迂回空间,因此资本主义所有制仍将长期地存在,并随着技术和分工的发展而发展。

在社会主义公有制条件下,生产资料是由全体劳动者共同占有,人们的生产关系由雇佣劳动转变为平等的劳动关系,劳动者与生产资料由分离而相结合,在生产过程中人真正掌握了生产工具,真正成为机器的主人,技术和机器从排斥人转变为人发展和解放自己的方法和手段。虽然社会主义市场经济是多种所有制共同发展,但社会主义公有制的主体地位决定了整个社会生产方式的社会主义性

---

[1] 马克思. 资本论(第3卷)[M]. 北京:人民出版社,1975:285-286.

质，也决定了社会主义市场经济的目的是人的发展而不是资本的发展。因此最大限度地满足全体人民的需要，实现以人为本的科学发展，保证全体社会成员享受到经济发展的果实，也成为社会主义市场经济及市场与政府关系发展和完善的应有之义。无论社会主义市场经济中的市场还是政府都要服务于这样一个共同的目的，这也是社会主义和资本主义市场经济中市场和政府关系的本质区别。

但在社会主义市场经济的实践中，旧的生产方式还将在一定范围内长期存在并有所发展，旧分工造成的人的片面化也将随着技术和生产的发展而发展，资本的负面影响也将长期存在并以各种形式表现出来。而且社会主义市场经济的建设和市场与政府关系的构建都还很不完善，经验不足和认识上的偏差也会产生各种问题。由于这些因素的影响，社会经济在迅速发展的同时，也产生了各种各样的问题。笔者认为这些问题不是如一些人所说的是市场化程度不够、政府干预过多所造成的，而是违背了社会主义的发展目的而产生的，在发展经济的同时忽视了人的发展，而资本化的倾向也对市场经济的发展产生了消极的影响。要解决这些问题，只有在坚持社会主义公有制主体地位的同时，以习近平新时代中国特色社会主义思想为指导，坚持以人民为中心，将经济发展与人民的发展相结合，走全面协调可持续的发展道路。

坚持以人民为中心，就是要以人民的利益作为生产的首要目的，将人民的发展作为经济社会发展的首要目标。邓小平说过："社会主义与资本主义不同的特点就是共同富裕，不搞两极分化。"① 坚持以人民为中心就是要保障人民各项权利，走共同富裕的道路。就是要促进人的全面发展，做到发展为了人民、发展依靠人民、发展成果由人民共享。当然，实现人民的发展的前提和基础是物质生产力的不断发展。因此在生产力还不发达的社会主义初级阶段，还要利用包括市场和资本在内的一切积极的手段和因素来发展生产力，同时这些手段和因素自身的发展也是一个必然的过程，但是只要把人民的发展放到第一位，就可以把这些手段和因素可能会产生的消极影响限制在尽可能小的范围内。

生产力的发展决定了生产关系的发展，先进的生产关系才能推动生产力的不断进步。与资本主义只重视资本的发展而忽视人的发展不同，在社会主义市场经济条件下，经济发展与人民的发展是相互协调统一、相互促进的关系。社会主义

---

① 邓小平. 邓小平文选（第3卷）[M]. 北京：人民出版社，1993：123.

/第七章 社会主义市场经济中市场与政府关系的构建和完善/

市场经济不仅表现为生产力的增长，而且反映了生产关系的调整变化。生产关系根本是人与人在社会生产中结成的关系的总和，人的发展也就是生产关系的发展，社会主义生产关系的发展本质上是人民的发展。改革开放以来，为了改变社会主义初级阶段生产力落后的状况，我们对原有的单一公有制的生产关系进行了调整，使生产关系增加了资本的成分。调整后的生产关系适应了生产力发展的需要，解放了生产力，使生产力持续多年保持高速增长。但是在经济发展的同时，人民的发展滞后了。现在我们又面临着生产关系与生产力发展不相适应的矛盾，如果说上一次生产关系调整的主要目的是解放生产力、发展生产力，那么现在面临的是生产力已经发展到原有的生产关系不能适应的阶段，也就是人民的发展没有跟上经济的发展，这也是现阶段面临的诸多问题的根源。习近平总书记在十九大报告中提出，我国社会主要矛盾已经发生了关系全局的历史性变化，并指出，"中国特色社会主义进入新时代，我国社会主要矛盾已经转化为人民日益增长的美好生活需要和不平衡不充分的发展之间的矛盾"。这一关于我国社会主要矛盾的新判断意义重大，说明生产力发展的不平衡不充分的矛盾已经成为制约我国社会生产力和生产关系的主要矛盾。

坚持以人民为中心的整体发展观和以经济建设为中心的具体工作要求相统一，就是将经济发展与人民的发展联系起来，这也是社会主义市场经济发展面临的长期和短期的关系问题。经济利益是短期利益，人民的利益是长期利益。只有考虑长期利益，短期利益才有意义。从以人民为中心和以经济建设为中心来看，以经济建设为中心是阶段性的任务，而以人民为中心是始终要坚持的长远任务。以人民为中心要在生产力发展的前提下，因为没有生产力的发展，人民的生产生活就不能得到提高和改善。但是生产力的发展不是唯生产力论，生产力的发展最终是要实现和满足人民的利益。

从不同的历史阶段来看，奴隶社会是以奴隶主的利益为中心，封建社会是以地主的利益为中心，资本主义社会是以资本的利益为中心，社会主义是真正的以人民的利益为中心。从生产力发展水平上看，每一个更先进的生产力发展阶段，都对应着更高级的生产关系。在我国改革开放初期，由于生产力的落后，更加强调经济建设重要性，因此提出以经济建设为中心的发展路线，但随着生产力发展和经济的迅速增长，应该及时进行调整，更加重视人的作用，重视人民群众日益增长的物质需求，也是提出以人民为中心发展思想的现实需要。人是社会生产关系的总和，人的需要也不断在改变社会生产的结构，以人民为中心就是着重发挥人民在社会主义市场经济中的实践主体地位，将人民作为生产发展的目的和动力，正确认识经济发展与人民发展的辩证统一关系，使经济发展和人民发展相互促进。只有这样才能有效解决现阶段生产关系与生产力不相协调的矛盾，通过人民的发展为生产力的发展创造更多的有利条件，进而实现人民自身的不断发展进步。

结 语

/ 结 语 /

社会主义不是一成不变的,不仅在过去和现在,在未来也是一样,社会主义市场经济的建立开创了社会主义发展的新篇章,也为落后国家建设社会主义提供了有益的借鉴。在东欧剧变之后,西方一些人鼓吹资本主义是人类发展的最终模式,是历史的终结;但正如马克思所说,资本所有者及其代言人的偏私观念使他们"把自己的生产关系和所有制关系从历史的、在生产过程中是暂时的关系变成永恒的自然规律和理性规律"。[①] 他们将社会主义暂时的挫折看作了资本实现永恒统治的标志,社会主义中国的崛起打破了这一所有制的神话。公有制为主体多种所有制的共同发展,社会主义与市场经济的结合使社会主义在摆脱旧的束缚的同时走向了新的历史发展道路。

尽管建设和完善社会主义市场经济是一个长期而艰巨的任务,但只要坚持以人民为本的科学发展观,将经济发展与人民的发展相结合,在坚持公有制的主体地位和社会主义基本制度的基础上,正确处理市场和政府的关系,在完善社会主义市场经济体制,使市场在资源配置中起决定性作用的同时,加快政府机构改革和职能转变,更好地发挥政府的作用,不断发展和完善中国特色社会主义制度,不断推进国家治理体系和治理能力现代化,就一定能够战胜前进道路上的一切困难,从而使社会主义市场经济为世界社会主义运动和落后国家的发展提供一种崭新的模式,也给世界上那些既希望加快发展又希望保持自身独立性的国家和民族提供全新的选择,为解决人类问题贡献中国智慧和中国方案。

---

① 马克思,恩格斯. 马克思恩格斯选集(第1卷)[M]. 北京:人民出版社,1972:268.

参考文献

中文文献：

[1] [英] A. 诺夫. 可行的社会主义经济学 [M]. 北京：华夏出版社，1991.

[2] [美] 阿道夫·贝利. 没有财产权的权力 [M]. 北京：商务印书馆，1962.

[3] [美] 阿道夫·贝利. 二十世纪的资本主义革命 [M]. 北京：商务印书馆，1964.

[4] 阿林·杨格. 报酬递增与经济进步 [J]. 经济社会体制比较，1996（2）：52-57.

[5] [俄] 阿纳托利·丘拜斯. 俄罗斯式的私有化 [M]. 北京：新华出版社，2004.

[6] [美] 奥利弗·E. 威廉姆森. 资本主义经济制度 [M]. 北京：商务印书馆，2002.

[7] [美] 安德烈·施莱弗等. 掠夺之手：政府病及其治疗 [M]. 北京：中信出版社，2004.

[8] B. 格罗梅卡. 自动化的新阶段 [J]. 国外社会科学，1984（5）：47-48.

[9] [美] 保罗·萨缪尔森. 经济学（第17版）[M]. 北京：人民邮电出版社，2004.

[10] [美] 保罗·巴兰，保罗·斯威奇. 垄断资本 [M]. 北京：商务印书馆，1977.

[11] [法] 保尔·芒图. 十八世纪产业革命——英国近代大工业初期的概况 [M]. 北京：商务印书馆，1983.

[12] [美] 伯纳德·巴伯. 科学与社会秩序 [M]. 北京：三联书店，1991.

[13] [荷] 伯纳德·曼德维尔. 蜜蜂的寓言 [M]. 北京：中国社会科学出版社，2002.

[14] [法] 彼罗·斯拉法. 李嘉图著作和通信集（第1卷）[M]. 北京：商务印书馆，1962.

[15] [美] 彼得·F. 德鲁克. 新社会——对工业秩序的剖析 [M]. 上海：上海人民出版社，2002.

[16] [美] 布热津斯基. 大失败——二十世纪共产主义的兴亡 [M]. 北京：军事科学出版社，1989.

[17] [美] 查尔斯·沃尔夫. 市场或政府 [M]. 北京：中国发展出版社，1994.

[18] [美] 查尔斯·沃尔夫. 市场，还是政府 [M]. 重庆：重庆出版集团，2007.

[19] 陈冰，解书森. 关于科技革命对生产力发展的效应 [J]. 哲学研究，1985 (2)：9-15.

[20] 陈雅萍. 基于技术进步视角下的分工问题研究 [D]. 厦门：厦门大学博士学位论文，2008.

[21] 大卫·科茨. 国家在经济转型中的作用（上）——俄中经济转型经验比较 [J]. 国外理论动态，2005 (1)：7-12.

[22] 大卫·科茨. 国家在经济转型中的作用（下）——俄中经济转型经验比较 [J]. 国外理论动态，2005 (2)：32-36.

[23] 大卫·科茨. 所有权、财产权与经济绩效 [J]. 经济社会体制比较，2008 (3)：10-14.

[24] 邓小平. 邓小平文选（第1、2、3卷）[M]. 北京：人民出版社，1993，1994.

[25] [美] 道格拉斯·C. 诺思. 制度、制度变迁与经济绩效 [M]. 上海：格致出版社，2008.

[26] [美] 道格拉斯·C. 诺思. 经济史上的结构和变革 [M]. 北京：商务印书馆，1992.

[27] [美] 道格拉斯·C. 诺思. 理解经济变迁过程 [M]. 北京：中国人民大学出版社，2008.

[28] [美] 戴维·罗默. 高级宏观经济学 [M]. 北京：商务印书馆，2003.

[29] 段瑞华. 科学技术革命与社会主义之历史演进 [M]. 武汉：华中理工大学出版社，1996.

[30] [英] 戴维·柯茨. 资本主义的模式 [M]. 南京：江苏人民出版社，2001.

[31] [美] 戴维·F. 诺布尔. 生产力：工业自动化的社会史 [M]. 北京：中国人民大学出版社，2007.

[32] 杜人淮. 论政府与市场关系及其作用的边界 [J]. 现代经济探讨，2006

(4)：67-70.

[33] 法共中央经济部等. 国家垄断资本主义（上、下册）[M].北京：商务印书馆，1983.

[34] [法] 费尔南·布罗代尔. 资本主义的动力 [M].北京：三联书店，1997.

[35] [法] 费尔南·布罗代尔. 资本主义论丛 [M].北京：中央编译出版社，1997.

[36] [美] 弗朗西斯·福山. 历史的终结及最后一人 [M].北京：中国社会科学出版社，2003.

[37] [英] 弗里德里希·奥古斯特·哈耶克. 通往奴役之路 [M].北京：中国社会科学出版社，1997.

[38] [法] 弗朗索瓦·沙奈. 资本全球化 [M].北京：中央编译出版社，2001.

[39] [法] 弗朗索瓦·沙奈. 突破金融危机：金融危机缘由与对策 [M].北京：中央编译出版社，2009.

[40] [德] 弗雷德里克·普赖尔. 美国资本主义的未来 [M].北京：中国社会科学出版社，2004.

[41] 高峰等. 发达资本主义国家的所有制研究 [M].北京：清华大学出版社，1998.

[42] 高铁梅. 计量经济分析方法与建模 [M].北京：清华大学出版社，2007.

[43] [德] 格罗·詹纳. 资本主义的未来 [M].北京：社会科学文献出版社，2004.

[44] 顾钰民. 混合所有制的制度经济学分析 [J].福建论坛·人文社会科学版，2006（10）：16-20.

[45] 桂林. 经济发展、社会福利与治理结构 [J].经济研究，2009（4）：141-150.

[46] 哈罗德·德姆塞茨. 产权理论：私人所有权与集体所有权之争 [J].经济社会体制比较，2005（5）：79-90.

[47] 韩东. 国际金融危机的政治经济学分析 [J].高校理论战线，2009（3）：26-30.

[48] 何胜明. 论政府与市场关系 [J].时代财会，2001（1）：10-13.

[49] 何增科. 法国学者布迪厄谈新自由主义的本质 [J].国外理论动态，1999（4）：14-16.

[50] 胡锦涛. 高举中国特色社会主义伟大旗帜 为夺取全面建设小康社会新胜利而奋斗 [M]. 北京：人民出版社，2007.

[51] 胡锦涛. 坚定不移沿着中国特色社会主义道路前进 为全面建成小康社会而奋斗——在中国共产党第十八次全国代表大会上的报告 [J]. 当代江西，2012，28（11）：6-26.

[52] 胡钧. 胡钧自选集 [M]. 北京：中国人民大学出版社，2007.

[53] 胡钧. 中国社会主义市场经济研究 [M]. 济南：山东人民出版社，1999.

[54] 胡钧. 马克思主义政治经济学与现代西方经济学 [M]. 北京：光明日报出版社，2009.

[55] 胡钧. 坚持和完善社会主义初级阶段所有制结构 [J]. 思想理论教育导刊，2009（11）：53-59.

[56] 胡钧，韩东. 坚持社会主义公有制为主体、多种所有制经济共同发展的基本经济制度 [J]. 高校理论战线，2010（3）：4-10.

[57] 胡钧，韩东. 国际金融危机与备受瞩目的"中国模式" [J]. 经济纵横，2010（3）：1-7.

[58] 胡家勇. "市场经济中的政府职能"研讨会综述 [J]. 经济研究，2005（8）：18-23.

[59] [英] 霍布斯. 利维坦 [M]. 北京：商务印书馆，1986.

[60] [秘鲁] 赫尔南多·德·索托. 资本的秘密 [M]. 南京：江苏人民出版社，2005.

[61] [美] 哈罗德·德姆塞茨. 所有权、控制与企业 [M]. 北京：经济科学出版社，2004.

[62] 胡代光. 西方经济学说的演变及其影响 [M]. 北京：北京大学出版社，1998.

[63] 胡鞍钢. 政府与市场 [M]. 北京：中国计划出版社，2000.

[64] 胡鞍钢. 知识与发展 21 世纪新追赶战略 [M]. 北京：北京大学出版社，2001.

[65] 胡代光等. 当代国外学者论市场经济 [M]. 北京：商务印书馆，1996.

[66] 黄捷荣，张长生. 第三次科技革命与现代市场经济 [J]. 现代哲学，1996（3）：55-59.

[67] 黄晓辉．从所有制形式的变化看当代资本主义的发展趋势［J］．福建论坛（人文社会科学版），2006（5）：9-12．

[68] ［英］霍布豪斯．自由主义［M］．北京：商务印书馆，2002．

[69] 靳辉明．国际垄断资本主义的本质特征和历史地位［J］．马克思主义研究，2006（1）：78-87．

[70] ［日］金子胜．经济全球化与市场战略［M］．北京：中国人民大学出版社，2002．

[71] "经典作家所有制和分配理论基本观点研究"课题组．国内外关于经典作家所有制理论的争论［J］．中共中央党校学报，2008，12（1）：70-77．

[72] ［英］卡尔·波兰尼．大转型：我们时代的政治与经济起源［M］．杭州：浙江人民出版社，2007．

[73] ［委内瑞拉］卡罗塔·佩雷斯．技术革命与金融资本［M］．北京：中国人民大学出版社，2007．

[74] ［英］克里斯·弗里曼等．光阴似箭［M］．北京：中国人民大学出版社，2007．

[75] ［德］柯武刚，史漫飞．制度经济学［M］．北京：商务印书馆，2004．

[76] 柯颖，王述瑛．模块化生产网络：一种新产业组织形态研究［J］．中国工业经济，2007（8）：75-82．

[77] ［法］拉法格．拉法格文选［M］．北京：人民出版社，1985．

[78] 李会滨等．社会主义与21世纪［M］．北京：中央编译出版社，2000．

[79] 李楠．中国现阶段所有制结构及其演变的理论与实证研究［M］．武汉：武汉大学出版社，2008．

[80] 李晓冬．所有权内生性研究［D］．长春：吉林大学，2006．

[81] 厉以宁．资本主义的起源［M］．北京：商务印书馆，2003．

[82] 李玉峰．关于公有制与市场经济能否结合的历史争鸣评述［J］．学术论坛，2001（2）：53-56．

[83] 列宁．列宁全集（第27卷）［M］．北京：人民出版社，1958．

[84] 列宁．列宁选集（第1卷）［M］．北京：人民出版社，1995．

[85] 列宁．列宁论新经济政策［M］．北京：人民出版社，2001．

[86] 列宁．国家与革命［M］．北京：人民出版社，2001．

[87] 列宁. 帝国主义是资本主义的最高阶段 [M]. 北京：人民出版社, 2001.

[88] [美] 理查德·隆沃思. 全球经济自由化的危机 [M]. 北京：三联书店, 2002.

[89] 林铁刚. 注重资产价格和风险管理在金融稳定中的作用 [J]. 中国金融, 2006 (24)：21–23.

[90] [日] 林直道. 危机与萧条的经济理论 [M]. 北京：中国人民大学出版社, 2005.

[91] 联合国贸易和发展会议. 2008 年贸易和发展报告 [R]. 日内瓦：联合国贸易和发展会议, 2008.

[92] 刘昀献. 国际垄断资本主义论 [M]. 郑州：河南人民出版社, 2005.

[93] 刘长龙等. 市场经济思想史纲 [M]. 北京：首都师范大学出版社, 1999.

[94] 卢景辉. 试论社会主义在不发达国家的首先胜利 [J]. 广州大学学报（综合版), 2000–8, 14 (4)：54–58.

[95] [美] 罗伯特·赖克. 国家的作用 [M]. 上海：上海译文出版社, 1994.

[96] [英] 罗宾·柯林伍德. 自然的观念 [M]. 北京：华夏出版社, 1999.

[97] [德] 鲁道夫·希法亭. 金融资本 [M]. 北京：商务印书馆, 1994.

[98] 陆南泉. 俄罗斯私有化的失误及警示 [J]. 人民论坛（双周刊), 2008, 52：22–23.

[99] [加拿大] 罗伯特·阿尔布里坦等. 资本主义的发展阶段 [M]. 北京：经济科学出版社, 2003.

[100] 罗伯特·布伦纳, 孙宗伟, 许建康. 全球生产能力过剩与 1973 年以来的美国经济史（下)[J]. 国外理论动态, 2006 (3)：17–23.

[101] 罗文东. 超国家垄断资本主义：对当代资本主义的一种理论分析 [J]. 当代世界与社会主义（双月刊), 2006 (5)：74–77.

[102] 马克思, 恩格斯. 马克思恩格斯全集（第 1 卷）[M]. 北京：人民出版社, 1956.

[103] 马克思, 恩格斯. 马克思恩格斯全集（第 3 卷）[M]. 北京：人民出版社, 1960.

[104] 马克思, 恩格斯. 马克思恩格斯全集（第 4 卷）[M]. 北京：人民出版社, 1958.

[105] 马克思, 恩格斯. 马克思恩格斯全集（第37卷）[M]. 北京：人民出版社, 1971.

[106] 马克思, 恩格斯. 马克思恩格斯全集（第46卷上册）[M]. 北京：人民出版社, 1979.

[107] 马克思, 恩格斯. 马克思恩格斯全集（第46卷下册）[M]. 北京：人民出版社, 1980.

[108] 马克思, 恩格斯. 马克思恩格斯全集（第47卷）[M]. 北京：人民出版社, 1979.

[109] 马克思, 恩格斯. 马克思恩格斯选集（1～4卷）[M]. 北京：人民出版社, 1972.

[110] 马克思. 资本论（第1、2、3卷）[M]. 北京：人民出版社, 1975.

[111] 马克思, 恩格斯. 德意志意识形态节选本[M]. 北京：人民出版社, 2003.

[112] 马克思. 1844年经济学哲学手稿[M]. 北京：人民出版社, 2000.

[113] 马克思. 机器、自然力和科学的应用[M]. 北京：人民出版社, 1978.

[114] 孟捷. 产品创新与马克思的分工理论——兼答高峰教授[J]. 当代经济研究, 2004（9）：46-52.

[115] 马文保.《德意志意识形态》的分工思想解析[J]. 延安大学学报（社会科学版）, 2002（1）：45-47.

[116] 马丽娜等. 我国所有制结构的宏观调整和微观重构[M]. 北京：中国政法大学出版社, 2004.

[117] 马健行等. 垄断资本概论[M]. 济南：山东人民出版社, 1993.

[118] 马颖. 关于政府干预理论的结构主义经济发展思路[J]. 国外社会科学, 2005（4）：2-9.

[119] 毛泽东. 毛泽东选集（第5卷）[M]. 北京：人民出版社, 1977.

[120] [美] 曼瑟·奥尔森. 权利与繁荣[M]. 上海：世纪出版集团, 2005.

[121] [美] 米尔顿·弗里德曼. 资本主义与自由[M]. 北京：商务印书馆, 2004.

[122] [法] 米歇尔·阿尔贝尔. 资本主义反对资本主义[M]. 北京：社会科学文献出版社, 1999.

[123] [法] 米歇尔·博德. 资本主义史: 1500—1980 [M]. 北京: 东方出版社, 1987.

[124] 聂仲元. 近代史上封建国家向资本主义的过渡 [J]. 齐鲁学刊, 1988 (4): 73-78.

[125] [奥] 庞巴维克. 资本实证论 [M]. 北京: 商务印书馆, 1983.

[126] [法] 蒲鲁东. 什么是所有权 [M]. 北京: 商务印书馆, 1997.

[127] [美] 乔治·J. 施蒂格勒. 产业组织 [M]. 上海: 上海三联书店, 上海人民出版社, 2006.

[128] 乔榛. 马克思分工理论——发展马克思主义经济学的一种范式 [J]. 经济学家, 2005 (3): 36-42.

[129] 邱海平. 正确认识马克思的经济学理论与资本主义发展的关系——兼谈马克思的"丧钟论"与"扬弃论"的关系 [J]. 教学与研究, 2007 (7): 10-16.

[130] 邱虹. 分工的二元发展与企业小型化、分散化趋势 [J]. 商业研究, 2006 (13): 48-50.

[131] [美] R. 科斯, A. 阿尔钦. 财产权利与制度变迁 [M]. 上海: 上海三联书店, 1994.

[132] 芮明杰, 张琰. 模块化组织理论研究综述 [J]. 当代财经, 2008 (3): 122-128.

[133] [美] 萨缪尔森等. 西方经济学经典选读 [M]. 深圳: 海天出版社, 2002.

[134] 斯大林. 苏联社会主义经济问题 [M]. 北京: 人民出版社, 1952.

[135] [美] 斯坦利·L. 布鲁等. 经济思想史 [M]. 北京: 北京大学出版社, 2008.

[136] [古希腊] 色诺芬. 经济论 [M]. 北京: 商务印书馆, 1961.

[137] 盛洪. 分工与交易 [M]. 上海: 上海三联书店, 2006.

[138] [日] 山口重克. 市场经济: 历史·思想·现在 [M]. 北京: 社会科学文献出版社, 2007.

[139] 石俊田. 科技革命与经济体制 [M]. 沈阳: 东北大学出版社, 2008.

[140] [英] 斯蒂芬·博丁顿. 计算机与社会主义 [M]. 北京: 华夏出版

社，1989．

［141］苏东斌．市场经济体制对所有制结构的三大要求［J］．经济研究，1998
（12）：23－28．

［142］汤建龙，张之沧．安德瑞·高兹的"后马克思"技术观——资本主义技
术和分工批判［J］．科学技术与辩证法，2009，2，26（1）：61－65．

［143］陶文昭．信息时代与社会主义的未来［J］．当代世界社会主义问题，2004
（2）：63－70．

［144］［法］涂尔干．社会分工论［M］．北京：三联书店，2000．

［145］汤敏，茅于轼．现代经济学前沿专题（第一集）［M］．北京：商务印书
馆，1989．

［146］涂文涛．当代中国所有制结构变迁研究［M］．成都：西南财经大学出版
社，2002．

［147］［英］托尼·基利克．过分的倒退——经济理论和发展中国家的作用
［M］．北京：企业管理出版社，1994．

［148］［波］W．布鲁斯．社会主义的所有制与政治体制［M］．北京：华夏出版
社，1990．

［149］王伯鲁．广义技术视野中的社会分工问题解析［J］．科学技术与辩证法，
2003（2）：65－68．

［150］王国平．论产权与所有制［J］．探索与争鸣，1992（5）：22－40．

［151］王南湜．《德意志意识形态》中的分工和异化理论［J］．哲学研究，2005
（10）：1－5．

［152］王晓龙，秦春华．社会主义下的所有制结构变迁及其与市场经济的相容性
分析［J］．北京工商大学学报（社会科学版），2002（5）：17－20．

［153］王祖强．社会主义所有制理论的创新与发展［M］．北京：中国经济出版
社，2004．

［154］［美］威廉姆森．交易成本经济学经典名篇选读［M］．北京：人民出版
社，2008．

［155］［美］威廉·拉佐尼克．车间的竞争优势［M］．北京：中国人民大学出版
社，2007．

［156］［美］威廉·M．杜格．回到进化：马克思主义和制度主义关于社会变迁

[157] 文魁. 从所有制功能认识和把握基本经济制度 [J]. 中国特色社会主义研究, 2003 (3): 12-17.

[158] 巫宝三. 欧洲中世纪经济思想资料选辑 [M]. 北京: 商务印书馆, 1998.

[159] 吴汉洪. 西方产业组织理论关于市场结构与创新关系的争论 [J]. 教学与研究, 2002 (11): 57-62.

[160] 吴淑娴. 马克思所有制思想研究 [M]. 武汉: 湖北教育出版社, 2007.

[161] 吴易风. 产权理论: 马克思和科斯的比较 [J]. 中国社会科学, 2007 (2): 4-18.

[162] 吴宇晖, 张嘉昕. 民主公司、劳动产权与所有制——大卫·艾勒曼产权理论及评析 [J]. 学习与探索, 2009 (4): 161-164.

[163] 魏屹东. 马克思论科学、技术与生产的关系 [J]. 现代哲学, 2001 (2): 53-58.

[164] 习近平. 决胜全面建成小康社会 夺取新时代中国特色社会主义伟大胜利——在中国共产党第十九次全国代表大会上的报告 [J]. 学理论, 2017, No. 773 (11): 15-34.

[165] [美] 西达·斯考切波. 国家与社会革命对法国、俄国和中国的比较分析 [M]. 上海: 上海人民出版社, 2007.

[166] [美] 小艾尔弗雷德·D. 钱德勒. 看得见的手 [M]. 北京: 商务印书馆, 1987.

[167] 夏禹龙, 袁恩祯. 对社会主义不同发展阶段资本和所有制结构特点的认识 [J]. 毛泽东邓小平理论研究, 2008 (2): 44-50.

[168] 谢富胜. 分工、技术与生产组织变迁 [M]. 北京: 经济科学出版社, 2005.

[169] 许涤新. 政治经济学词典 (中册) [M]. 北京: 人民出版社, 1980.

[170] 薛汉民等. 制度设计与变迁: 从马克思到中国的市场取向改革 [M]. 济南: 山东大学出版社, 2003.

[171] 徐宝强. 反市场的资本主义 [M]. 北京: 中央编译出版社, 2001.

[172] 许崇温. 当代资本主义新变化 [M]. 重庆: 重庆出版社, 2004.

[173] 徐文燕. 马克思主义对西方新制度经济学的影响和贡献 [J]. 当代世界与

社会主义, 2004 (3): 144-146.

[174] [英] 亚当·斯密. 国民财富的性质和原因的研究（上、下卷）[M]. 北京: 商务印书馆, 1994.

[175] 姚洋. 中性政府: 对转型期中国经济成功的一个解释 [J]. 经济评论, 2009 (3): 5-13.

[176] 严海波. 资本主义经济的金融化与金融危机——中国与法国学者关于当前金融问题座谈会综述 [J]. 国外理论动态, 2008 (8): 1-5.

[177] 杨国彪. 英国私有化的经验和教训 [J]. 经济研究参考, 2002 (63): 38-39.

[178] 杨小凯. 新兴古典经济学与超边际分析 [M]. 北京: 社会科学文献出版社, 2003.

[179] 杨永华. 论柏拉图——孟子定理和卓炯定理在政治经济学中的地位 [J]. 学术研究, 2005 (9): 10-15.

[180] 杨卫国, 程承坪. 所有权、财产权及产权新辨——兼论马克思所有制理论与现代产权理论的异同 [J]. 经济问题, 2007 (1): 7-9.

[181] 翼飞. 美国学者论信息技术与实行社会主义 [J]. 国外理论动态, 1998 (4): 18-23.

[182] 袁志刚, 宋铮. 高级宏观经济学 [M]. 上海: 复旦大学出版社, 2001.

[183] 约翰·罗默. 市场社会主义的未来 [M]. 重庆: 重庆出版社, 1997.

[184] [美] 伊曼纽尔·沃勒斯坦. 现代世界体系（第1卷）[M]. 北京: 高等教育出版社, 1998.

[185] 袁林. 两周土地制度新论 [M]. 长春: 东北师范大学出版社, 2000.

[186] 于金富. 新技术革命与现代资本主义经济的新特点 [J]. 河南大学学报（社会科学版), 2003 (1): 93-96.

[187] 余文烈等. 市场社会主义: 历史、理论与模式 [M]. 北京: 经济日报出版社, 2008.

[188] [美] 约瑟夫·熊彼特. 资本主义、社会主义与民主 [M]. 北京: 商务印书馆, 2002.

[189] [美] 约瑟夫·熊彼特. 经济分析史（第1卷）[M]. 北京: 商务印书馆, 1991.

[190] [美]约瑟夫·E. 斯蒂格利茨. 社会主义向何处去[M]. 长春：吉林人民出版社，1998.

[191] [美]约瑟夫·E. 斯蒂格利茨等. 政府为什么干预经济[M]. 北京：中国物资出版社，1998.

[192] [美]约翰·维克斯，乔治·亚罗. 私有化的经济学分析[M]. 重庆：重庆出版集团，2006.

[193] [美]约·奈斯比特. 2000年大趋势——九十年代的十个新趋向[M]. 北京：东方出版社，1990.

[194] [美]约翰·奈斯比特. 中国大趋势[M]. 长春：吉林出版社，2009.

[195] 约翰·B. 福斯特. 垄断资本的新发展：垄断金融资本[J]. 国外理论动态，2007（3）：7-12.

[196] 曾康霖. 政府干预经济及其在市场经济中角色的确立[J]. 经济学家，2007（1）：67-73.

[197] 曾牧野. 市场经济与科学发展观[M]. 北京：中国经济出版社，2005.

[198] 中共中央宣传理论局. 六个"为什么"[M]. 北京：学习出版社，2009.

[199] 张盾. 马克思主义当代视域中的韦伯[J]. 南京大学学报（哲学、人文科学、社会科学版），2005（3）：5-12.

[200] 张克难. 作为制度的市场和市场背后的制度[M]. 上海：立信会计出版社，1996.

[201] 张兴茂等. 马克思主义所有制理论中国化研究[M]. 北京：中国社会科学出版社，2008.

[202] 张军. 高级微观经济学[M]. 上海：复旦大学出版社，2002.

[203] 张军. 现代产权经济学[M]. 上海：上海三联书店，1994.

[204] 赵伟. 九十年代英国私有化的困境与前景[J]. 外国经济与管理，1995（8）：3-6.

[205] 赵文洪. 私人财产权利体系的发展[M]. 北京：中国社会科学出版社，1998.

[206] [美]詹姆斯·布坎南. 财产与自由[M]. 北京：中国社会科学出版社，2002.

[207] 支振锋. "中国模式"与"中国学派"[J]. 开放时代，2009（4）：140-

148.

[208] 中国社会科学院工业经济研究所. 中国青年经济学者对当前中国经济的判断 [J]. 经济研究参考, 2009 (57): 29-36.

[209] 周绍东. 分工与专业化: 马克思经济学与西方经济学比较研究的一个视角 [J]. 经济评论, 2009 (1): 115-121.

[210] 周业安. 中国制度变迁的演进论解释 [M]. 经济研究, 2000 (5): 3-11.

[211] 朱应皋, 吴美华. 论政府与市场关系模式重构 [J]. 南京财经大学学报, 2007 (1): 12-27.

[212] 朱富强. 分工效率: 演进主义的观点 [J]. 上海经济研究, 2004 (1): 28-35.

[213] 中国共产党第十九届中央委员会第三次全体会议通过《中共中央关于深化党和国家机构改革的决定》, 新华网, 2018年3月4日发布, http://www.xinhuanet.com/politics/2018lh/2018-03/04/c_1122485476.htm.

英文文献:

[1] Adi Schnytzer. Why Do Rational Communists Not Obstruct the Transformation Process? [J]. Public Choice, 1995, 85 (1/2): 143-156.

[2] Allyn A. Young. Increasing Returns and Economic Progress [J]. The Economic Journal, 1928, 38 (152): 527-542.

[3] Amihai Glazer Lawrence S. Rothenberg. Why Government Succeeds and Why it Fails. Cambridge: Harvard University Press, 2001.

[4] Amit Bhaduri. On the Significance of Recent Controversies on Capital Theory: a Marxian View [J]. The Economic Journal, 1969, 79 (315): 532-539.

[5] Andrei Shleifer, Daniel Treisman. A Normal Country: Russia after Communism [J]. The Journal of Economic Perspectives, 2005, 19 (1): 151-174.

[6] Argyres N. S. The Impact of Information Technology on Coordination: Evidence from the B-2 "Stealth" Bomber [J]. Organization Science, 1999, 10 (2): 162-180.

[7] Aysar P. Sussan, Jong-Geun O. H. Transnational Strategic Alliances in the Telecommunications Industry [J]. Computers and Industrial Engineering, 1996, 31 (112): 41-44.

[8] Brynjolfsson E., Malone T. W., Gurbaxani V., et al. Does Information Technology Lead to Smaller Firms? [J]. Management Science, 1994, 40 (12): 1628 – 1644.

[9] Dietrich Rueschemeyer. On Durkheim's Explanation of Division of Labor [J]. The American Journal of Sociology, 1982, 88 (3): 579 – 589.

[10] Dwight Heald Perkins. Reforming China's Economic System [J]. Journal of Economic Literature, 1988, 26 (2): 601 – 645.

[11] Ernesto Screpanti. Capitalist Forms and The Essence of Capitalism [J]. Review of International Political Economy, 1999, 6 (1): 1 – 26.

[12] Gabriel Ternkin. Information and Motivation: Reflections on the Failure of the Socialist Economic System [J]. Communist and Post – Communirt Studies, 1996, 29 (1): 25 – 41.

[13] Gary S. Becker, Kebin M. Murphy. The Division of Labor, Coordination Costs, and Knowledge [J]. The Quarterly Journal of Economics, 1992, 107 (4): 1137 – 1160.

[14] G. A. Cohen. Marxism after the Collapse of the Soviet Union [J]. The Journal of Ethics, Marx and Marxism, 1999, 3 (2): 99 – 104.

[15] Geoffrey R. Brooks. Defining Market Boundaries [J]. Strategic Management Journal, 1995, 16 (7): 535 – 549.

[16] Haiwen Zhou. The Division of Labor and the Extent of the Market [J]. Economic Theory, 2004, 24 (1): 195 – 209.

[17] Hans – Peter Muller. Social Differentiation and Organic Solidarity: The "Division of Labor" Revisited [J]. Sociological Forum, 1994, 9 (1): 73 – 86.

[18] Harold Demsetz. Toward a Theory of Property Rights [J]. The American Economic Review, 1967, 57 (2): 347 – 359.

[19] Jason Furman, Joseph E. Stiglitz, Barry P. Bosworth, Steven Radelet. Economic Crises: Evidence and Insights from East Asia [J]. Brookings Papers on Economic Activity, 1998 (2): 1 – 135.

[20] Jim Crotty, Gary Dymski. Can the Global Neoliberal Regime Survive Victory in Asia? The Political Economy of the Asian Crisis [J]. Published Studies, 1999,

14 (5): 670 - 671.

[21] Joan Robinson. Marxian Economics Today [J]. Social Scientist, 1973, 1 (8): 43 - 48.

[22] Joseph E. Stiglitz. Markets, Market Failures and Development [J]. The American Economic Review, 1989, 79 (2): 197 - 203.

[23] Justin Schwartz. A Future For Socialism in the USSR? [J]. Social Science Electronic Publishing, 1991.

[24] Muller H. Social Differentiation and Organic Solidarity: The "Division of Labor" Revisited [J]. Sociological Forum, 1994, 9 (1): 73 - 86.

[25] Negative Impact of Financial Liberalization [J]. Economic and Political Weekly, 1995, 30 (34): 2092 - 2093.

[26] Peter Nolan. Large Firms and Industrial Reform in Former Planned Economies: the Case of China [J]. Cambridge Journal of Economics, 1996, 20: 1 - 29.

[27] Robert Higgs. From Central Planning to the Market: The American Transition, 1945 - 1947 [J]. The Journal of Economic History, 1999, 59 (3): 600 - 623.

[28] Samir Amin, David Luckin. The Challenge of Globalization [J]. Review of International Political Economy, 1996, 3 (2): 216 - 259.

[29] Trevor Buck, Igor Filatotchev, Peter Nolan, Mike Wright. Different Paths to Economic Reform in Russia and China: Causes and Consequences [J]. Journal of World Business, 2000, 35 (4): 379 - 400.

[30] V. P. Lebedev. Marx Was Right in Details and Great in His Errors [J]. Studies in East European Thought, Marxism and the Socialist Idea in Russia Today, 1993, 45 (1/2): 7 - 18.

[31] Zhou H. The Division of Labor and the Extent of the Market [J]. Economic Theory, 2004, 24 (1): 195 - 209.